U0711817

本书出版受江南大学法学院出版基金资助

COMPANY LAW

公司法

（双语）

COMPANY LAW

李良骞 ◎ 著

中国政法大学出版社

2021·北京

声　明　　1. 版权所有，侵权必究。

2. 如有缺页、倒装问题，由出版社负责退换。

图书在版编目（ＣＩＰ）数据

公司法：汉文、英文/李良寯著. —北京：中国政法大学出版社，2021.6
ISBN 978-7-5764-0021-2

Ⅰ.①公… Ⅱ.①李… Ⅲ.①公司法－中国－汉、英 Ⅳ.①D922.291.91

中国版本图书馆 CIP 数据核字 (2021) 第 173334 号

出 版 者	中国政法大学出版社
地　　址	北京市海淀区西土城路 25 号
邮寄地址	北京 100088 信箱 8034 分箱　邮编 100088
网　　址	http://www.cuplpress.com (网络实名：中国政法大学出版社)
电　　话	010-58908586(编辑部) 58908334(邮购部)
编辑邮箱	zhengfadch@126.com
承　　印	北京鑫海金澳胶印有限公司
开　　本	720mm×960mm　　1/16
印　　张	16.5
字　　数	275 千字
版　　次	2021 年 6 月第 1 版
印　　次	2021 年 6 月第 1 次印刷
定　　价	59.00 元

序

从事公司法双语教学工作十多年，笔者深深意识到法学双语教学存在如下难点：①采用中文教材，则英文的翻译不够标准，难以培养学生的法学英语能力；②采用纯粹的英文原版教材，由于学生的母语是中文而非英文，一个班的学生英文水平差异也较大，大多数学生都难以跟上进度。另外，英文的判例法和中国既有的案例也存在不兼容性，毕竟，两国法律体系存在一定的差异。学生分析英文案例时难以入手。笔者试图采用双语教材时，却未发现任何一本适合的教材，有感于此，特写作本书，一方面便于自身进行公司法双语教学，另一方面也为众多教师提供一些帮助。

中国还是一个发展中国家，虽然近年来公司立法进步非常快，但仍然存在一些不足。因此，借鉴发达国家立法经验和法学理论，对提高中国公司立法的科学性有帮助。

2019 年《全国法院第九次民商事审判工作会议纪要》（以下简称《九民纪要》）对公司法实务操作有较大影响，2020 年《民法典》[1]已经颁布，其部分内容也对公司法产生了深刻影响。2021 年将修订《公司法》，本书将融合《九民纪要》和《民法典》对公司法有影响的内容，并对未来个别有争议的法学问题提出自己的观点，比如新发行资本的优先认缴权问题。笔者认为，控股股东不能通过表决剥夺少数股东的优先认缴股权（股份）权利。本书涉及《九民纪要》和《民法典》等的内容不作特别标注，而是将其融入整体内容的分析之中。

本书写作参考了原版的美国公司法及其他英文内容，采用了英文讲稿、

---

[1] 《民法典》，即《中华人民共和国民法典》，为表述方便，本书中涉及的我国法律直接使用简称，省去"中华人民共和国"字样，全书统一，不再赘述。

中文讲稿（英文讲稿中文翻译稿）、中国司法案例及分析、思考题的体例，其中中文讲稿便于学生在学习英文讲稿时参考，也便于学生能够通过对比分析来提高运用公司法专业法律英语的水平。案例分析部分结合了中美公司法对比思考出来的案例和实际发生的司法案例。之所以用实际发生的案例来分析问题，主要的考虑点在于：让学生能够真实地了解社会，了解真实案件的复杂性。教师在讲解过程中可以结合具体证据分析案例，也可以假定某证据不存在来分析案例，以进一步提高学生的实务能力。学生在学习前可以结合相关案例进行预习。本书会从不同角度分析理论和实务问题，以资教师在课堂教学过程中与学生讨论，进而提高学生的学习兴趣。本书涉及公司法知识，不仅涉及公司法法条，还涉及不同的公司类型（如国有公司、外商投资公司）、可以类比适用公司法规定的企业主体（如股份合作制、非盈利主体）、复杂的公司改制等问题，在具体内容中还就具体问题分析了婚姻、合同对公司法案件审理的影响。本书力图在满足研究深度的基础上最大限度地扩大学生思考广度。最后的思考题只有4个，对学生检测自己的学习程度有作用，学生在学习完毕本书全部内容后，可以分析相关内容，并通过查阅资料来考查自己独立学习知识的能力。教师也可以通过思考题让学生查阅相关资料并将其作为考查课的期中作业。

本书适用于双语教学教师和学生使用，也适合毕业的法学学生、律师等使用。

本书的写作得到了江南大学法学院出版基金的大力支持，也得到了家人和同学的大力支持，特此表示感谢！

目 录
CONTENTS

第二部分　中文讲稿

第三部分　案例分析

第四部分　思考题

第一部分

英文讲稿

Chapter 1
Course introduction

1.1 Significance on learning

The corporation law differs from contract law. As you know, when you sign a contract, regularly two parties are involved, while you handle some issues on corporation, more parties are usually involved.

Regarding a contract, only if you have signed it, you shall be bound by it. In a corporation, there are contracts existing among shareholders, furthermore, the articles of association exists among shareholders as well. In terms of the articles of association, even if the officers don't sign their names on it, they are bound by the articles of association.

The corporation is a legal person. There are several characteristics.

First, it shall bear liabilities by itself, so a corporation will independently bear its own liabilities. We deem a corporation as an independent person differing from shareholders. So provided that the shareholder invests in his money to the corporation, in a legal sense, the shareholder will bear his liability to the extent of his contribution other than all liabilities of the corporation. This is called "limited liability of a shareholder". Second, "corporate governance" which means a separation between ownership and operating rights exists in a corporation. With respect of a corporation, it has board of directors which is composed of some rich-experienced directors. These directors mutually decide commercial issues, while shareholders are responsible for investment and enjoying dividends. Herein there are some differences between China and U.S.. In China, a shareholders meeting has some operating rights, while in U.S., a shareholders meeting has little operating rights. The directors have rights to earn revenues due to their talents. In recent years, in China, we employ the mechanism to the reform of state-owned companies. The state-owned corporations are rejuvenated.

The corporation is a cell of the society, and it helps to solve problems such as employment and economic development. Without corporations, our happy life can't exist. Provided that a corporation intends to develop well, it must comply with corporation law and take use of its mechanism well.

Nowdays, China is running to the world. English is a vehicle for you to communicate with the world. You are a law student. If you intend to find a colorful world, you are required to grasp legal English. You can use it to negotiate with foreigners, and you can find your space in the future. You are young, and I encourage you to embrace the world.

1. 2 Methods on learning

The corporation law is critical to the society. How can we study it well? The course is a bylingual course which is related to both Chinese and English. Some students are worried about that, and some of them will say: "my English is poor. " I don't think so. When I attend the entrance test to the University, my English score is below 60 and the full score is 100. So if you intend to learn well, you can do it. Do you know how I can complete this turn? There is a secret which is called diligence. Every day I get up earlier than others only half an hour, I read English in the campus, and I recite a dictionary. After two months, I passed Band 4. I continue to insist on reciting, and next semester, I successfully passed Band 6. I am proud of that period of experience. It gives me confidence on enjoying a peaceful life. You know, you are young, so you can create a happy life by yourselves.

The first method is keeping yourself brave. The second method is to recite dictionaries. Besides these, I continue to tell you my story, in that era, I run 3 kilometres every day, after that, I play table tennis and basketball. These exercises make me healthy, and help me to stick to strugglling for my life. In addition, a healthy body benefits you in that it can make you have strong confidence to achieve your objective. It is not easy for you to be hit down if you are healthy. The third method is to do some exercises every day.

Certainly, there are more methods than what I have told you to study, for example, how can you recite dictionaries? You can exploit it by yourself. There are so many ways to achieve it. What I focus on is your confidence, your diligence and your health. I come from a poor family, I am proud that I have an experience like that. I don't pay more attention to anything other than my heart. What I will tell you is if you struggle for yourself in your youthful time, there will have not regrets in your rest life.

1.3 Requirements on learning

In respect of this course, if you have intention to study well, there are some requirements to you. First, you should pay more attention to the "legal term", otherwise, it is difficult for you to walk further. In addition, you should preview for the course, you know, the course is related to both China Corporation Law and U. S. Corporation Law, and it is hard for anyone to master the course without hard work. Previewing the course can help you to understand more. Each course, I may play record for you both in Chinese and in English, you can understand Chinese easily, and you should grasp the English as well. Furthermore, after the class, you should review the course, and find some questions. When the next class begins, you can ask me some questions.

Fourth, I suggest you be familiar with the clauses of China Corporation Law, it will make you think about more, and find more questions. Fifth, if you have time, you can see some cases to verify your ideas. Sixth, if you have time to read papers, it is recommended that you can do so as well.

All depends on your diligence. In fact, if you are a man of integrity and fairness, if you are healthy and stick to your dream, the course will be easy for you. Integrity and fairness benefit you understand why the legislation does so, and diligence helps you to defeat yourself.

Chapter 2
Brief introduction to the main forms
of the enterprises

Prior to discussing these subjects, you should learn why we divided subjects into different categories. Each person has his own requirements on risks as well as costs. Some people intend to invest in large capital to earn more, others intend to invest in little money and try operating a business. Maybe the latter has a intention to accept little risk, and he prefers to earn not too much. Some people have more capital to invest in a business, while others have little money to invest in a business. Due to one's different requirements and conditions, he prefers to have different selection for operating a business. For balancing the risks and costs, some vehicles have been created. Different vehicles provide different mechanisms on risk allocation or cost allocation.

These vehicles are called subjects.

Next, we will introduce some subjects to you.

2. 1 Sole proprietorship

A sole proprietorship is a business owned by one person and whose investor bears unlimited liabilities. With respect of a sole proprietorship, it enjoys less cost while bears more risks than a corporation whose investors bear limited liability. In addition, due to one-person's contribution, the investor has more burden than other kinds of subjects. In reality, there are individuals who operate businesses existing, these individuals don't register under industry and commercial authorities, and they are not sole proprietorships. In daily life, we also know one – person – owned corporation, it is not a sole proprietorship, because this kind of subject provides different protections from a sole proprietorship. Regarding a one – person owned corporation, it provides limited liability protections to the investor, while a sole proprietorship doesn't provide limited liability protections to his investor. There is another subject which is similar to a sole proprietorship in China, which is called self-employed business. We can infer that self-employed business can't employ too much people, because it emphasizes "self – employed". The character which less employees employed in a self – employed business than a sole proprietorship is a fundamental distinction between them. It is worth mentioned that a one-person owned limited liability corporation enjoys less protections than other kinds of corporations to the shareholder.

2. 2 General partnership and limited partnership

As of a general partnership, it involves two or more persons or entities who carry on a business for profit as co – owners. The investors include but not limited to an individual or a corporation, and the investors can cover other organizations. We should learn what other organizations are. Other organizations are defined by Civil Procedure Law. In addition, in a general partnership, a corporation of a state-owned corporation is not allowed to be a general partner. Comparing with a limited partnership, the differences lie in the liabilities of the investors, and there are investors who bear limited liabilities in a limited partnership.

The partnership will bear un-limited liabilities to all, while the investors shall bear different liabilities according to their investment nature. In a general partnership, all investors bear unlimited, joint and several liabilities, while in a limited partnership, limited investors bear limited liabilities. Comparing with a sole proprietorship, due to more investors involving, there is a little different existing in a partnership. A new conception will be emphasized, and that is called "joint and several liabilities", which means if a partnership can't pay for a general partner's all debts, all investors (except limited partners) are joint and several to all debts of the partnership. Comparing with a corporation, regularly, a partner will enjoy less tax cost than a shareholder of a corporation, but it is not absolute.

There is a special partnership existing. It is a kind of general partnership. The partners enjoy different protections from other general partners, that is, debts coming

from regular operation shall be born by partners, but debts from malpractice as well as gross negligence of minority partners shall not born by other partners.

2. 3 Corporation

Prior to discussing a corporation, we should understand the differences between a corporation and a company. We all know, in different countries, there are different connotations. In U. S. , the conception "corporation" has different connotations from the conception "company". The corporation is a legal person, while a company is similar to an enterprise.

From this point, we can infer that there are two kinds of corporations in China, those are Limited Liability Corporation and Joint Stock Limited Corporation. Hereto we focus on "Legal Person", and it is different from a partnership or a sole proprietorship. Both a partnership and a sole proprietorship pay less attention to governance on structure than a corporation. In a partnership and a sole proprietorship, the investors pay more attention to the contract. In a corporation, the investors do think the corporate governance is a key factor to the development of a corporation. In a corporation, in China, there are shareholders meeting, board of directors and supervisers meeting existing, while in U. S. , a corporation has shareholders meeting and board of directors only.

Regarding Corporation Law in China, "Corporation" can be divided into two categaries, one is "Limited Liability Corporation", and another is "Joint Stock Limited Liability Corporation". In respect of "Limited Liability Corporation", "One-person Limited Liability Corporation", normal "Limited Liability Corporation" "State-owned Corporation" and "Foreign-invested Corporation" are covered. As far as "Joint Stock Limited Liability Corporation" is concerned, "normal Joint Stock Limited Liability Corporation" and "Listed Corporation" are in it. In fact, when we refer to "Limited Liability Corporation", we pay attention to the protections to the shareholders of a corporation.

2. 4 Limited liability partnership

In fact, the investors have different requirements on subjects. We have discussed some types of subjects, while there are other subjects available for investors. The first question is if there is any different subject existing, and the second question is what functions this kind of subject has? Provided that we use this kind of subject, what will happen?

In U. S. , there are some different subjects existing, for example, there is a kind of limited liability partnership existing, and it is a general partnership that limits the liability of its partners for some or all of the partnership's obligations. It is formal and it must be recorded with the Secretary of State. Some statutes rule limited liability only for negligent acts, some for all torts, and contracts from negligence, as in malpractice, misconduct, or wrongful acts by a partner. [1] Detailed limited liability protections to part of all partners depend on different local statutes.

Regarding a limited liability partnership, China have no rules on it, we can't set up a limited liability partnership. If we do it, our acts are illegal.

---

〔1〕　〔美〕肯尼恩·S. 费伯：《公司法》，中国人民大学出版社 2012 年版，第 15 页。

Corporation and corporation form

3.1 Nature of the corporation

The corporation is like a person. It can bear liabilities by itself independently. Birth, death and old age are the habitus of people, but a corporation is similar as well. The real situation of corporation operation is: the course of establishment of a corporation is similar to pregnancy, and the setting up registration is similar to birth of a person. The growth of the corporation is a process of wealth expansion.

After a certain period of time, the corporation will also be aging. There are too many old people in it. The persons with rigid thinking and less nutrition exchange with the outside world are equivalent to cell aging. Many corporations lost the ability to grow blood. The corporations were old as well at that time. If the corporation's management is poor, there will also be diseases. For example, there are many moths that embezzle the corporation's property. In fact, much corporation is experiencing the process like it. Corporations can die as well. In theory, corporations will live forever, but who has ever seen an immortal corporation? In fact, the average life of a corporation may be only three years or less.

It can be seen that the corporation law, as an organic law, consists of the organs, organizations and cells of the corporation. The corporation law regulates the birth and death of the corporation, involving the process of the setting − up, incorporation, operation, governance, dissolution, termination and other stages of the corporation. The contents of these stages are reflected in the nature of the corporation's operation and management.

The corporation is a vehicle. Though we can treat a corporation as a person, however, it is not a real person. The liability which it bears will be partly transferred to real shareholders with limited liability to the degree which he accepts to contribute. Because the shareholders bear limited liability, the corporation can be seen as a vehicle for shareholders to avoid more liabilities than which the shareholders should have undertaken, when a corporation is so controlled as to be the alter ego or mere instrumentality of its stockholder, corporate form shall not be protected. Next, piercing corporate veil will occur. When does it occur? Examples as followed: i. One corporation pays salaries, other expenses for another corporation without due cause, or one corporation uses its corporation account to collect money for another corporation without cause; ii. The contribution to the subsidiary is grossly inadequate so that the subsidiary corporation is not able to operate by itself independtly, and the said subsidiary corporation shall be deemed as a part of the parent corporation; iii. The two corporations which have same departments and daily operations are held together; iv. Subsidiary corporation receives business only given by the parent corporation. In addition, the corporation can be a vehicle for lots of investors to unite and to cope with competitions. Third, the corporation is a vehicle which can link shareholders with managers, in fact, we are always in pursuit of separation of operation rights from ownership, and the corporation provides a mechanism for investors. The corporation links shareholders, managers and other employees with a scientific mechanism.

From the aforesaid contents, we can conclude that the corporation as a vehicle has both adverse impacts and positive impacts. Hereto, we focus more on the adverse impacts. The corporation is like a person who can bear liabilities independently, but it is not a real person. The corporation is a vehicle. The shareholders can control the corporation.

The shareholders can take use of a corporation to be a vehicle for avoiding liabilities. For example, the shareholders vote themselves as officers of the corporation. The corporation has its own account, however, the officers are in charge of the operation of the corporation, they can let customers remit money into other private account while let the corporation bear liability. In this case, the shareholders hide a corporation's money and treat a corporation as a vehicle for avoiding liabilities. For guarding creditors' legal interests, the corporation's veil shall be pierced. The shareholders shall bear liabilities. So we should understand the nature of a corporation, and we should have a deep understanding when we should pierce the corporation's veil.

3. 2 Characteristics and categories of the corporation

3. 2. 1 Attributes of a corporation

The corporation has some characteristics. First, it is a legal entity which means it can bear liabilities independently. Second, a corporation is a creature of the country. It registers in China and registers according to China's statutes, rules and regulations. Third, a corporation has the attributes of centralized management. The shareholders meeting elects directors and supervisers, and directors form a board of directors. The said board of directors elects or appoints officers. The supervisers meeting supervise the directors and officers. This kind of mechanism guarantees a regular operation of a corporation. Herein, it seems that management rights separates from ownership. In fact, sometimes the shareholders hold the post of officers or directors, and in this case, the ownership will interfere with the interal affairs on management of the corporation. Fourth, in theory, a corporation is perpetual existence. In reality, a corporation exists on the average of 3 years or less.

Due to coincidence of management rights and ownership, the mechanism will deviate the way of regular operation. In China, we should focus the point which separates management rights from ownership.

3. 2. 2 The corporation provides different mechanisms for investors

Different kinds of corporations can provide different mechanisms for investors to select. Different mechanisms have different impacts on the rights as well as obligations of investors. Hereto, categories of the corporations should be discussed.

In China, a limited liability corporation and a joint stock limited liability corporation is regulated in Corporation Law. One-person owned corporation, state-invested corporation, foreigners-invested corporation and a regular corporation are covered both in limited liability corporation and a joint stock limited liability corporation. A regular limited liability corporation is more flexible than a joint stock limited liability. In respect of a regular limited liability corporation, there are some rules which can reflect this kind of characteristics. For example, Article 34: a shareholder shall receive dividends in proportion to its paid – up capital contribution. When the corporation increases its capital, the shareholder shall have priority right to subscribe for capital contribution in proportion to its paid–up capital contribution, unless all shareholders agree not to receive dividends in proportion to the paid – up capital contribution or give up their priority rights to subscribe for capital contribution in proportion to the paid–up capital contribution. Furthermore, Article 42: Shareholders shall exercise voting rights at general meeting in proportion to their capital contributions, unless provided otherwise in the articles of association of the corporation. Third, the shareholders in a limited liability corporation have priority rights for purchasing shares when other shareholders transfer his shares. The above–mentioned rules don't match a joint stock limited liability corporation. It can be seen that a limited liability corporation has more flexible mechanism than a joint stock limited liability corporation. With respect to one–person owned corporation, it lacks some advantages, and we don't recommend investors to adopt it. A state–owned corporation is special, and it shall meet some requirements of state rules as well as regulations besides Corporation Law. There are some special requirements on foreigners – invested corporation or some corporations whose business relevant to foreign affairs as well. With the enactment of Foreign – invested Law, rules and regulations for foreign affairs are deducted. Nowadays, we emphasis more on regular limited liability corporations than on special rules on state – owned corporation or corporations relevant to foreign affairs, but sometimes we should focus some provisions on special affairs. Concerning a joint stock limited liability corporation, some differences between a limited liability corporation and a joint stock limited liability corporation should be considerred. In addition to what we have referred to, there are other rules or regulations existing. It depends on your concluding and comparing. In a joint stock limited liability corporation, there is a special category corporation which is called a listed corporation. It has been authorized to issue shares in public, and it can raise capital from the public. The listed corporation shall be supervised so that the interests of public shareholders are guarded.

For enriching your visions, hereto we further discuss some categories of

corporations in U. S.

In U. S. , there are many categories of the corporations. S corporation, a limited liability company, closes corporation and a foreign corporation shall be analyzed. S corporation is a kind of different corporation, because it permits a corporation to be taxed as a partnership instead of a corporation. It is worth mentioned that there are some requirements which must be met. S corporation can't have more than 35 or other numbers of shareholders, so the scale of the corporation is limited. S corporation must be a domestic corporation other than a foreign corporation or an alien corporation. It means it is a state-creature. In addition, a shareholder of S corporation can't be an alien person. It can be concluded that a person with China nationality can't set up an S corporation. For separating risks, an S corporation can't be affiliated with a group of corporations, and corporations, partnerships, and nonqualifying trusts can't be shareholders of the said S corporation. Only U. S. resident can enjoy this kind of tax privilege while alien resident have no rights to enjoy the privilege. The tax privilege can be a great privilege, and it covers deduction in respect of amount as well as brackets. It can be seen from the requirements that U. S. residents have been awarded a special status in U. S. . Concerning a limited liability company, it is different from a limited liability corporation in China, and it allows some corporations which can't meet some requirements to enjoy tax privilege as well. What kind of circumstance can be a limited liability corporation taxed as a partnership? No more than two characteristics of four characteristics are met, and the said corporation can be treated as a partnership. Said four characteristics includes: ①the corporation will exist for ever as assumed; ② Centralized management with scientific structure; ③ The shareholders bear limited liability; ④ The shares or stocks can be transferred freely. With respect to a closed corporation, it will be further discussed in Chapter 6, hereto we skip it.

Chapter 4

Corporation registration

4. 1 Domicile selection of corporation registration

In China, though we abide by the same statutes, rules and some regulations, however, in different provinces, we follow different interpretations on how to employ said statutes, rules and regulations.

In addition, slight difference exists among regulations in the level of province. Furthermore, the differences on the enforcement of rules as well as regulations exist. Consequently, selecting a domicile of a corporation is very significant to a corporation, because the internal affairs of the corporation will be impacted by regulations or interpretations on the province level. We will continue to look through it on the part of "how to register".

4. 2 Corporation organization

We have discussed the organization of a corporation briefly, and shareholders meeting, board of directors, suipervisers and officers are basic organizations of a corporation. It can be observed that the conception of corporation organizations is similar to corporation structure, but in my opinion, corporation organization focuses organizations more than structure. Besides what we have referred to, in fact, organizations cover different departments, for example, it includes human resources department, financial department, purchasing department and so on.

4. 3 Comparison of organizational documents of the corporation

In China, the articles of association is the most paramount documents to shareholders and officers. It links shareholders with officers and regulates the rights and obligations of them. In U. S. , bylaws and the articles of incorporation are different. Bylaws is an internal constitution, while articles of incorporation is an external constitution. Internal constitution is like a contract among shareholders, but it covers more. Not all bylaws will be public. On the whole, as far as function is concerned, both China and U. S. are similar.

4.4 How to register

Internal affairs of a corporation are governed by the rules of both a country level and a province level. In fact, corporation law works, simultaneously, interpretations on the province level work as well. In China, interpretations are more detailed than clauses in corporation law, though interpretations don't violate corporation law, the interpretations apply more often than corporation law. In addition, other factors should be considered for registerring purpose.

For example, economic environment, culture environment, taxation environment and transportation environment are different, and some economic and technological development zones enjoy a favorable tax more than downtown. If one corporation intends to enjoy a good climate, all aforesaid factors should be concerned comprehensively in China.

In U. S. , a corporation's internal affairs are governed by the bylaws and law of the state where it incorporates even if it has no other contact with the state of incorporation. Each state has its own corporation's rule. Generally speaking, Delware Corporation Law is more popular than Corporation Law in other states.

Whatever a corporation is incorporated in China or in U. S. , organization documents are recommended to be designed in advance by a lawyer.

Corporation structure

5. 1 Shareholders' meeting

On the basis of corporation organizations, hereto, we further analyze corporation structure. As far as shareholders' meeting is concerned, all or part of shareholders maybe be involved. Provided that it is a joint stock limited liability corporation, shareholders meeting is often called shareholders assembly as well. In China, if a corporation is a limited liability corporation, the resolutions shall be voted by all shareholders, while if it is a joint stock limited liability corporation, the resolutions shall be voted by shareholders present. The shareholders meeting has the following powers: (i) determining the corporation's operational guidelines and investment plans; (ii) electing and replacing directors, and deciding upon matters relating to their remuneration; (iii) electing and replacing supervisors who represent the shareholders, and deciding upon matters relating to the remuneration of supervisors; (iv) considering and approving reports by the board of directors; (v) considering and approving reports by the board of supervisors or the supervisor, as the case may be; (vi) considering and approving annual financial budget plans and final accounting plans of the corporation; (vii) considering and approving corporation profit distribution plans and plans to cover corporation losses; (viii) adopting resolutions relating to increase or reduction of the corporation's registered capital; (ix) adopting resolutions relating to issuance of corporation bonds; (x) adopting resolutions relating to assignment of share of capital contribution by a shareholder to anyone other than a shareholder of the corporation; (xi) adopting resolutions relating to merger, division, change of corporate form, dissolution and liquidation of the corporation; (ⅻ) amending the articles of association. While in U. S. , shareholders elect the board and usually decide fundamental and major corporate decisions. (ⅰ) voting on a limit range of issues, usually those fundamentally issues which alter the relationship between the corporation and shareholders, which alters structure or articles of incorporation (election of directors, fundamental transactions, amendment of constituent documents); (ⅱ) receiving dividends or not when said dividends are declared by the Board; (ⅲ) inspecting corporate books and/or records; (ⅳ) filing derivative suits to protect corporation and struggle for compensation from breach of duty by directors or officers. Comparing the powers of shareholders meeting between China and U. S. , it can be concluded that shareholders meeting in China has more powers than in U. S. .

Furthermore, provided that not all shareholdersare in attendance to voting in a limited liability corporation in China, while voting according to the articles of association, the resolution can be passed.

In this case, it doesn't violate the corporation law.

In addition, in U. S. , shareholders meeting can be divided into different categories. For example, they can be divided into a voting group shareholders and a non-voting group shareholders, a voting group of shareholders is a classification of group of shareholders who held for voting on corporate matters. In China, there are no rules on a voting group, but in a limited liability corporation, the articles of association can cover clauses whose functions are like that. It doesn't mean that a regular joint stock limited liability corporation has the same advantages.

5. 2 Board of directors

In China, the board of directors has powers as followed: (ⅰ) being responsible for calling meetings of shareholders and presenting reports thereto; (ⅱ) implementing resolutions adopted by the shareholders' meeting; (ⅲ) det-ermining the corporation's operational plans and investment programs; (ⅳ) preparing annual financial budget plans and final accounting plans of the corporation; (ⅴ) preparing profit distribution plans and plans to losses recovery; (ⅵ) preparing plans for increasing or reducing registered capital of the corporation; (ⅶ) drafting plans for merger, division, change of corporate form or dissolution of the corporation; (ⅷ) determining the structure of the corporation's internal management; (ⅸ) appointing or removing the manager (general manager) (Hereinafter referred to as the "general manager") of the corporation, appointing or removing, upon the general manager's suggestion, deputy managers of the corporation and the officer in charge of finance, and determining the remuneration of those officers; (ⅹ) formulating the basic management scheme of the corporation. With respect to board of directors, shareholders are the owners of a corporation in U. S., however the corporation is managed by the board of directors. The board of directors has the following powers: (ⅰ) exercising all corporate powers and managing business and affairs of the corporation; (ⅱ) holding meetings pursuant to bylaws, record minutes, and calling special meetings with sufficient notice. It seems that board of directors in China has more powers in U. S., however, in fact, the board of directors in U. S. has more powers than it is in China. It can be inferred that the ownership separates from operating rights thoroughly in U. S.. Through comparison, it can be found that the board of directors in U. S. has more powers than it has in China, and the board of directors manages nearly all business affairs. In respect of supervisers, there are no supervisers in U. S., and they have other mechanism to supervise directors.

It is deserved to be mentioned that director is different from board of directors. The director has no powers like board of directors. Only the director exercises powers through board of directors, the director works.

5. 3 General manager

General manager is a position as well as a person. The general manager can be viewed as a part of corporation structure in China.

He is elected by the board of directors or appointed by the managing director. Some corporations don't set up a post of general manager.

It is not mandatory. What are the powers of a general manager in China? He has powers as followed: (i) being in charge of the management of the company's production and operation, and organizing the implementation of board resolutions; (ii) organizing the implementation of annual operating plans and investment programs of the company; (iii) preparing the plan for the structure of the company's internal management; (iv) preparing the basic management scheme of the company; (v) formulating detailed company rules; (vi) recommending the appointment or removal of a deputy general manager and the officer in charge of finance; (vii) appointing and removing officers of the com-pany other than those to be appointed or removed by the board; (viii) other powers prescribed by the articles of association or delegated by the board. The general manager shall be present at board meetings.

In U. S. , as we know, they have CEO other than a general manager. The position of CEO is different from a general manager.

The CEO enjoys broader powers than a general manager.

5.4 Supervisers meeting or a superviser

In China, we have supervisers, and supervisers form supervisers meeting. Supervisers meeting supervises officers. In a corporation which has supervisers meeting, a superviser doesn't work separately, and he works through supervisers meeting. Some corporations just have only one superviser. Superviser or supervisers meeting supervises officers' acts. However, superviser or supervisers meeting doesn't work well. In U. S. , there is no supervisers meeting or superviser existing.

Closed corporation

6. 1 Introduction

A closed corporation is a special corporation in U. S. . In China, there is not this kind of form of corporation. It resembles a partnership in that it usually has a very small number of shareholders, usually less than 35, and said shareholders are often managers. A close corporation is owner – managed, and it means that there is no separation between ownership and operating rights. It seems that it violates the principle of separation between ownership and operating rights. A close corporation has non – transferability of ownership, but is not absolutely forbidden. In fact, there are some limitations on stock – transferring. You have some close friends, and you intend to set up a corporation with them. You hope you can keep friendship with them even if you are investors at that time, and you hope you can make living in the corporation when you are old. A close corporation is good for you to employ.

Each of your friends can be in charge of one or more kinds of businesses, and he can earn solid salary, or flexible salary according to his efforts and contribution. He is not allowed to be removed out of his post unless he suffers an illness or what he does violates law or agreement.

As we know, when you establish a corporation, you will face a lot of problems. For example, how can you handle the stock if someone dies unexpectly? How can you solve the problem if one of you intends to sell his stock when he needs money very urgently? How can you solve the problem if one of you fails to be fit for the position which he occupies?

In a close corporation, there are so many problems which should be solved in advance. The agreement among investors is very significant. Design of an agreement of a close corporation is creative.

6.2 Legislative intent in U. S.

In U. S. , there are three different intents existing. The first is Unified Intent. There are no special provisions for close corporations, what the legislators do is modifing existing statutes to meet the requirements of close corporations so that all corporations employ one corporation law. The second is The Model Statutory Close Corporation Supplement: it limits the applying scope of Unified Intent. For example, it limites the subject (such as shareholders) scope. It places provisions that only competent shareholder can be shareholders of a close corporation. It alters part of existing corporation law. The third is Statutory Intent. It directly changes part of clauses of corporation law, and even sets special provisions in corporation law.

For example, regarding the second legislative intent, listed corporation can't use the form of a close corporation. Concerning the third legislative intent, maybe stock transfers or public offerings are allowed subject to some conditions.

6.3 Freeze-outs

In a corporation, there are majority shareholders and minority shareholders. In fact, if part shareholders who hold small shares unite, they can be majority shareholders as a group. Majority shareholders can subject the minority shareholders to a variety of actions due to their majority voting rights, and it is called freeze-outs. Freeze-outs may occur in a corporation, but in a close corporation, a lawyer shall design a more suitable mechanism to solve the problem.

6.4 How to establish a closed corporation

There are two ways to establish a closed corporation in U. S. .

One way is when you establish a corporation, you can set up a closed corporation directly according to the statutes, and you can insert some clauses in the Articles of Incorporation. Another way is that you can form a new closed corporation basing on an existing non-close-corporation at a later date through unanimous votes.

We do consider that the agreement is on the top position when you set up a closed corporation, but what should it cover? Some provisions shall be in it. How do you handle the job and duties of each stockholder? How do you disign salary and work hours for each shareholder? How can you design sick benefits for each shareholder? What happens if the corporation needs more capital, and how do you resolve problems that are not amicably settled?

There are other problems which shall be concerned and be solved as well.

Though we have not regulated this kind of corporation in China Corporation Law, when we design some clauses in the articles of association, we can use some clauses hereto for reference.

Chapter 7

Directors' and senior executives' responsibilities

7.1 Duty of loyalty

Why do we consider a director to obey the duty of loyalty? We think him as a fiduciary. It is often said that directors, officers, and controlling shareholders are in effect "fiduciary of the corporation and have a fiduciary obligation to it. As a fiduciary, Self-dealing transactions shall be forbidden. Generally, It is concerned as a self-dealing transaction when three conditions are met: i. the director and the corporation are on the opposite side of the detailed transaction; ii. The director has an impact on the corporation's resolution to enter the transaction or not; and iii. The director has personal financial interests which are potentially or has been in conflict with the financial interests of the corporation, to such a degree that there is a reason to doubt whether the director is definitely motivated to act for the best interests of the corporation. In fact, provided that a transaction is fair to the corporation, even if there is conflict of interests existing, the court will uphold the transaction, whether or not the transaction was approved by disinterested directors or ratified by the shareholders meeting. On the contrary, provided that a transaction is obviously unfair, the court will make it void even if the transaction is approved by a majority of disinterested directors or ratified by shareholders meeting under the condition that the transaction has damaged or will damage to the interests of plantiff; Provided that it is not so unfair, the court will examine whether the transaction has been approval by disinterested directors or ratified by shareholder meeting, but it is not necessary. If a plantiff intends to sue a director who violates the duty of loyalty, he should prove that the conflict of interest exists and prove the transaction exists. There are two kinds of conflicts of interest, one is direct conflict of interest, and another is indirect conflict of interest. Whether it is direct or indirect or not, the defendant should have direct or indirect financial interests in it. The director who is a defendant has obligations to prove the transaction has been approved by disinterested directors or ratified by shareholders meeting. Before the director proves the transaction to be approved or ratified, he must prove that he has disclosed the information to voters. Two types of informations shall be public, those are: the material facts about the conflict; and the material facts about the transaction. Furthermore, the defendant may prove the transaction itself is fair. Provided that the defendant can prove the transaction is fair, maybe he is not required to be proved furthermore.

In China, Directors and other officers shall not commit any of the following acts: (a) misappropriating the corporation's funds; (b) opening an account to deposit the corporation's funds in his own name or in the name of other individuals; (c) in violation of the provisions of the articles of association, lending the corporation's funds to others or guaranteeing for others with the corporation's property without the consent of the shareholders' meeting, the general meeting of shareholders or the board of directors; (d) entering into contracts or conducting transactions with the corporation in violation of the provisions of the articles of association or without the consent of the shareholders' meeting or the general meeting of shareholders; (e) without the consent of the shareholders' meeting or the general meeting of shareholders, seeking business opportunities belonging to the corporation for himself or others by taking advantage of his position, and operating the business similar to that of the corporation for himself or for others; (f) accepting the Commission of the transaction between others and the corporation as his own; (g) disclosing the corporation's business secrets without authorization; (h) other violating duties of loyalty to the corporation. The income obtained by directors and senior managers in violation of the provisions of the preceding paragraph shall belong to the corporation.

In U. S. , The remedy for violation of the duty of loyalty is usually rescission of relevant acts, but in fact, malice of the third party shall be considerred. If rescission of the relevant acts is unfair to or be harmful to the third party with good faith, then the difference between the contract price and a fair price would be the measure of damages to the corporation. If a director or an officer improperly or unfairly takes a corporate opportunity, for guarding the corporation's interests, trial court may judge compensations to the corporation.

Under some circumstances, trial courts may award punitive damages to the corporation instead of merely damages of actual losses against directors or officers who breached the duty of loyalty when fraud was involved.

Comparing rules in China and in U. S. , maybe rules in China is more detailed than rules in U. S. in respect of duty of loyalty. From another perspective, regarding cases, maybe there are more guiding cases in U. S. than in China for references, expecially cases relevant to waste.

In China, we have no statutes, rules and regulations for deciding cases on waste, while waste is in essence a kind of breach of duty of loyalty.

7.2 Duty of care

A director shall discharge his duties (1) in good faith instead of a bad faith; (2) with the care an ordinarily prudent person in a like position would positively or negatively act under similar circumstances; and (3) in a manner he rationly believes to be in the best interests of the corporation. Hereto, "in a like position" shall be emphasized. Provided that a director has special skills, he shall employ these skills like a person who has similar skills. For example, if he is a professional accountant, he should use his accountant knowledge when he votes. By this, the director can't be a dummy director or a figurehead. It is worth saying that special skills should be qualified, meaning that relevant qualifications instead of educational background. If a director has not special skills, on the sound basis, he is entitled to rely on information with due sources, opinions from competent persons, reports from authorities, or statements (including financial statements or other financial data), if these are prepared or presented by: " (1) officers, employees of the corporation or others whom the director rationly believes to be reliable and competent; (2) lawyers, accountants or other professional persons as to matters which the director rationly believes that they are within the person's competence, herein, 'competence' is very significant for us to understand said contents; and (3) a committee of the board who rationly believes it competence. " Even if a director has special skills, he has no obligations to detect wrongdoing. Absent cause for suspicion there is no duty upon the directors to install and operate a corporate system of espionage to ferret out wrongdoing which they have no reason to suspect exists. [Grahm v. Allis – Chambers, *infra*]. It is worth mentioned that duty of care depends on a good mechanism to find wrongdoings. The duty of care does require that reasonable control systems (corporate information and reporting system) be put in place to detect wrongdoing, even where the board has no prior reason to suspect that wrongdoing is occurring. [*Caremark*, *infra*]

In my opinion, provided that a corporation doesn't set up a reasonable control system, all the directors shall bear duty of care, covering interal directors as well as eternal directors. In China, lots of small scales corporations are urgently requiring the controlling systems to detect wrongdoings.

Some other acts should be considered as breach. Take followings as examples: a. Failing to attend meetings, and some independent directors who are absent in attending meetings probably bear liabilities; b. having no idea on the business of the corporation, without knowledge on reports, financial statements on the corporation, etc, whether they are nominated directors or not, for example, some directors have no detailed positions in a corporation, they just hell around, and maybe they shall bear liabilities; c. when other employee damages the corporation, the director has nothing to do while he knows it, or he just negatively acts; d. guising a transaction as a self-dealing transaction while in fact it is not; e. there are signals that things are wrong with the business, and he has ability to help but he does nothing. A director or an officer who violates his duty of due care, and who thereby injures the interests of the corporation, may be held personally liable for the corporations losses. When we judge if a director or an officer shall bear liability, we should have a deep understanding on the nature and size of business. How can we let a director be accountable to his act? How much does a director bear liability? In order to show that a director or an officer breached his fiduciary duty of care, P must show that: i. the director or the officer knew or should have known that violations of law were occurring; ii. the director or the officer took no measures in a good faith or took irrational measures to prevent or seek remedy in that situation, and that such failure proximately resulted in the loss complained of. Basing on this, In China, the corporation can file a direct suit or a shareholder can file an indirect suit, and it will be analyzed in the following charters. In U. S., legislators develop a mechanism called business judgment rule to let a director hold liability. One of the major issues regarding duty of care is the extent to which directors are liable for their negligence or misconduct to corporate affairs.

One of the most important things in this area of law is that a corporation is often now authorized to adopt charter provisions that limit or eliminate a directors' liability for money damages for breach of the duty of care. What is the effect of this kind of provisions? In fact, disputes on this kind of clauses are very big. If said provisions are in conflict with the existing statutes or rules, the provisions are invalid. If said provisions are in conflict with the existing regulations, the effects of the provisions are not definite.

The problem lies: the statutes, rules and regulations are imperfect.

7.3 Compensation and waste

Take an example, provided that you own a big portion of shares of a corporation, you elect directors and let said directors to elect you to be the general manager of the corporation, and you place a provision in the articles of association that will compensate the general manager on a percentage basis of the gross business or net profit. Minority shareholders of the corporation hold objections on said provision, what will happen?

In fact, the salary or the remuneration shall be reasonable, and match what a general manager's value. The shareholders can not misuse the funds of the corporation and damage the interests of minority stockholders. The problem is: how do you decide what level of remuneration is reasonable? In China, we have no judement rule to apply, and maybe it is a challenge for a judge to decide.

7.4 Responsibilities of controlling shareholders

Some experts say: the controlling shareholders can insert provisions that the controlling shareholders have preemptive rights to the new issuing shares of a joint stock limited liability corporation, however, we hold opinions that controlling shareholders have no this kind of preemptive rights unless all other shareholders agree, otherwise, the provisions shall be invalid due to its detriments to other shareholders.

Controlling shareholders are stockholders who separately or jointly hold larger portions of shares than other shareholders who hold smaller portions of shares, and he (they) can control the corporation or has (have) big impact to minority stockholders. The controlling shareholders owe a fiduciary duty to the corporation and to minority shareholders. Any relationship or transactions they have with the corporation must meet the test of intrinsic fairness. In intrinsic fairness comprises two elements (1) a high degree of fairness, and (2) a shift in the burden of proof, so that the controlling shareholders must show and have the burden of proof that the transaction between controlling shareholders and the corporation were objectively fair. Any use to control or use controlling shareholders' power to control the corporation must make all shareholders benefit proportionately from said use and must not be conflict with the nature of the corporation's business. The independent committee of directors can be employed to shift burden of proof in U. S. . Provided that it happens in China, the court has power to judge.

Generally speaking, the intrinsic fairness can be employed to solve the following problems: judging if excessive dividends should be paid so that the industrial development of the corporation is effectively prevented, judging whether a transaction between a parent corporation and a subsidiary corporation is fair or not, and judging whether new issuing shares shall be allocated to all shareholders or not so that the portions of other shareholders can't be altered unless said shareholders give up his preemptive rights.

The minutes of the Ninth National Civil and commercial trial conference ruled that "Capital doesn't match operation" is a reason of piercing corporate veil, and said minutes can be used to judge if part of acts of the controlling shareholders conform to intrinsic fairness.

7.5 Business judgment rules

Why does U. S. law set up a mechanism of business judgment rules? You can imagine: if you are a talent on management, but you can't guarantee each transaction will win. One day, you fail in one transaction, and then you will be sued to bear liabilities. Are you willing to act as a manager of the corporation? Indeed, majority are not. Due to the same reason, not all boards of directors know every regulation in certain field, and no one can guarantee that he wins for ever. Who can apply business judgment rules? In fact, both the directors and officers can use it. It is used when a decision by the board or by an officer is challenged by a shareholder and reviewed by a court. For protecting the directors and officers from undue liabilities, the business judgment rules work. The business judgment rules remove liability from a director and an officer for honest mistakes of judgment. The aim is to encourage a certain degree of risk – taking necessary for corporations to make profit. A judicial presumption that directors acted properly exists. "Presumption that in making a business decision, the directors of a corporation acted on an informed basis in good faith and in the honest belief that the action was taken in the best interests of the corporation. " (Smith v. Van Gorkam) . Courts and judges prefer not to substitute their own judgments for that of the board of directors.

Provided that the acts of the officers or directors can't meet the presumption, maybe they will bear liabilities. What is a standard for presumption on liability-bearing? The standard is if the director and/or officer has a duty to the corporation to perform his or her functions in good faith, in a manner reasonably believed to reflect the best interests of the corporation, and with the care an ordinary prudent person would reasonably be expected to use in a like position under similar circumstances.

Regarding business judgment rules, the allocation of burden of proof shall be focused. The shareholder who files a case shall prove that the director sued has any of the following acts, that are: (a) a breach of duty of loyalty to the corporation (details are regulated in the corporation law); (b) acts of bad faith, intentional wrongs, or violation of law; (c) unlawful dividend payments, allocations or redemptions; and (d) any transaction where the director derived an improper or undue personal benefit. Provided that the shareholder can prove this, a burden of proof will be transferred to the director or the officer. But before the court reviews the case, in U. S. , an independent committee will investigate issues and make decisions. What the court focuses are the appropriateness and sufficiency of the investigative procedures chosen and pursued by the committee. Provided that the committee follows right procedures, the committee decides not to pursue litigation, and the court shall not interfere. A proceeding shall be dismissed by the court. Otherwise, the court has power to judge. In addition, even if the court has power to judge the case, the court shall consider the provisions inserted in the articles of incorporation as well as their validation.

In China, we have no business judgment rules to adopt, but in my opinion, the court can pay more attention to the settlement of the case. The judge maybe not be familiar with the commerce, but the judge can invite some managers as jurors. Constructive opinions can be brought to the judge and be referred to by him. It is worth mentioned that the independence of the said managers is very important.

Capital raising

8. 1 Debt securities

Debt−security does not represent ownership of holders but create a debtor−creditor relationship between the issuer and the holders. Debt−security is different from IOU, because IOU is not issued publicly. The debt−security is issued to the public. The issuance of debt − security is required to be approved. There are different types of debt securities. Bonds are promissory note with long term, ten years or more in U. S.. The bonds are negotiable instruments which can be transferred in blank or by endorsement.

In blank means to transfer ownership by handing it to another without endorsement, assuming the instrument was originally in blank or payable to bearer. Endorsement means to sign it on the reverse side of the bonds. Debentures are generally promissory notes with unsecured obligations. An indenture is an agreement between the debtor and a trustee, the trustee acts as a fiduciary of all parties and pays the interest to the beneficiaries and eventually the principal on the indenture to the holder of the indenture. Notes are usually a promissory note with short term, unsecured, and mature in ten years or less.

The above−mentioned conceptions are helpful for us to understand U. S. debt securities. In China, in fact, what we should grasp are two key factors: one is factor which is unsecured or secured, and another is a factor which is long term or not. In China, we have not indentures, though we have securitied−assets, but they are different.

8. 2 The corporation's ability to issue debt securities

According to China Corporation Law, if a corporation intends to issue debt securities, it shall meet the following requirements: (a) The net asset of a stock-limited corporation being no less than RMB 30 million yuan and the net asset of a limited-liability corporation being no less than RMB 60 million yuan; (b) The accumulated bond balance constituting no more than 40 % of the net asset of a corporation; (c) The average distributable profits over the latest three years being sufficient to pay the one-year interests of corporate bonds; (d) The investment of raised funds complying with the industrial policies of the state; (e) The yield rate of bonds not surpassing the level of interest rate as qualified by the State Council; and (f) Meeting any other requirements as prescribed by the State Council. The funds as raised through public issuance of corporate bonds shall be used for the purpose as verified and may not be used for covering any deficit or non-production expenditure. The public issuance of convertible corporate bonds as made by a listed corporation may not only meet the requirements as provided for in paragraph 1 herein but also meet the requirements of the present Law on public offer of stocks, and shall be reported to the securities regulatory authority under the State Council for examination and approval.

In U. S. , there is a flexible way and a looser control to the issuance of the debt security than in China, any bond, regardless of name, can be issued as an indenture with a separate agreement annexed to the bond. In U. S. , there are more kinds of bonds, for example, callable bonds, income bonds, participating bonds and so on. Callable bonds are issued with a long maturity date. At the borrower's option, the borrower can call all or part of the issuance at a specified price to accelerat the maturity date. Income bonds can be tied to a percentage of earnings of part of the corporation.

They can be tied to a percentage of earnings from a particular division or area of the corporation. For example, it can be tied to the sale earnings of south-east district of a corporation. The interest of Participating Bonds cover two parts:

a fix interest of face value regardless of earnings plus an additional interest computed from earnings multiply prescribed rate.

Some categaries of bonds can be employed for our references.

8.3 Equity securities

Equity securities create an ownership interest and voting power. There are two kinds of equity security, common and preferred.

Common stock (share) is generally the main stock used for raising capital and often is the only stock issued. Preferred stock (share) is a hybrid of share and debt. Preferred stock is deemed as a kind of debt because generally a corporation must issue a dividend to preferred stockholders prior to declaring a dividend for common shareholders.

In China, we often use common stocks, and so-called preferred stocks are different from original meanings. Preferred stocks are indeed classes and series of stock. The stockholders of preferred stocks are not allowed to dispose of assets in the event of dissolution in China.

8.4 Shares issued by the corporation

Shares issued by the corporation cover lots of kinds. A corporation can issue different classes of stocks and different series of stocks. What are the differences between "classes" and "series"? Series stocks are more detailed than classes stocks. Class is a type of stock as a category which can be further divided into series. All stock in a series has the same rights, while stocks in classes have similar rights. A corporation can issue stock options and stock warrants as well. Stock options are usually future rights which are used to attract talents or reward executives. Differing from stock options, stock warrants can be freely transferred and is usually actively traded on a stock exchange. In a wide sense, stock warrants are one of stock options.

Chapter 9
Controlling shareholders' rights

Controlling shareholders have big impact on the corporation, so they enjoy more benefits than what they should have. For example, maybe a person has 70% shares of a corporation, but maybe a buyer will purchase his shares with more than 72% of the consideration for controlling the corporation. The following rights should be discussed.

9.1 The right to vote

The right to vote is a fundamental right of shareholders. However, different classes of stocks and different series of stocks carry different rights as to voting. In China, in a limited liability corporation, the shareholders can vote according to articles of association, while in a joint stock limited liability corporation, the shareholders can vote according to their portions of respective shares unless their shares are preferred shares.

There is a kind of shareholders called dormant shareholders, and if this kind of shareholders enjoy rights to vote depends on three factors: their contracts between them and dummy shareholders, if other shareholders accept them, and if they have participated in shareholders meetings substantially.

Dummy shareholders are different from beneficial shareholders who have no rights to vote.

9.2 Shareholders liabilities corresponding to shareholders' rights

Regarding regular shareholders, they bear limited liabilities matching their rights, however, if the shareholders are controlling shareholders, they have special fiduciary duties to other shareholders which shall be judged by intrinsic

fairness.

9.3 Non-cumulative voting rights

Non-cumulative voting right is relative to cumulative voting right. It is sometimes referred to straight voting right. There is usually one vote per share. It is worth mentioned that sometimes one share matches several votes, or one share matches fractional vote.

9.4 Ultra vires principle

Ultra vires principle is relevant to corporation's power. The corporation's power is granted by the authorities according to statutes. When a corporation acts beyond its power, it means that the corporation acts ultra vires. The traditional assumptions: the corporation has limited power listed in the business licence. In modern era, it can be inferred that the assumptions are wrong. The corporation is an independent legal person, and the corporation has initiatives to modify its business licence to match its operation. Even if the corporation temporarily acts beyond its business scope, it can modify it in time. Acting ultra vires is not a big fault.

Ultra vires principle is worth deep research. Limiting business scope is not a good idea. In fact, only part kinds of acts shall be approved. A corporation can make its business scope broaden as possible as it can. It doesn't make any sense to emphasis ultra vires principle.

9.5 Uncovering the corporate veil

Uncovering the corporate veil means removing the protection of the limited liability to the shareholders and leaving the shareholders personally liable on a joint and several basis. There is a big discussion on uncovering the corporate veil. Generally speaking, assets confusion, divisions confusion, staff confusion are appearances. As for detailed case, it depends on what it happens.

In China, uncovering the corporate veil means that the shareholders abuse their rights so that the corporation has been viewed as a vehicle for shareholders to earn improper benefits.

9. 6 Shareholders' rights to inspect

In daily life, some controlling shareholders don't provide books and records to other shareholders, and don't allocate dividends to other shareholders. The other shareholders have rights to require the corporation to provide books and records to them, if the corporation doesn't do so, they have nothing to do unless they file a case against the corporation. In China, the shareholders have rights to inspect books through a demand or a suit. However, provided that the shareholders intend to inspect records, the shareholders will satisfy some statutory requirements. In U. S. , some states require the shareholders to have held shares for at least six months prior to making a demand to inspect the books and records. A few states require the shareholders to own at least five percent of the outstanding shares prior to inspecting the books and records. The states with either of these requirements usually impose a penalty on the corporation for failure to allowing the shareholders to inspect and make copies of the records unless the shareholders' intention is to obtain trade secrets without good faith.

Some corporations have a procedure that must be complied with prior to shareholders being permitted to inspect the books and records of the corporation. As long as the procedure is reasonable, the shareholder must follow it to obtain permission to inspect. If the shareholder believes the procedure is dilatory or in bad faith, then, the remedy is an action to be brought to impose sanctions on the corporation by the court.

Chapter 10

Capital allocation

10.1 Basic conceptions

There are some conceptions which we should learn. Those are: net assets, stated capital, earned surplus and capital surplus. In Balance Sheet, net assets equal the amount by which the total assets of a corporation exceed its total debts. Stated capital means the capital which shareholders commit to pay to the corporation.

Earned surplus equals the amount by which shareholders equity deducts the sum which the corporation's undistributed profits, capital surplus pluses received capital.

10.2 Distribution rules

There is a distributing principle. Provided that there are net profits existing, it shall be used to make up for losses first, 10% of the remainder should be used to offset earned surplus if accumulated earned surplus doesn't be amount to 50% of the registered capital, in addition, other net profits may be employed to distribute dividends according to the articles of association.

In practice, there are some policies for distributing dividends stipulated in the articles of association. Some corporations have dividend payout ratios developed over a long period of time which are used to maintain a dividend on a steady basis. Corporations are fearful of making a dividend change that may not be continued in the future. As to the forms of dividends, there are cash dividends, property dividends, stock dividends and stock splits. Cash dividends and property dividends are true distributions on dividends. Stock dividends and stock splits are not true distributions on dividends.

Chapter 11

Shareholder litigation

11.1 Direct litigation

As we have known, a few parties are related to a corporation.

Shareholders, directors, managers, creditors and corporation itself are all interested parties. In addition, controlling shareholders and minority shareholders are different. Provided that a shareholder sues a director for violation of duty of care, can he sue him directly? Provided that minority shareholders sue controlling shareholders, can they sue him (them) directly? In fact, it is worth mentioned that the corporation is a link among all parties. The corporation can sue all other parties. All other parties can sue the corporation. The suit both only the corporation as a defendant and only the corporation as a plantiff is a direct litigation.

The direct litigation can be used to the following issues: (a) to inspect the books and records of the corporation, or inspect some informations or resolutions of the corporation; (b) to stop an ultra vires act; (c) to force the payment which declared dividend properly; (d) to force a dissolution or liquidation of the corporation; (e) to protect preemptive rights of shareholders; (f) to protect shareholders' rights in the articles of association.

11.2 Derivative action

Comparing a direct litigation with a derivative action, some differences can be found. A derivative action is brought by a shareholder on behalf of the corporation against the corporate officers or third parties. The corporation is named as a party defendant in U. S. , while it is named as a party plantiff in China. Hereto, "on behalf of the corporation" is a key phrase. In fact, if a corporation sues a party by itself, it can be called a direct litigation, and otherwise, it is called a derivative action. In addition, a derivative action can be employed in different issues. The followings are its scope of application: (a) to recover damages to the corporation from officers for an ultra vires act; (b) to recover damages to the corporation from officers for them negligence or misconduct to corporate affairs; (c) to recover damages to the corporation from a third party; (d) to recover damages to the corporation from officers for a breach of duty of loyalty; (e) to try to stop wrongful issuance of shares; (f) to recover for an improper dividend distribution; (g) to try to stop any act which indirectly does harm to the shareholders.

11. 3 Class action

Many shareholders have the same kind of claim against a corporation. These shareholders can sue a corporation mutully, and share expenses. It can save judicial resources through the class action. There is a little difference concerning class action between China and other countries. These differences are not discussed here. How can we file a class action in China? Some requirements shall be met. Those are: (1) the class can be certified, all shareholders have similar cases without any conflict of interest in respect of the claim; (2) the number of shareholders are large, and in China, in fact, the number is no less than 10; (3) everyone eligible can be notified personally and the eligible person is willing to join the case; (4) settlement and dismissal must be approved by the court.

In China, *Provisions of the Supreme People's Court on Several Issues concerning representative litigation in securities disputes*has been enacted, and it will make litigations easier than before. *Civil Procedure Law* has been enacted as well, and it establishes basic principle for class action in China.

11. 4 Dissolution proceedings

The people's court shall accept a lawsuit filed by a shareholder for dissolution of the company under one of the following reasons and in conformity with the Article 1 of the *Provisions of the Supreme People's Court on Several Issues concerning the Application of the company law of the People's Repwblic of China*: (1) The corporation is unable to hold the shareholders' meeting or the shareholders' assembly for more than two years, and the corporation's operation and management encounter serious difficulties; (2) The shareholder fails to reach the proportion prescribed by the law or the articles of association when voting, and fails to make effective resolutions of the shareholders' meeting or the shareholders' assembly for more than two years, resulting in serious difficulties in the operation and management of the corporation; (3) The directors of the corporation have long – term conflicts, which can not be solved through the shareholders' meeting or the shareholders' assembly, resulting in serious difficulties in the operation and management of the corporation; (4) In case of other serious difficulties in operation and management, if the corporation continues to exist, it will cause great losses to shareholders' interests.

Provided that the said corporation is judged to be dissolved, the corporation shall liquidate.

第二部分

中文讲稿

第一章
课程简介

1.1 学习意义

公司法不同于合同法。我们知道,当你签合同时,通常有两个当事人,而在一个公司里,涉及的当事人更多。关于合同,只有你签了字,你才受它的约束。在公司中,除股东之间存在合同外,股东之间也存在公司章程。就公司章程而言,即使高级管理人员没有在上面签名,其也受公司章程的约束。公司是法人,有几个特点:首先,公司应自行承担责任。公司作为一个独立的"人",不同于股东。因此,只要股东将自己的钱投入公司,从法律意义上讲,股东将以其出资额为限承担责任,而不是承担公司的全部责任。这就是所谓的"股东的有限责任"。第二,公司拥有科学的治理结构,即所有权和经营权相分离。就公司而言,它有董事会,由一些经验丰富的董事组成。这些董事共同决定商业问题,而股东负责投资和享受股息。在这方面,我国和美国有一些不同之处。在我国,股东大会具有一定的经营权,而在美国,股东大会几乎没有经营权。董事们有权因其才干而获得收入。近年来,我国将所有权和经营权分离这一机制运用到了国有企业改革中。国有企业振兴了。企业是社会的细胞,它有助于解决就业和经济发展等问题。没有公司,我们的幸福生活就不可能存在。公司要想获得良好的发展,就必须遵守公司法,充分利用公司机制。

如今,中国正在走向世界。英语是你与世界交流的工具。你是一名法律专业的学生,如果你想融入一个多姿多彩的世界,就必须掌握法律英语。你可以用它和外国人谈判,也可以为自己找到未来的发展空间。你还年轻,我鼓励你拥抱这个世界。

1.2 学习方法

公司法对社会至关重要。我们怎样才能学好它？这门课是一门双语课，会用到中文和英文，有些学生对此很担心。有些学生会说："我的英语很差。"我不这么认为。当年我参加大学入学考试时，你知道吗？满分100分的情况下，我的英语成绩低于60分。所以如果你想学好，你就可以做到。你知道我是怎样完成这个转变的吗？有一个秘密叫作勤奋。每天我都比别人早起半个小时，在校园里读英语，背一本字典，过了2个月，我通过了英语四级考试，继续坚持背诵，下学期成功地通过了英语六级考试。我为那次经历感到骄傲，那次经历给了我享受像现在这样平静的生活的底气。要知道，你还年轻，你可以创造属于你自己的幸福生活。第一种方法是让自己保持勇气。第二种方法是背诵字典。除此之外，我继续告诉你们我的故事，在那个阶段，我每天跑3公里，之后打乒乓球和篮球。这些锻炼使我健康，并帮助我坚持为我的生活奋斗。一个健康的身体对你有好处，因为它能让你有很强的信心去完成某件事。有健康的体魄，你就不容易被打倒。第三种方法是每天锻炼。当然，还有更多的方法可以学习。比如，你怎么背字典？你可以用自己的方法学习。我关注的是你的自信、你的精神和你的健康。我来自一个贫穷的家庭，我很自豪曾有这样的经历。跟着自己的心去走。

我要告诉你的是，如果你在年轻的时候为自己奋斗，你就会在你的余生感谢今天的付出。

1.3 学习要求

关于这门课程，如果你有意愿学习好，有一些要求：第一，你应该多注意法律词汇，否则，你很难走得更远。第二，你应该预习一下这门课，要知道，这门课既涉及中国公司法，也涉及美国公司法，任何人都很难简单地掌握这门课程。预习课程可以帮助你了解更多。每堂课，我都会给你中文和英文的材料，你可以很容易地听懂中文，但你应该掌握英文。第三，课后，你应该复习课程，并找出一些问题。下节课开始前或课程中，可以来问老师。第四，我建议你熟悉中国公司法的条款，这会让你思考更多，并发现更多的问题。第五，如果你有时间，你可以看一些案例来验证你的想法。第六，如果你有时间，我建议你也可以看些论文。一切皆取决于你的勤奋。事实上，如果你是一个正直公平的人，你身体健康，坚持你的梦想，课程对你来说就很容易了。正直和公平有助于你理解立法的原因，勤奋有助于你战胜自己。

企业主要形式简介

在讨论主题之前，你应该了解我们为什么把主体分成不同的类别。每个人对风险和成本都有自己的要求。有些人打算投资大量资本以赚取更多，有些人打算投资很少的钱尝试经营一个企业。也许后者不想承担太多的风险，赚的不多，但他也可以接受。有些人有更多的资本投资于企业，而另一些人则几乎没有钱投资于企业。由于要求和条件不同，他更愿意有不同的选择。为了平衡风险和成本，人们创造了一些工具。不同的工具提供了不同的风险分配机制或成本分配机制。这些工具被称为主体。接下来，我将向你介绍一些主体。

2.1 个人独资企业

个人独资企业是一个人所有的企业，由一个人投资，其投资者承担无限责任。就个人独资企业而言，它比公司享有较少的成本，但却承担了较多的风险，有限责任公司的投资者承担的是有限责任。另外，由于一人出资，投资者比其他主体有更多的负担。在现实中，有个人运营企业的情况存在，这些人不在工商部门登记，也不是个人独资企业。在日常生活中，我们也知道一人所有的公司，但它不是个人独资企业，因为这种主体提供了不同于个人独资企业的保护。对于一人所有的公司，它为投资者提供有限责任保护，而个人独资企业则不为投资者提供有限责任保护。日常生活中，存在一些个人所有的企业。若这种企业不在工商部门登记，则不是个人独资企业。在日常生活中，我们也知道一人有限责任公司，它不是个人独资企业，因为这种主体提供了不同于个人独资企业的保护。对于一人有限责任公司而言，它为投资者提供有限责任保护，而个人独资企业则不能为投资者提供有限责任保护。在中国还有一个类似于个人独资企业的主体，叫作个体工商户。我们可以推断，个体工商户不能雇佣太多的人，因为它强调个体经营。与个人独资企业相比，雇员较少是一个根本区别。值得一提的是，与其他类型的公司相比，一人有限责任公司对股东的保护作用要小一些。就个人独资企业而言，与投资者承担有限责任的公司相比，个人独资企业的成本更低、风险更大。另外，由于一个人出资，其投资者的负担比其他类型的主体要大。

2.2 普通合伙和有限合伙

普通合伙企业由两个或两个以上的个人或实体以共同所有人的身份经营一项业务。投资者包括但不限于个人或公司，投资者可以覆盖其他组织，这意味着我们应该了解其他组织是什么。其他组织由民事诉讼法界定。与有限合伙相比，其区别在于出资人的不同，有限合伙有承担有限责任的出资人，而普通合伙企业则没有。合伙企业对所有人承担无限责任，投资者根据其投资性质承担不同的责任。在普通合伙企业中，所有投资者均承担无限责任，而在有限合伙企业中，有限投资者承担有限责任。与独资企业相比，由于涉及的投资者较多，存在一定的差异。这里强调一个新的概念——"连带责任"，即合伙企业不能清偿普通合伙人的全部债务时，所有投资者（除有限合伙人外）对合伙企业的所有债务均承担连带责任。与公司相比，合伙人通常比公司股东承担更少的税收成本。有一种特殊的合伙关系叫作特殊合伙。这是一种普通合伙制。合伙人享有与其他普通合伙企业不同的保护，即正常经营产生的债务由所有合伙人承担连带责任，但因少数合伙人的营私舞弊和重大过失而产生的债务，其他合伙人不承担连带责任。

2.3 公司

在讨论公司之前，我们应该了解"corporation"和"company"之间的区别。我们都知道，在不同的国家，这两个词有不同的内涵。在美国，"corporation"和"company"有着不同的内涵。"corporation"是法人，而"company"则类似于企业。从这一点出发，我们可以推断出中国有两种类型的公司，即有限责任公司和股份有限公司。这里我们关注的是"法人"，它不同于合伙企业或独资企业。无论是合伙企业还是独资企业，它们在结构上的治理都不如公司。在合伙企业和独资企业中，投资者更注重合同。在公司中，投资者认为公司治理是公司发展的关键因素。在中国，公司内设有股东会、董事会和监事会，而美国只有股东会和董事会。在我国公司法中，"公司"可被分为"有限责任公司"和"股份有限责任公司"两大类。"有限责任公司"包括"一人有限责任公司""普通有限责任公司""国有公司""外商投资公司"。就"股份有限责任公司"而言，"普通股份有限责任公司"和"上市公司"都在其中。事实上，当我们提到"有限责任公司"时，我们更注重对公司股东的保护。

2.4 有限责任合伙企业

事实上，投资者对主体有不同的要求。我们已经讨论了一些类型的主体，同时还有其他主体可供投资者选择。第一个问题是是否存在不同的主体？第二个问题是如果存在这种主体，如果我们使用这种主体，会发生什么？在美国，存在着与中国不同的主体。例如，存在着一种有限责任合伙企业，是一种普通合伙企业，它限制了合伙人对合伙企业的部分或全部义务的责任。责任是正式的，必须在州秘书处被记录在案。有些法规规定部分合伙人只对过失行为承担有限责任，有些则规定部分合伙人对所有侵权行为均承担有限责任，有些还规定部分合伙人对因疏忽而订立的合同承担有限责任，有些规定部分合伙人对玩忽职守、不当行为或合伙人的不法行为承担有限责任。对部分合伙人的细化有限责任保护取决于不同的州法规。

关于有限责任合伙，我国没有相关规定。

第三章

公司和公司形式

3.1 公司性质

公司就像一个人。它可以独立承担责任。生、老、死是人生命的不同阶段，公司也是如此。公司经营的真实情况是：公司的成立过程类似于怀孕，设立登记类似于出生。企业的成长是财富扩张的过程。一段时间后，企业也会老化。里面的老人太多，思维僵化，与外界的营养交流少，相当于细胞老化，企业会失去造血能力。如果公司管理不善，也会有疾病。例如，侵占公司财产的虫子很多。事实上，许多公司都在经历这样的过程。公司也会死。从理论上讲，企业将永垂不朽，但谁见过不朽的企业呢？事实上，一个公司的平均寿命可能只有3年或更短。可见，公司法作为一种组织法，由公司的机关、组织和细胞组成。公司法规定了公司的生与死，涉及公司的设立、经营、治理、解散、终止等各个阶段。这些阶段的内容反映在公司经营管理的性质上。公司是一个载体。虽然我们可以把公司比作一个人，但它不是一个真正的人。其所承担的债务将部分转移给真正的有限责任股东，有限责任股东在出资的程度范围内承担责任。由于股东承担有限责任，公司可以被视为股东避免承担更多责任的工具，当公司被控制成为股东的另一个自我或仅仅是股东的工具时，公司的有限形式可能得不到保护。下一步，揭开公司"面纱"的事就要发生了。什么时候发生？举例如下：①一公司为另一公司支付工资和其他费用；②股东出资严重不足，将子公司视为母公司的一部分；③两个公司有相同的部门，日常业务集中在一起；④子公司只接受母公司的业务。进一步来讲，公司可以成为许多投资者联合起来应对竞争的工具。此外，公司是连接股东和经营者的载体，实际上，我们一直在追求经营权与所有权的分离，而公司则为投资者提供了一种机制。公司用科学的机制把股东和经理以及其他员工联系起来。

公司就像一个可以独立承担责任的人，但它不是一个真正的人。公司是一个载体。股东可以控制公司，可以把公司当作逃避债务的工具。例如，股东们把自己选为公司的高级管理人员。公司有自己的账户，但是公司的运营由高层管理人员负责，他们可以让客户把钱汇入其他私人账户，同时让公司承担责任。在这种情况下，股东们会把公司的钱藏起来，把公司当作逃避债务的工具。为了维护债权人的合法权益，公司的"面纱"必须被揭开，股东应当承担责任。因此，我们应该了解公司的本质，对什么时候应该揭开公司的"面纱"有一个深刻的认识。

3.2 公司类别及特点

3.2.1 公司的属性

公司有一些特点。第一，它是一个法律实体，这意味着它可以独立承担责任。第二，公司是国家的产物。它在中国注册，并按照中国的法律法规规章注册。第三，公司实行集中管理。股东选举董事、监事，董事组成董事会，董事会选举或者聘任高级管理人员。监事会监督董事和其他高级管理人员。这种机制保证了公司的正常运作。在这里，管理权似乎与所有权分离。事实上，有时股东会担任高管或董事，在这种情况下，所有权将与管理权一致。第四，理论上，一个公司是永久存在的，实际上，它们平均仅能存在3年。有时，由于经营权与所有权的重合，这种机制会偏离正常运行的方式。在我国，应重点解决经营权与所有权的分离问题。

3.2.2 公司是一种载体

不同公司可以为投资者提供不同的机制选择。不同的机制对投资者的权利和义务有不同的影响。在此，应讨论公司的类别。

我国《公司法》对有限责任公司和股份有限责任公司进行了规定。一人有限责任公司、国有公司、外商独资公司和其他公司都既属于有限责任公司范畴，也属于股份有限公司范畴。对于普通有限责任公司来说，它比股份有限责任公司更灵活。就普通有限责任公司而言，有一些规则可以反映这种特征。例如，《公司法》第34条规定，股东应当按照实缴的出资比例分得红利。公司增加资本时，股东有权按照实缴出资的比例优先认缴出资，但全体股东同意不按实缴出资比例分取红利或者不按实缴出资比例优先认缴出资的除外。《公司法》第 42 条规定，除公司章程另有规定外，股东在股东大会上按出资额比例行使表决权。此外，有限责任公司的股东在其他股东转让其股份时有优先购买权。上述规定与对股份有限责任公司的规定不符。可以看出，有限责任公司比股份有限责任公司具有更灵活的机制。对于一人有限责任公司来讲，它缺乏一些优势，我们不建议投资者采用。国有公司是一种特殊的公司，除《公司法》外，还应当符合国家法律法规的要求。针对外商独资公司或一些与涉外有关的公司国家也有一些特殊要求。随着《外商投资法》的颁布，有关涉外事务的法律法规也随之减少。目前，我国对国有公司和涉外公司的特殊规定，更多的是相对于普通有限责任公司的规定，但有时也侧重于对特殊事项的规定。有限责任公司与股份有限责任公司的区别，应予以关注。除了我们提到的以外，还有其他的法律法规。这些区别取决于你的总结和比较。在股份有限责任公司中，有一种特殊类型的公司——上市公司。它被授权公开发行股票，并且可以向公众募集资金。基于维护社会公众股东利益的考虑，上市公司应受到监督。

为了丰富视野，我们在这里将进一步讨论美国的几类公司。在美国，公司的种类很多，分为 S 公司、有限责任公司、封闭公司和外国公司。S公司是一种特殊的公司，因为它允许公司作为合伙企业而不是作为公司纳税。值得一提的是，这种公司必须满足一些要求。公司股东人数不得超过 35 人或其他更少人数，公司规模有限。公司必须是除外州公司或外国公司以外的本州公司，该公司是州产生的拟制生物。S 公司的任何股东都不能是非居民的外国人。由此我们可以得出结论，具有中国国籍的人不能成立S 公司。为了分离风险，S 公司不能隶属于集团公司，公司、合伙企业和不合格信托不能成为 S 公司的股东。S 公司的股东享受税收优惠，而且这种优惠只有美国居民才能享受，外国居民则无权享受。税收优惠可以说是一项巨大的优惠，它包括对金额和档次的扣除。从这些要求我们可以看出，美国居民在美国获得了特殊地位。其有限责任公司与我国的有限责任公司不同，它允许一些不符合条件的公司享受税收优惠。有限责任公司作为合伙企业在什么情况下纳税？四个特征中不足两个的可以被作为合伙企业对待。这四个特征包括：①公司被假设永远存在；②管理集中，结构科学；③股东承担有限责任；④股份或股票可以自由转让。针对封闭式公司，我们将在第六章予以讨论，这里略过。

4.1 公司登记的住所选择

在中国，虽然我们遵守相同的规则，但是在不同的省份，我们对如何使用这些规则有不同的解释。省一级法规之间存在细微差异。此外，在规则和条例的执行上也存在差异。因此，选择一个公司的住所对一个公司来说是非常重要的，因为公司的内部事务将受到省级法规或解释的影响。在"4.4 如何登记"部分，我们将继续研究。

4.2 公司组织机构

我们简要讨论一下公司的组织形式，股东（大）会、董事会和高级管理人员是公司的基本组织。可以看出，公司组织的概念与公司结构是相似的，但我认为公司组织关注的是组织而不是结构。除了我们所提到的，公司组织实际上还包括不同的部门。例如，人力资源部、财务部、销售部等等。

4.3 公司组织文件的比较

在我国，公司章程是公司最重要的文件。它把股东和高级管理人员联系起来，并对他们的权利和义务予以规定。在美国，"bylaws"和"the articles of incorporation"是不同的。"bylaws"是内部章程，"the articles of incorporation"是公司外部章程。内部章程就像股东之间的契约，但它涵盖的范围更广。并不是所有的"bylaws"都是公开的。从整体上看，中美两国的组织文件在功能上是相似的。

4.4 如何登记

公司的内部事务由国家和省两级规则管理。事实上，公司法起作用，省级解释也同样起作用。在我国，解释并不违反公司法，但解释比公司法更为详细。此外，基于注册目的，企业还将考虑其他因素，如经济环境、文化环境、税收环境和交通环境等不同需要，如一些经济技术开发区享受的税收优惠比市区大。一家公司如果要注册经营，上述因素在中国应予以关注。

在美国，一家公司的内部事务受其注册州的法律管辖，即使它与注册州没有其他联系。每个州都有自己的公司规则。一般来说，特拉华州公司法往往会比较容易受到青睐。无论是在中国还是在美国，组织文件都建议由律师事先设计。

第五章
公司架构

5.1 股东（大）会

在公司组织的基础上，进一步分析公司结构。就股东会而言，它是由全体或部分股东组成的。如果是股份有限公司，股东会通常也被称为股东大会。在中国，有限责任公司的决议由全体股东表决，股份有限公司的决议由出席会议的股东表决。股东会有下列职权：①决定公司的经营方针和投资计划；②选举和更换董事，决定有关董事的报酬事项；③选举和更换代表股东的监事，决定有关监事的报酬事项；④审议批准董事会的报告；⑤审议批准监事会或者监事的报告；⑥审议批准公司的年度财务预算方案、决算方案；⑦审议批准公司利润分配方案和弥补亏损方案；⑧对公司增加或者减少注册资本作出决议；⑨对发行公司债券作出决议；⑩对股东向公司股东以外的人转让股权作出决议；⑪对公司合并、分立、变更公司形式、解散和清算作出决议；⑫修改公司章程。而在美国，股东选举董事会，董事会通常决定公司的基本和重大决策：①对有限范围的问题进行投票，通常是那些从根本上改变公司/股东之间关系的问题（董事选举、基本交易、组织文件的修改）；②在董事会宣布时收取股息；③检查公司账簿/记录；④提起衍生诉讼，以保护公司免受董事或高级职员失职的损害。比较中美两国股东大会的权利，我们可以得出中国股东大会的权利大于美国股东大会权利的结论。

进一步讲，即使不是所有有限责任公司的股东均参与投票表决，根据公司章程，决定也是可以被通过的。这种情况不违反公司法。

此外，在美国，股东大会可以被分为不同的类别。例如，股东可以被分为有表决权股份的集团股东和无表决权股份的集团股东，股东表决权集团是指通过书面协议一致同意指定一人为一个集团投票的股东群体，或者他们将作为一个整体共同投票的股东群体。中国没有关于表决权集团的规定，但在有限责任公司中，公司章程可以包含这样的条款。这并不意味着股份有限公司就是这样。

5.2 董事会

在中国，董事会有下列职权：①负责召集股东会并向股东会报告；②执行股东会决议；③决定公司的经营计划和投资方案；④编制年度财务预算、公司的计划、决算方案；⑤制订利润分配方案和弥补亏损方案；⑥制订公司增加或者减少注册资本方案；⑦拟订公司合并、分立、变更公司形式或者解散方案；⑧决定公司的合并、分立，变更公司形式、公司内部管理结构；⑨聘任或者解聘公司经理（总经理），根据总经理的建议聘任或者解聘公司副经理、财务负责人，决定其报酬事项；⑩制定公司的基本管理方案。就董事会而言，在美国，股东是公司的所有者，但公司由董事会管理。董事会有下列权力：①行使公司的一切权力，管理公司的业务和事务；②依照公司章程召开会议，制作会议记录，并在收到充分通知的情况下召开特别会议。中国的董事会似乎比美国的董事会拥有更多的权力，但事实上，美国的董事会比中国的董事会拥有更多的权力。可以推断，在美国，所有权与经营权完全分离。通过比较我们可以发现，美国的董事会管理着公司几乎所有的商业事务。在监事方面，美国没有监事，但有其他监督董事的机制。

值得一提的是，董事不同于董事会。董事没有董事会那样的权力。只有通过董事会行使权力，董事才能工作。

5.3 总经理

总经理是一个职位，也是一个人。在中国，总经理被看作是公司结构的一部分。他由董事会选举产生或由执行董事任命。有些公司不设总经理职位。这不是强制性的。在中国，总经理的权力是什么？其职权是：①主持公司生产经营管理工作，组织实施董事会决议；②组织实施公司年度经营计划和投资方案；③制定公司内部结构方案；④制定公司的基本管理方案；⑤制定公司章程；⑥提请聘任或者解聘公司副总经理、财务负责人；⑦聘任或者解聘公司除拟聘任或者解聘以外的高级管理人员；⑧公司章程规定或者董事会授予的其他职权。总经理列席董事会会议。

我们知道，在美国，除了总经理，他们还有首席执行官。首席执行官的职位不同于总经理。首席执行官享有比总经理更广泛的权力。

5.4 监事会和监事

在中国，我们有监事会，监事会由监事组成。监事会监督高管。在有监事会的公司中，监事不单独发挥作用，而是通过监事会发挥作用。有些公司只有一个监事。监事对高管的行为进行监督。然而，监事会或监事并没有很好地发挥作用。在美国，没有监事，也没有监事会。

第六章

封闭式公司

6.1 简介

封闭式公司是美国的一种特殊公司。在中国，没有这种形式的公司。它类似于合伙企业，因为它通常只有少数的股东，通常不到35人，而且股东通常是经理。封闭式公司是所有者管理的，这意味着所有权和经营权不分离。这似乎违反了所有权与经营权相分离的原则。封闭公司具有所有权的不可转让性，但并非绝对禁止。事实上，股份有一些转移限制。你有一些亲密的朋友，你打算和他们建立一个公司，你也希望能和他们保持友谊。即使你当时是投资者，你也希望你老了之后还能在公司里谋职。封闭式公司有助于维护这种雇佣。

你的每一个朋友都可以掌管一种或多种业务，他可以根据自己的努力和贡献获得固定的薪水，也可以获得弹性的薪水。除非他生病或他的行为违反法律或协议，否则不得解除他的职务。

如我们所知，当你成立一家公司时，你将面临许多问题。例如，如果有人意外死亡，你如何处理股份？如果你们中的一个人在急需钱的时候打算卖掉他的股票，你怎么解决这个问题？如果你们中有一个人不能胜任他所担任的职务，你怎么解决这个问题？

在一个封闭的公司里，有很多问题需要事先解决。投资者之间的协议非常重要。

6.2 立法意图

在美国，有三种不同的意图：一是统一意图。对封闭式公司没有特别的规定，立法者所做的是修改现有的法规，以满足封闭式公司的要求，使所有公司采用一部公司法。二是《纽约州与示范性法定封闭公司补充规定》，限制了统一意思表示的适用范围。例如，它限制了主体（如股东）的范围。它规定只有合格的股东才能成为封闭公司的股东。它改变了现有公司法的一部分。三是法定意图。它直接改变了《公司法》的部分条款，甚至在《公司法》中作了专门规定。

例如，关于第二个立法意图，上市公司不能采用封闭式公司的形式。关于第三个立法意图，可能允许股票转让或公开发行，但有一些条件。

6.3 冻结

在公司里，有大股东和小股东。事实上，如果持有小股的部分股东联合起来，他们就可以作为一个整体成为大股东。大股东基于其拥有的多数表决权，可以对小股东采取各种各样的行为，这也被称为冻结。冻结可能发生在任何一个公司中，但在一个封闭式公司中，律师应设计一个更合适的机制来解决这个问题。

6.4 如何建立一个封闭的公司

在美国建立封闭式公司有两种方式：一种方式是，当你成立一个公司时，你可以根据法律直接成立一个封闭的公司，并可以在公司章程中插入一些条款。另一种方式是，你可以在现有的非封闭公司的基础上，通过一致投票，在日后组建一个新的封闭公司。

我们已经提到过，当你成立一个封闭的公司时，协议是最重要的，但它应该包括什么？其中应包括一些内容：你如何处理每位股东的工作薪资和岗位职责？你如何为每个股东设计工资和工作时间？你如何为每位股东设计病假福利？如果公司需要更多的资金，你怎么办？你如何解决那些不能友好解决的问题。还有其他需要关注和解决的问题。

我国《公司法》虽然没有对这类公司进行规定，但在设计公司章程中的一些条款时，可以借鉴其中的一些内容。

第七章
董事、高级管理人员的责任

7.1 忠实义务

为什么我们认为一个董事要遵守忠诚的义务？因为我们认为他是受托人。人们常说，董事、高管和控股股东实际上是公司的受托人，对公司负有信托义务。受托人不得自营交易。一般来说，当满足三个条件时，就被视为一种自我交易：①董事和公司处于具体交易的相对方；②董事对公司进行交易的决定有影响；③董事的个人财务利益可能与公司的财务利益相冲突，或已经与公司的财务利益相冲突，以至于有理由怀疑董事是否确实有动机为公司的最佳利益行事。事实上，只要交易对公司公平，即使存在利益冲突，法院也会支持该交易，无论该交易是否得到无利害关系董事的批准或股东的批准。相反，如果一项交易非常不公平，该交易已经损害或将损害原告利益，即使该交易得到了多数无利害关系董事的批准或股东的批准，法院也会判其无效；在交易并非如此不公平的前提下，法院将审查交易是否得到无利害关系董事的批准或股东的批准，但并非必要。如果原告要起诉违反忠实义务的董事，他应该证明利益冲突存在和交易存在。利益冲突有两种：一种是直接利益冲突，另一种是间接利益冲突。无论是直接的还是间接的，被告都会在其中有直接或间接的经济利益。作为被告的董事有义务证明交易已获得无利害关系董事的批准或股东的批准。董事在证明已获批准或批准的交易前，必须证明他已向投票人披露了应向投票人公开的信息。应公开两类信息，即关于冲突的重要事实以及关于交易的重要事实。此外，被告应证明交易是公平的。如果被告能证明交易是公平的，也许他不需要再作进一步证明。董事、高级管理人员违反前款规定取得的所得，归公司所有。

在美国，对违反忠实义务的救济通常是撤销相关行为，但实际上应考虑第三人的恶意。如果相关行为的撤销对善意第三人不公平或对善意第三人有害，则合同价格与公平价格之间的差额将被作为对公司损害的衡量标准。如果董事或高级管理人员不正当或不公平地利用公司机会，为维护公司利益，初审法院可以判决对公司进行赔偿。在某些情况下，初审法院可以对涉及欺诈时违反忠实义务的董事或高级管理人员判决施加惩罚性赔偿，而不仅仅是对公司实际损失的赔偿。

比较中美两国的规则，中国的规则在忠实义务方面比美国的规则更为详细。从另一个角度看，在案例方面，美国比中国有更多可供参考的指导性案例，特别是与浪费有关的案例。

在中国，我们没有关于浪费案件的法律、法规和规章制度，而浪费在本质上也是一种违反忠实义务的行为。

7.2 注意义务

董事应履行其职责：①善意而非恶意；②在类似情况下，处于相同地位的通常谨慎的人会谨慎地积极或消极地行事；以及③以他合理地认为符合公司最佳利益的方式行事。在这里，应强调"处于相同的位置"。董事具有特殊技能，应当像具有类似技能的人一样运用其技能。例如，如果他是一名专业会计师，他应该在投票时运用他的会计知识。这样，董事就不可能是一个挂名董事或傀儡。值得一提的是，特殊技能应该是合格的，这意味着董事应该具有相关的资格而不是学历。如果董事没有特殊技能，在可靠的基础上，他有权依赖有适当来源的信息、主管人员的意见、当局的报告或报表（包括财务报表或其他财务数据）。如果这些报表是由以下人员编制或提交的：①公司的高级职员、雇员或董事合理地认为可靠和称职的其他人；②律师、会计师或其他专业人士，就相关事项，董事合理地认为他们在其职权范围内有此能力，在此，"能力"对我们理解上述内容非常重要；以及③就相关事项，董事委员会被相信有相应能力。即使一个董事有特殊的技能，他也没有义务去发现错误。在没有怀疑理由的情况下，董事没有义务安装和运行公司测试系统，以发现他们没有理由怀疑存在的不当行为。（Grahm v. Allis-Chambers, infra）。值得一提的是，注意义务有赖于一个发现不法行为的良好机制。注意义务确实要求建立合理的控制系统（信息系统和报告系统）来发现不当行为，即使董事会事先没有理由怀疑不当行为正在发生。

在我看来，如果一个公司没有建立一个合理的控制体系，所有董事都应承担注意义务引发的责任。无论是内部董事还是外部董事都应承担责任。中国很多中小企业均亟须建立合理的控制体系。

其他一些行为应被视为违约。例如，①未出席会议，部分未出席会议的独立董事可能承担责任；②对公司业务一无所知，对公司的报告、财务报表等不知情，有些董事尸位素餐，不担任任何部门职务，也可能承担责任；③当其他员工对公司造成损害时，董事在明知的情况下却无作为，或采取消极的行动；④将交易伪装成自我交易，而事实并非如此；⑤有迹象表明企业出了问题，他有能力提供帮助，但他什么也没做。董事或高级职员违反其应有的注意义务，从而损害公司利益，将对公司的损失承担个人责任。当我们判断董事或高级管理人员是否应承担责任时，我们应该对业务的性质和规模有深刻的理解。如何让一个董事对自己的行为负责呢？一个董事要承担多少责任呢？为了证明董事或高级职员违反了其受托注意义务，必须证明：①董事或高级职员知道或应该知道正在发生违法行为；②董事或高级职员没有善意地采取积极措施或采取不合理的措施来防止违法行为发生或寻求补救，而这种不作为直接导致了相应的损失。基于此，在我国，公司可以直接提起诉讼，股东也可以间接提起诉讼，这一点将在下文加以分析。在美国，立法者开发了一种被称为商业判断规则的机制，让董事承担责任。有关注意义务的一个主要问题是，董事应对其疏忽或不当行为负有多大责任？

这一法律领域最重要的一点是，公司现在常常被授权通过章程条款来限制或消除董事因违反注意义务而承担的金钱损害赔偿责任。这类条款的效力如何？事实上，这类条款的争议很大。与现行法律、法规相抵触的，无效。上述规定与现行规定相抵触的，其效力不确定。问题是：法规、规章制度也并不完善。

7.3 赔偿与浪费

举个例子，如果你拥有一家公司的大部分股份，你选举并在公司章程中设置如下规定，在你担任公司总经理期间，按营业总额或净利润的百分比对总经理进行补偿。公司少数股东对上述条款有异议，会发生什么？

事实上，薪酬应该是合理的，与总经理的价值相匹配。股东不能滥用公司资金损害中小股东的利益。问题是：你怎么判断合适的薪酬呢？中国没有商业判断规则可以运用，法官可能面临审理上的困难。

7.4 控股股东的责任

专家表示：控股股东对股份有限公司新发行的股份享有优先购买权，但我认为，除非其他股东一致同意，否则控股股东不应享有这种优先购买权，不然，本规定会因损害其他股东利益而无效。

控股股东是指单独或共同持有比其他持股股东更大比例股份的股东持股，能够控制公司或者对少数股东有较大影响。控股股东对公司和中小股东负有诚信义务。他们与公司的任何关系或交易都必须符合内在公平的检验。内在公平包括两个要素：①高度公平；②举证责任的转移，使控股股东必须证明并有举证责任证明控股股东与公司之间的交易客观上是公平的。任何被用于控制或利用控股股东的权力控制公司的行为均必须使所有股东从中按比例受益，且不得与公司的业务性质相冲突。美国可以利用独立董事委员会来转移举证责任。如果其发生在中国，法院有权作出判决。

一般来说，可以用内在公平来解决以下问题：判断支付的股利是否过高以至于阻止公司产业发展导致产生不公平，判断母子公司之间的交易是否公平，判断是否应当向全体股东分配新股，使其他股东的份额在放弃优先认购权之前不变动。

《九民纪要》规定，"资本与经营不匹配"是揭开公司面纱的理由之一，该纪要可以用来判断控股股东的部分行为是否符合内在公平。

7.5 商业判断规则

美国法律为什么要建立商业判断规则机制？你可以想象：如果你是管理方面的天才，但你不能保证每笔交易都会赢。有一天，你在一笔交易中失败了，然后你将被起诉承担责任。你愿意担任公司经理吗？事实上，大多数人都不愿意。由于同样的原因，董事会不可能知道某些领域的每一条规定，也没有人能保证董事会决议会永远正确。谁可以应用商业判断规则？事实上，董事和高管都可以使用它。当股东对董事会的决定提出异议并经法院审查时，该规则可以被使用。为了保护高级职员免于承担不当责任，商业判断规则应当发挥作用。商业判断规则免除了董事和高管对诚实判断错误的责任。其目的是鼓励董事和高级管理人员在一定程度上承担风险，这是企业盈利所必需的，是对董事行为的恰当的司法推定。"在作出商业决定时，公司董事会在知情的基础上善意地行事，并善意地相信该行为是为了公司的最大利益而采取的。"（Smith v. Van Gorkam）法院和监管机构不愿意用自己的判断代替董事会的判断。

如果高级管理人员或董事的行为不符合推定，那么他可能会承担责任。承担责任推定的标准是什么？标准是：如果董事和/或高级职员对公司负有责任，以一种合理、被认为反映公司最大利益的方式，善意地履行其职责，并且在类似情况下，普通谨慎的人会被合理地期望在类似的职位上善意采取相似行为。

在商业判断规则方面，应注重举证责任的分配。提起诉讼的股东应证明被起诉的董事有下列行为之一：①违反对公司的忠实义务（具体规定见《公司法》）；②恶意行为、故意错误或违法行为；③非法支付、分配或赎回股息；④董事获得不正当或不合理个人利益的任何交易。如果股东能证明这一点，举证责任将被转移给董事。但在法庭审查案件之前，一个独立的委员会将调查问题并作出决定。法院审理的重点是委员会选择和执行调查程序的适当性和充分性。在委员会遵循正确程序的前提下，委员会决定不进行诉讼，法院不得干预。法院应驳回诉讼。否则，法院有权作出判决。此外，即使法院有权审理案件，法院也应考虑公司章程中的条款及其有效性。

在中国，我们没有商业判决规则可以采用，但在我看来，法院可以更加重视案件的协商解决。法官可能不熟悉商业，但其可以邀请一些管理者担任陪审员。他们可以向法官提出建设性意见，以供法官参考。值得一提的是，上述管理者的独立性非常重要。

第八章

筹　资

8.1 债务证券

债务证券不代表所有权，而是建立一种债权债务关系。债务证券不同于借据，因为借据不是公开发行的，债务证券是向公众发行的。发行债务证券须经批准。有不同类型的债务证券。Bonds 是长期的、十年或十年以上的本票。债券是一种可转让票据。可转让票据通常是一种很容易以空白或背书形式转让的票据。空白是指通过将其交给另一人而无需背书来转让所有权，假设票据原本是空白的或应支付给持票人。背书的意思是在支票的背面签名。Debentures 通常是带有无担保债务的本票。Indentures 是债务人和受托人之间的协议，受托人作为各方的受托人，向 Indentures 受益人支付 Indentures 的利息和向 Indentures 持有人支付本金。其通常是短期的，无担保的，在十年或更短的时间内到期。

上述概念有助于我们理解美国债务证券。实际上，在中国，我们应该把握的是两个关键因素：一个是无担保或有担保的因素；另一个是长期与否的因素。在中国，我们没有 Indentures，虽然我们有证券化资产，但它们是不同的。

8.2 公司发行债务证券的能力

根据《证券法》的规定，公司发行债务证券，应当符合下列条件：

（1）具备健全且运行良好的组织机构；

（2）最近 3 年平均可分配利润足以支付公司债券 1 年的利息；

（3）国务院规定的其他条件。

公开发行公司债券筹集的资金，必须按照公司债券募集办法所列资金用途使用；改变资金用途，必须经债券持有人会议作出决议。公开发行公司债券筹集的资金不得被用于弥补亏损和非生产性支出。

上市公司发行可转换为股票的公司债券，除应当符合第 1 款规定的条件外，还应当遵守本法第 12 条第 2 款的规定。但是，按照公司债券募集办法，上市公司通过收购本公司股份的方式进行公司债券转换的除外。

在美国，债务证券的发行方式灵活，控制较为宽松，任何债券，不论名称为何，都可以通过在债券上附加一个单独的协议，即指定受托人的契约协议，作为契约而不是债券发行。在美国，债券种类较多，如可赎回债券、收益债券、参与债券等。可赎回债券的到期日很长，借款人可以按规定价格赎回全部或部分债券，以加快到期日。收益债券可以与公司部分收入的百分比挂钩。它们可以与公司特定部门或地域的收入百分比挂钩。例如，它可以与公司东南区的销售收入挂钩。无论收益如何，参与债券利息均包含两部分：票面固定利息加上基于收益的额外利息构成，额外利息由约定的利率乘以收益。实务中，中国律师可以借鉴一些美国债务证券设计思路来操作实务。

8.3 权益证券

股权证券创造了所有权利益和投票权。有两种股权证券，普通股和优先股。普通股是筹集资金的主要股票。它通常是唯一发行的股票。优先股是股和债的混合体。优先股被称为优先债务，因为在一般情况下，公司必须先向优先股股东派发股息，然后才能向普通股股东派发股息。

在中国，我们经常使用普通股，所谓优先股和美国的优先股有不同含义。优先股实际上是一类和一系列的股票。在中国，优先股股东在公司解散时不能处置资产。

8.4 公司发行的股份

公司发行的股票种类繁多。公司可以发行不同种类的股票和不同系列的股票。"类"和"系列"有什么区别？系列股比类股更细化。类是股票的一种类型，作为一个类别，可以进一步分为系列。一个系列中的所有股票均拥有相同的权利，而类别中的股票拥有相似的权利。公司也可以发行股票期权和认股权证。股票期权通常是未来的权利，用来吸引人才或奖励高管。与股票期权不同，认股权证可以自由转让，通常在证券交易所进行活跃交易。从广义上讲，认股权证是股票期权的一种。

第九章
控股股东的权利

控股股东对公司的影响是巨大的，他们享有的利益远远超过了他们应有的利益。例如，一个人可能拥有一家公司70%的股份，但可能会被一个买家以超过72%的对价购买他的股份以控制公司。在此我们应讨论以下权利。

9.1 表决权

表决权是股东的一项基本权利。然而，不同种类的股票和不同系列的股票所具有的表决权是不同的。在我国，有限责任公司的股东可以根据公司章程进行表决；在股份有限责任公司，股东可以按照其所持股份的比例进行表决，但其股份为优先股的除外。

有一种股东叫隐名股东，这类股东是否享有表决权取决于三个因素：他们与显名股东之间的合同、其他股东是否接受、他们是否实质性地参加了股东大会。显名股东不同于没有投票权的匿名股东。

9.2 与股东权利相对应的股东责任

普通股股东承担与其权利相匹配的有限责任，而控股股东对其他股东负有特殊的受托责任，应当以内在公平性来判断。

9.3 非累积投票权

非累积投票权是相对于累积投票权而言的。它有时被称为直接投票权。通常每股有一票。值得一提的是，有时一股匹配几票，或一股匹配分数票。

9.4 越权原则

越权原则与公司权利密切相关。公司的权利是由国家机关根据法规授予的。当一个公司超出法规授予的权利行事时，就意味着该公司越权行事。传统的假设是：公司拥有营业执照所列的有限的权利。在现代，可以推断这些假设是错误的。公司是一个独立的法人，公司有权修改其营业执照以适应其经营。即使公司暂时超出其经营范围，也可以及时修改。越权行为不是什么大错误。

越权原则值得深入研究。限制经营范围不是个好主意。事实上，只有部分行为需要被批准。公司可以尽可能扩大其业务范围。强调越权原则没有任何意义。

9.5 揭开公司面纱

揭开公司面纱意味着解除对股东有限责任的保护，使股东承担连带责任。关于揭开公司面纱有一场大讨论。一般来说，资产混淆、部门混淆、人员混淆都是表象。至于个案是否揭开公司面纱要看具体情况。

在中国，揭破法人面纱指股东滥用权利以致使公司成为股东获取不正当利益的工具。

9.6 股东的检查权

在日常生活中，一些控股股东不向其他股东提供账簿和记录，也不向其他股东分配股利。其他股东有权要求公司向其提供账簿和记录，如果公司不这样做，除非他对公司提起诉讼，否则他们无事可做。在中国，股东有权通过索偿或诉讼的方式查阅账簿。但是，如果股东打算查阅记录，股东要满足某些法定要求。在美国，一些州要求股东在检查账簿和记录之前至少持有 6 个月的股份。一些州要求股东在检查账簿和记录之前至少持有 5% 的已发行股份。有上述任何一项要求的州通常都会对不允许股东查阅和复制记录的公司处以罚款，除非股东的意图是不诚实地获取商业秘密。

有些公司在允许股东检查公司的账簿和记录之前，还规定了一个必须遵守的程序。只要程序合理，股东就必须遵守该程序以获得检查许可。如果股东认为程序是拖延的或恶意的，那么，补救措施就是提起诉讼请求法院对公司实施制裁。

第十章
资本配置

10.1 基本概念

有一些概念我们应该学习。它们是：净资产、注册资本、盈余公积和资本公积。在资产负债表中，净资产等于公司总资产超过其债务总额的数额。注册资本是指股东承诺支付给公司的资本。盈余公积等于股东权益扣除公司未分配利润、资本公积和实收资本之和的剩余。

10.2 分配规则

有一个分配原则。在存在净利润的情况下，应当先用以弥补亏损，累计盈余公积不足注册资本 50% 的，以弥补亏损后剩余净利润的 10% 提取盈余公积，其他净利润可以按照公司章程的规定分配股利。

在实践中，公司章程对股利分配有一些规定。一些公司有长期的股息支付率，用于维持稳定的股息。公司担心未来可能无法维持股息而发生股息变动。股利的形式有现金股利、财产股利、股票股利和股票分割。现金股利和财产股利是真正的股息分配。股票股利和股票分割并不是真正的股息分配。

第十一章
股东诉讼

11.1 直接诉讼

如我们所知，有几类当事人与公司有关。股东、董事、经理、债权人和公司本身都是利益相关者。此外，控股股东和中小股东也不同。股东起诉董事违反注意义务的，可以直接起诉吗？如果少数股东起诉控股股东，可以直接起诉控股股东吗？事实上，值得一提的是，公司是连接各方的纽带。公司可以起诉其他各方，其他各方也可以起诉公司。作为被告的公司和作为原告的公司的诉讼都是直接诉讼。

直接诉讼可以被适用于解决下列问题：①查阅公司的账簿和记录，或查阅公司的一些资料或决议；②制止越权行为；③强制支付适当的股息；④强制解散或清算公司；⑤ 保护股东的优先购买权；⑥ 保护股东在公司章程中的权利。

11.2 派生诉讼

将直接诉讼与派生诉讼进行比较，可以发现二者的区别。股东代表公司对公司经理（高级职员、董事等）或第三方提起派生诉讼。该公司在美国被列为当事被告，而在中国则被列为当事原告。在这里，"代表公司"是一个关键词。事实上，如果公司单独起诉当事人，可以称为直接诉讼，否则称为派生诉讼。此外，派生诉讼可以被用于解决不同的问题。其适用范围如下：①因越权行为向管理层追偿损害赔偿金；②因管理层疏忽或不当行为而向管理层追偿损害赔偿金；③向第三方追偿损害赔偿金；④向高级职员追讨因其违反忠实义务而对公司造成的损害赔偿；⑤设法停止错误发行股票；⑥追讨因不当派息而造成的损失；⑦制止任何间接损害股东利益的行为。

11.3 集团诉讼

许多股东对公司有同样的索赔要求。这些股东可以共同起诉一家公司，并分担费用。通过集团诉讼可以节约司法资源。中国与其他国家在集团诉讼方面有一些不同。这里不讨论这些差异。在中国提起集团诉讼应满足某些要求。这些是：①类别可以认证，所有股东都有类似的案件，在索赔方面没有任何利益冲突；②股东人数众多，在中国，事实上，人数不少于10人；③应当通知每个符合条件的人，合格的人自愿加入案件；④和解解散必须经法院批准。

我国已经颁布了《最高人民法院关于证券纠纷代表人诉讼若干问题的规定》，这将使诉讼更加容易。《民事诉讼法》的颁布，确立了我国集团诉讼的基本原则。

11.4 解散诉讼

股东因下列原因之一，提起解散公司的诉讼，依照《最高人民法院关于适用〈中华人民共和国公司法〉若干问题的规定（二）》第1条的规定，人民法院应当受理：①公司持续2年以上无法召开股东会或者股东大会的，公司经营管理发生严重困难的；②股东表决时无法达到法定或者公司章程规定的比例，持续两年以上不能作出有效的股东会或者股东大会决议，公司经营管理发生严重困难的；③公司董事长期冲突，且无法通过股东会或者股东大会解决，公司经营管理发生严重困难的；④经营管理发生其他严重困难，公司继续存续会使股东利益受到重大损失的情形。股东以知情权、利润分配请求权等权益受到损害，或者公司亏损、财产不足以偿还全部债务，以及公司被吊销企业法人营业执照未进行清算等为由，提起解散公司诉讼的，人民法院不予受理。

但上述公司如被裁定解散，则该公司应进行清算。

第三部分

案例分析

一、成立有限责任合伙诉讼案

（一）案例

甲、乙、丙三方成立一合伙运输企业，准备注册登记为普通合伙企业，其在合伙协议中注明：甲只对合伙企业雇员非侵权引发的损失承担连带责任，该协议被拿到工商机关备案，工商机关不同意合伙企业登记，甲、乙、丙欲提起行政诉讼，请问，这种情况下，甲、乙、丙三方胜算如何？

若工商机关给合伙企业登记了，假定后续雇员在运输途中撞伤人，则甲是否需要承担连带责任？

（二）分析

本案例中，要关注合伙企业协议的约定实质上构成了对新类型主体的创设，该类型主体实质上为美国的有限责任合伙。中国并无这种新类型主体，假定甲、乙、丙提起行政诉讼，其败诉的可能性非常大。

若工商机关给合伙企业这样登记，则甲是否承担连带责任是一个非常难处理的问题。一方面，这种登记实际上有了公开对抗第三方的效力；另一方面，这种登记事实上是一种违反行政登记规定的登记。行政上的违法登记并不能阻止对第三方的对抗效力，也就是说，这种登记一旦公示，除非是甲和登记机关相互恶意串通进行的登记，否则将能起到对抗效力。

二、利润分配案

（一）案例

甲、乙、丙成立了一个公司，其中甲出资 80 万元，乙和丙各自出资 10 万元，公司总的注册资本是 100 万元。章程中只约定了按实缴出资比例进行表决，甲的 80 万元出资在 2022 年年底前到位，乙和丙的出资在 2021 年 7 月底前到位，2020 年 6 月乙的出资全部到位，丙的出资到了 6 万元，甲的出资还没到位，公司至 2020 年 12 月 31 日盈利了 200 万元，并计提了利润，乙于 2021 年 7 月 1 日发起股东会，符合发起股东会会议的程序规定，股东会表决公司于7月28日分配2020年利润，按照实缴注册资本进行分配。此时，甲表示反对，提出其资金目前正在筹集，利润分配应在2022年底进行，不应在2020年7月28日分配，会发生什么？

（二）分析

公司表决权的约定非常重要，按照章程约定，以实缴资本表决。在程序合法的情况下，乙发起股东会，按照表决权通过了分配利润决议，该决议有效。可见，甲虽然认为不应现在进行分配，但其理由不符合法律规定。最终的分配结果是甲未分配到任何利润。

三、新增资本认购纠纷案

（一）案例

甲公司是一个发展非常迅速的公司，2018年，甲公司引入了风险资本，乙公司投入200万元占并有甲公司20%的股权，甲公司原有800万元注册资本，现甲公司在吸收风险资本后注册资本变化为1000万元。甲公司原有股东的注册资本和乙公司的注册资本全部到位。2019年6月，甲公司决定新增注册资本500万元，乙公司要求增加注册资本500万元中的400万元，从而使乙公司注册资本达到了总注册资本的40%，甲公司其他股东不同意，要求按同比例增资。甲公司原股东和乙公司争执不下，乙公司行使了甲公司章程中赋予乙公司就增资事项的一票否决权，从而使增资未能通过。

此情况下，甲公司其他股东是否有权增加注册资本？如果甲公司强行增加了注册资本，乙公司能做什么？

（二）分析

一票否决权往往在风险投资条款中出现。风险投资中，风险投资人往往以溢价投资，因此，对其权利的保护往往涉及方方面面。实务中，只要约定不违反强行性法律规定，则约定有效。甲公司的其他股东在乙行使了一票否决权的情况下，无权增加注册资本。但在无其他约定的情况下，乙公司也无权要求提高增资比例。在甲公司强行增加注册资本的情况下，乙公司可以及时申请法院撤销该决议，因为该决议违反了公司章程。

四、董事会决议撤销纠纷上诉案

(一) 案例

上海佳动力环保科技有限公司与李某军董事会决议撤销纠纷上诉案

上海市第二中级人民法院

民事判决书

[2010] 沪二中民四 (商) 终字第 436 号

上诉人 (原审被告): 上海佳动力环保科技有限公司。

法定代表人: 葛某乐, 该公司董事长。

委托代理人: 李某文, 上海市恒业律师事务所律师。

被上诉人 (原审原告): 李某军。

委托代理人: 余某森, 上海市百良律师事务所律师。

委托代理人: 王某, 上海市富石律师事务所律师。

上诉人上海佳动力环保科技有限公司 (以下简称"佳动力公司") 因与被上诉人李某军董事会决议撤销纠纷一案, 不服上海市黄浦区人民法院 [2009] 黄民二 (商) 初字第 4569 号民事判决, 向本院提起上诉。本院依法组成合议庭公开开庭对本案进行了审理。上诉人佳动力公司的法定代表人葛某乐、委托代理人李某文, 被上诉人李某军的委托代理人余某森、王某到庭参加诉讼。本案现已审理终结。

原审法院审理查明: 2001 年 3 月 18 日, 投资人葛某乐、李某军、南某镕、中国船舶重工集团公司第七研究院第七一一研究所 (以下简称"七一一所") 共同投资设立佳动力公司并制定公司章程。章程载明: 公司法定代表人葛某乐, 注册资本人民币 100 万元 (以下币种均为人民币), 股东葛某乐、李某军、南某镕、七一一所分别出资 7 万元 (占 7%)、5 万元 (占 5%)、44 万元 (占 44%)、44 万元 (占 44%, 其中货币出资 17 万元, 高科技项目作价出资 27 万元); 公司设立董事会, 设董事 5 名, 董事长由葛某乐担任。董事会行使包括聘任或者解聘公司经理, 根据经理提名聘任或者解聘公司副经理、财务负责人，决定其报酬等职权，对涉及公司增、减资方案、决议公司合并、分立、变更公司形式、解散方案的，须经代表 2/3 以上表决权的股东通过才能实施，董事会行使职权时，不得违反法律、法规和公司章程的规定；公司财务负责人为葛某乐。章程分别由各投资人签名、盖章。同年 4 月 17 日，由前述投资人设立的佳动力公司经上海市工商行政管理局黄浦分局核准登记成立。2006 年 11 月 18 日，佳动力公司根据已召开股东会形成的决议，制定公司章程修正案，除增加公司经营范围、修改原章程对应内容外，公司股东变更为葛某乐（出资额 40 万元，占注册资本 40%）、李某军（出资额 46 万元，占注册资本 46%）、王某胜（出资额 14 万元，占注册资本 14%），公司章程对股东变更进行了修改。

2009 年 7 月 18 日，佳动力公司召开董事会并形成决议，李某军在会议签到单上签名。董事会决议载明：根据《公司法》及公司章程规定，佳动力公司董事会于当日，由董事长葛某乐电话通知、召集并主持在公司浦三路 4399 号会议室召开。出席董事会董事成员应到 3 人，实到 3 人。列席董事会监事应到 3 人，实到 3 人，作出决议如下：①鉴于总经理李某军不经董事会同意私自动用公司资金在二级市场炒股，造成巨大损失，现免去李某军总经理职务，即日生效。②现聘任总工程师王某胜为佳动力公司代总经理，行使总经理职权。③从即日起 5 日内，原总经理李某军应交还公司章程、印鉴章、法定代表人私章、公司账簿（包括所有的原始记录凭证）给董事长葛某乐。如不交还，属于严重损害股东利益，股东有权向法院起诉。决议由董事葛某乐、王某胜及监事签名。李某军未在决议上签名。同月 27 日，李某军向原审法院起诉，以佳动力公司董事会决议依据的事实错误，在召集程序、表决方式及决议内容等方面均违反了《公司法》的规定，依法应予撤销为由，请求判令依法撤销佳动力公司于 2009 年 7 月 18 日形成的"上海佳动力环保科技有限公司董事会决议"。

原审法院认为，本案存在以下争议焦点：

（1）2009 年 7 月 18 日董事会召集程序及决议形成方式是否符合公司章程及公司法规定。从李某军举证的临时董事会决议可以看出，该会议议题与之前李某军知悉的公司临时董事会的内容相同，本案中董事会召集程序与公司章程及公司法规定相符。根据章程和公司法的规定，董事会议事方式，除法律有规定的外，由公司章程规定，董事会应当就所议事项的决定制成会议记录，出席会议的董事应当在会议记录上签名。本案中，李某军称其到会后即有其他董事宣读已拟好的决议，而该决议并未经会议进行讨论。佳动力公司对此予以否认，但未出具会议讨论的记录，称相关记录被李某军当场撕毁。李某军对撕毁会议记录予以否认。原审法院认为，通知召集董事会时是否告知会议议题，并不影响董事会召集的实质要件。公司董事会议事程序也并无法定的议事模式，会议议题一经在会中提出，董事即可按通常方式行使议事的权利，最终形成的决议内容即可成为董事议事的结果。故李某军主张的未经议事程序即形成决议违反法定程序，缺乏依据，不予采信。

（2）董事会决议表决权是以占股权 2/3 比例还是以一人一票来确定。公司章程是股东共同制定的有关公司组织与活动的基本规则，决定了公司的组织原则、业务范围、经营方式及经营方向，是规范公司行为和公司与他人关系的最基本的文件。佳动力公司于 2001 年 3 月 18 日设立制定的章程，是在工商机关依法备案的唯一章程，至 2006 年 11 月因公司股东变更形成了章程修正案，佳动力公司再未对原章程进行过修正。工商机关处备案的章程记载，除决议公司增、减注册资本、公司合并、分立、变更公司形式、解散方案须经代表 2/3 以上表决权的股东通过方可实施，其他事项（包括经理解聘）并无表决限制。李某军出示的未经工商机关备案的 2007 年 1 月 8 日公司章程，佳动力公司另两位董事确认在其上签字，但称不知其中内容且未在工商机关备案，不具有效力。对此，原审法院认为，佳动力公司称在章程上签字但不知其内容，与常理不符，且在 2008 年 7 月 18 日董事会决议中有要求李某军交还公司章程的内容，如要求李某军交还 2001 年 3 月 18 日工商机关备案的章程则无此必要，故佳动力公司所称的理由不能成立。该章程虽未在工商机关备案，但并不影响公司出于内部治理需要，在原章程的基础上重新订立公司章程，该章程对签名股东具有约束力。该章程将董事会表决事项载明为，董事会必须由 2/3 以上的董事出席方为有效，对所议事项作出决定应由占全体股东 2/3 以上的董事表决通过方为有效。该章程并无董事会表决须经占公司股权比例 2/3 的股东一致同意才能生效的记载。根据公司法的规定，公司董事会决议的表决，实行一人一票，故本案系争董事会决议符合公司法规定的多数决。

（3）董事会决议免除李某军总经理职务，是因李某军未经董事会同意私自动用公司资金在二级市场炒股并造成损失。该节事实是否存在，李某军主张撤销董事会决议的理由能否成立？董事会行使罢免权是公司内部治理的需要，经理作为董事会决议的执行人，其负有公司法规定的主持公司日常经营管理，组织实施董事会决议及实施公司经营计划和投资方案等重大权利，经理如在履职中出现重大过错，在其行为足以造成公司经营遭受重大损失的情况下，董事会依法通过决议行使罢免权是正当的。本案中，是否存在董事会决议所称的"未经董事会同意私自动用公司资金在二级市场炒股，造成损失"的事实，是确定案件争议的关键。首先，关于佳动力公司炒股投资方案是否通过董事会决议。根据佳动力公司的庭审确认，2007 年 10 月 18 日，佳动力公司在国信证券公司开立证券账户前即以公司资金进行了新股买卖，该公司从事股票买卖的投资行为并未通过召开股东会及董事会的方式进行决定。2007 年 10 月，佳动力公司在国信证券公司开立证券账户在二级市场从事股票买卖，佳动力公司亦未召开股东会及董事会进行过决议，该股票买卖的投资行为虽未经佳动力公司董事会决议，但均是在公司董事长葛某乐的同意下实施的，李某军方证人证言证实佳动力公司董事之一王某胜对此也属知情。其次，关于佳动力公司在国信证券公司进行股票买卖行为的事实确定。根据李某军申请的证人梁某琪、徐某平、胡某发、王某真、管某的当庭陈述，原审法院派员至国信证券股份有限公司上海淮海西路证券营业所调取相关的佳动力公司证券账户开户资料记载，佳动力公司法定代表人葛某乐听取证券公司人员介绍后，同意在国信证券公司开设股票账户，并委托国信证券公司在二级市场买卖股票，公司财务人员证人梁某琪受托以佳动力公司营业执照、公章及法定代表人私章、身份证办理开户手续，具体股票买卖由李某军操作，相关证人证明股东之一王某胜对买卖股票是知情的。佳动力公司确认其公司董事长同意至国信证券公司开户，由李某军负责操作二级市场的股票买卖，但称法定代表人私章控制在李某军手中，开户表上私章并非本人加盖，李某军买卖股票的品种及账户密码法定代表人并不知晓。佳动力公司董事长代表公司同意在国信证券公司开户并委托李某军进行股票买卖操作，公司公章及私章由何人加盖，并不影响该事实的成立。佳动力公司进而辩称公司董事长得知账上有 1300 万元，同意最多拿出 500 万元，其后得知股票亏损，佳动力公司董事长愿就该亏损部分与李某军共担责任，但佳动力公司董事长并未同意将其余包括上海科学院 490 万元科研经费在内的资金进行股票买卖，李某军在未经董事会同意将账上剩余资金 800 万元用于买卖股票，在涉及科研经费炒股被追查的情况下，李某军又擅自抛售股票将资金用于归还科研经费，造成佳动力公司 800 万元的巨额亏损。对此，结合当事人当庭陈述及举证进行分析，佳动力公司自称公司董事长同意投入 500 万元进入二级市场炒股，李某军对此予以否认。李某军方证人徐某平、胡某发、王某真、管某的当庭陈述证明，佳动力公司董事长分别向证人称，公司账上有 1000 余万元，如买入证券公司推荐的股票可成为十大股东之一，2008 年春节前公司投入 1000 余万元赚了 200 万元，2009 年春节前因当年股市不好，股票不如早点抛掉。李某军举证的资金流水明细显示：2007 年 10 月 25 日佳动力公司证券账户资金（银行转证券）为 11 324 656.30 元。佳动力公司证券资金账户的资金数额及证人证言均表明，佳动力公司投入股市资金并未显示如佳动力公司所称的限制于 500 万元以内。佳动力公司举证 2008 年 10 月 7 日、2009 年 5 月 2 日公司董事会记录、纪要及决议，会议记录了李某军自称擅自动用 800 万元炒股，亏损 800 万元，董事会曾要求李某军不要轻易抛售股票，后李某军擅自抛售股票将款项用于归还上海科学院 490 万元科研经费，董事会要求李某军赔偿公司 800 万元的损失。李某军则对两次董事会记录、纪要及决议，称不知道有该会议相关资料的存在，不予认可。佳动力公司未针对该两次董事会资料向法庭进一步提交会议通知召集、董事签到及李某军到会在相关记录上签名的凭据，对其证明的效力难以认定。据上可知，李某军在国信证券公司进行的股票买卖，包括账户开立、资金投入及股票交易等一系列行为，系经佳动力公司董事长葛某乐同意后委托李某军代表佳动力公司具体实施的，相关反映股票交易的资金流转均在佳动力公司账上予以记载，据此事实无法得出李某军未经同意，擅自动用公司资金在二级市场买卖股票造成亏损的行为结果。

综上所述，原审法院认为，董事会决议撤销诉讼旨在恢复董事会意思形成的公正性及合法性，在注重维护主张撤销权人合法利益的同时，也要兼顾公司法律关系的稳定。2008 年 7 月 18 日佳动力公司董事会决议在召集、表决程序上与公司法及章程并无相悖之处，但董事会形成的"有故"罢免李某军总经理职务所依据的李某军"未经董事会同意私自动用公司资金在二级市场炒股，造成损失"的事实，存在重大偏差，在该失实基础上形成的董事会决议，缺乏事实及法律依据，其决议结果是失当的。从维护董事会决议形成的公正、合法性角度出发，李某军主张撤销 2008 年 7 月 18 日佳动力公司董事会决议，可予支持。至于佳动力公司董事会出于公司治理需要，需对经理聘任进行的调整，应在公司法及公司章程的框架内行使权利。据此，依照《公司法》第 47 条第 9 项、第 48 条、第 49 条的规定，对上海佳动力环保科技有限公司于 2008 年 7 月 18 日形成的关于"鉴于总经理李某军不经董事会同意私自动用公司资金在二级市场炒股，造成巨大损失，免去李某军总经理职务"的董事会决议，予以撤销。一审案件受理费 80 元，由佳动力公司负担。

原审判决后，上诉人佳动力公司不服，向本院提起上诉称：①原审判决适用法律错误，本案应适用《公司法》第 22 条。李某军关于董事会决议的撤销之诉，都仅需审理召集程序、表决方式、内容是否违反法律、行政法规。除此之外，没有任何法律条款对撤销之诉作出限制性规定或者扩大性解释。因此，在原审判决已经对董事会决议的合法性、程序性作出肯定性判断的情况下，该董事会决议应被认定为合法有效。是否存在"总经理李某军不经董事会同意私自动用公司资金在二级市场炒股，造成巨大损失"与本案诉请没有必然联系，因为公司法和佳动力公司的章程均规定董事会有权解雇和聘用经理，且对董事会解聘经理的权利没有作任何限制性规定，故佳动力公司董事会对解聘总经理的理由是否作出解释、作出解释的理由是否符合事实均不影响董事会行使解聘总经理的法定权利。②原审判决认定事实不清。原审判决对李某军是否有擅自在二级市场炒股的行为所采信的证据与本案诉请没有直接关联，也不能作为其炒股合法、合理的直接证据，部分证人也与本案有利害关系。故请求撤销原审判决。

被上诉人李某军辩称：原审判决适用法律正确。从事实上看，所谓"总经理李某军不经董事会同意私自动用公司资金在二级市场炒股，造成巨大损失"不成立。李某军是在董事会同意、董事长葛某乐的安排下实施职务行为的，有相关证据为证。故请求维持原审判决。

本院经审理查明，原审法院查明的有关佳动力公司设立经过、公司章程、2009 年 7 月 18 日董事会决议的召集程序、表决方式、决议内容等事实属实，本院予以确认。

本院认为，"总经理李某军不经董事会同意私自动用公司资金在二级市场炒股，造成巨大损失，免去其总经理职务"这一董事会决议是否撤销，须依据《公司法》第 22 条第 2 款的相关规定进行审查。该条款规定了董事会决议可撤销的事由包括：①召集程序违反法律、行政法规或公司章程；②表决方式违反法律、行政法规或公司章程；③决议内容违反公司章程。佳动力公司章程规定，股东会会议由董事长召集和主持。2009 年 7 月 18 日董事会由董事长葛某乐召集，李某军参加了该次董事会，故该次董事会在召集程序上并未违反法定程序；佳动力公司章程规定，对所议事项作出的决定应由占全体股东 2/3 以上的董事表决通过方为有效。因佳动力公司的股东、董事均为 3 名且人员相同，2009 年 7 月 18 日决议由 3 名董事中的 2 名董事表决通过，在表决方式上未违反公司章程。因此，本院认定 2009 年 7 月 18 日董事会决议在召集程序、表决方式上不符合应予撤销的要件，应认定为合法有效。佳动力公司和李某军在二审中的争议焦点在于董事会决议免去李某军总经理职务的理由即"总经理李某军不经董事会同意私自动用公司资金在二级市场炒股，造成巨大损失"是否是事实，如该事实不成立，是否足以导致董事会决议被撤销？也即原审判决是否应当对导致李某军被免职理由所依据的事实进行实体审查？该事实的成立与否是否足以影响董事会决议的效力？对此，本院认为：首先，从公司法的立法本意来看，对公司行为的规制着重体现在程序上，原则上不介入公司内部事务，最大限度地赋予公司内部自治的权力，只要公司董事会决议在召集程序、表决方式、决议内容上不违反法律、行政法规或公司章程，即可认定为有效。从佳动力公司的公司章程来看，其规定了董事会有权解聘公司经理，对董事会行使这一权力未作任何限制性规定，即未规定必须"有因"解聘经理。因此，佳动力公司董事会行使公司章程赋予其的权力，对其在召集程序、表决方式符合公司法和决议内容不违反公司章程的前提下"无因"作出的聘任或解聘总经理的决议，均认定为有效。其次，从董事会决议内容分析，"总经理李某军不经董事会同意私自动用公司资金在二级市场炒股，造成巨大损失"是佳动力公司董事会就解聘总经理职务列出的理由，这一理由仅是对董事会为何解聘李某军总经理职务作出的"有因"陈述，该陈述内容本身不违反公司章程，也不具有执行力。李某军是否存在"不经董事会同意私自动用公司资金在二级市场炒股，造成巨大损失"这一事实，不应影响董事会决议的有效性。因此，原审法院对"不经董事会同意私自动用公司资金在二级市场炒股，造成巨大损失"这一事实是否存在进行了事实审查，并以该事实存在重大偏差，在该失实基础上形成的董事会决议缺乏事实及法律依据为由撤销董事会决议不符合《公司法》第 22 条第 2 款之规定，本院对该节事实是否存在不予审查与认定。但如李某军认为董事会免去其总经理职务的理由侵害了其民事权益，可另行通过其他途径主张自己的权益。

综上所述，对于佳动力公司的上诉请求，本院予以支持。原审法院判决适用法律错误，应予改判。依照《公司法》第 22 条第 2 款、《民事诉讼法》第 153 条第 1 款第 2 项之规定，判决如下：

（1）撤销上海市黄浦区人民法院［2009］黄民二（商）初字第 4569 号民事判决；

（2）对被上诉人李某军要求撤销被上诉人上海佳动力环保科技有限公司于 2008 年 7 月 18 日形成的"上海佳动力环保科技有限公司董事会决议"的诉讼请求不予支持。

本案一审案件受理费人民币 80 元、二审案件受理费人民币 80 元，合计人民币 160 元，由被上诉人李某军负担。

本判决为终审判决。

审 判 长 林晓镍

代理审判员 高增军

代理审判员 顾继红

二〇一〇年六月四日

书 记 员 周晓璐

（二）分析

本案件涉及劳动法和公司法的结合点，总经理是劳动法上的主体，能否解除合同可以根据劳动法来判断，但总经理同时又是公司治理结构的重要一环，对其可以根据公司章程加以任免。在劳动法上，如果解聘总经理可能涉及劳动合同，解除劳动合同还可能会涉及过错问题。但在公司法上，依据章程解聘总经理并不需要以过错为条件，也就是可以无因辞退总经理，除非公司章程对辞退总经理另约定了有因解除。本案例中，只要董事会决议内容和程序符合公司法规定，决议便有效。因此，可以解聘总经理。本案例同时提出了一个问题：假定劳动法上解聘总经理的理由存在，但公司法上董事会不同意解聘总经理，应以何者为准？笔者认为，公司法应优先于劳动法适用，毕竟，对于经营事项，董事会的决定应优先。

本案中还有另一个问题需要考量：董事会决议是否要经过讨论这一程序？从合理性角度看，经过讨论程序，各董事充分了解情况后作出解除总经理职务决定更科学，但公司法并未提出关于这个讨论程序的要求。李某军是否可以从另一个角度提出诉求呢？比如提出其他董事在作出决定时未尽勤勉和注意义务，未认真调查事实，作出的决定不正确，从而追究表决解聘其职务董事的个人责任？从公司法上看，如果李某军提出这个请求，法院能否拒绝立案？被拒绝立案的可能非常大，因为李某军难以证明解聘他会给公司造成损害。可见，在公司法中，考量董事会决议、股东会决议正确性的基础应是公司利益是否遭受损害，或是否违法、违反章程。否则，即便董事或高管个人利益遭受损害，也难以从董事会决议或股东会决议角度寻求救济。

五、撤销公司注册登记中监事身份案

（一）案例

李某诉沈阳市大东区市场监督管理局撤销登记中监事身份案

辽宁省沈阳市中级人民法院行政裁定书

［2019］辽 01 行终 117 号

上诉人（原审原告）：李某。

委托代理人：肖某艳。

被上诉人（原审被告）：沈阳市大东区市场监督管理局。

法定代表人：全某丰。

委托代理人：邢某洲。

委托代理人：王某。

上诉人李某因诉被上诉人沈阳市大东区市场监督管理局撤销公司注册登记中监事身份一案，不服沈阳市铁西区人民法院作出的［2018］辽 0106 行初 144 号行政裁定，向本院提起上诉。本院依法组成合议庭，对本案进行了审理，现已审理终结。

原审认为，原告所诉公司注册登记行为系沈阳市于洪区市场监督管理局作出，并非本案被告作出，起诉本案被告缺乏事实根据。原告应以沈阳市于洪区市场监督管理局为被告，向有管辖权的法院另行提起诉讼。依据《行政诉讼法》第 49 条第 3 项和《最高人民法院关于适用〈中华人民共和国行政诉讼法〉的解释》第 69 条第 1 款第 1、10 项及第 3 款之规定，裁定驳回原告李某的起诉。案件受理费 50 元退还原告。

上诉人李某上诉称：①上诉人的居民身份证于 2016 年 5 月 23 日不慎丢失，向户籍所在地派出所报挂失，并重新补办了身份证。上诉人想办企业，去申请办理注册登记时发现丢失的身份证被他人冒用，于 2016 年 10 月 10 日在沈阳市于洪区市场监督管理局分别注册了独资公司沈阳永新益建材有限公司（上诉人为独资股东，并担任法人）、沈阳万兴润建材有限公司（法定代表人及独资股东肖某贵，上诉人担任监事）和沈阳盛禹建材有限公司（法定代表人及独资股东沈某，上诉人担任监事）。沈阳万兴润建材有限公司、沈阳盛禹建材有限公司的经营地址在 2017 年 3 月变更为沈阳市大东区，登记机关为被上诉人。以上公司现均为吊销状态。上诉人从未出具过任何委托手续，也从未到沈阳注册办理任何企业，对上述公司的注册毫不知情，与上述公司及股东没有任何法律关系。上诉人认为登记机关未尽审慎审查义务，致使上诉人身份证被他人冒用注册公司或为股东或为监事，给上诉人带来了诸多不便，并影响了现在的工作，登记机关审查存在瑕疵，应撤销其行为。②所诉公司虽然在于洪区市场监督管理局登记注册，但因所诉公司地址发生变更，现登记机关为被上诉人，注册登记的相关资料均移交给被上诉人，于洪区市场监督管理局无法再作出撤销上诉人监事身份的行为。而且，被上诉人作为现在的工商登记主体直接撤销监事行为更符合便民原则。另外，上诉人只是诉求撤销监事身份，并不是主张撤销公司的登记行为，只要查明上诉人身份被他人冒用，现登记机关应有义务予以撤销。综上，一审认定事实及适用法律错误，请求撤销原审裁定，指令继续审理。

被上诉人沈阳市大东区市场监督管理局辩称：登记上诉人即案涉二公司监事身份的行政机关为于洪区市场监督管理局，而非我局，根据《行政诉讼法》第 26 条之规定，上诉人应向于洪区市场监督管理局请求撤销该项登记，如坚持向我局进行诉讼，其诉求只能是请求撤销我局作出的地址变更登记，而非初始登记的内容。

本院认为，本案中，上诉人的诉讼请求是撤销公司设立登记中的监事身份，根据《公司法》的相关规定，有限责任公司的监事经由选举产生，公司设立登记中所列明的监事身份并未创设新的行政法上的权利义务关系，不属可诉的行政行为，原审裁定驳回起诉的结论正确。对于上诉人的上诉请求，不予支持。综上，依照《行政诉讼法》第 89 条第 1 款第 1 项之规定，裁定如下：

驳回上诉，维持原裁定。

本裁定为终审裁定。

审判长 杨 帅

审判员 杨晓鹏

审判员 杜 娟

二〇一九年四月三日

书记员 管力明

（二）分析

问题：李某面临的问题究竟是行政问题还是公司自治问题？本案中李某应如何救济？本案中，李某所面临问题的最终解决需要通过工商机关予以纠正登记，案件发生时市场监管部门尚未出文规范类似情况。2019 年 6 月，市场监管总局发布《市场监管总局关于撤销冒用他人身份信息取得公司登记的指导意见》，该意见实质上认定了市场监管部门的责任。此前类似案件法院基本未认定被冒名的情况可以进行行政诉讼，但在此文件出台后，通过行政诉讼解决问题或将成为一种常态。传统方式上，李某其实可以以名誉权侵权或其他民事诉讼途径来认定行政登记内容错误并进而要求市场监管部门改变登记。

实践中，如果要解决监事登记错误这一问题，当事人应准备多种证据。其中，身份证遗失证明需要提供，要有报警记录。另外，还应有笔迹鉴定，从而证明章程上并非本人签字。这个过程其实还是很复杂的，里面可能涉及不同的诉因，如行政法上的诉因和民事确认方面的诉因，甚至可能是两种诉因的结合。总的来说，不能用所谓的公司自治来肆意侵犯个人权益。

本案发生在以前，判决对错我们不去评价。若本案发生在现在，则本案可能有不同的判决。当然，判决取决于诉因选择和证据等。

六、损害公司利益责任纠纷案

（一）案例

林某光等与上海伊思诺酒业有限公司损害公司利益责任纠纷案
上海市第一中级人民法院民事判决书

[2019] 沪 01 民终 11966 号

上诉人（原审被告）：林某光。
委托诉讼代理人：朱某明，北京德恒（温州）律师事务所律师。
委托诉讼代理人：程某，北京德恒（温州）律师事务所律师。
上诉人（原审被告）：胡某燕。
委托诉讼代理人：陈某丽，北京盈科（上海）律师事务所律师。
委托诉讼代理人：孙某芝，北京盈科（上海）律师事务所律师。
被上诉人（原审原告）：上海伊思诺酒业有限公司。
诉讼代表人：上海伊思诺酒业有限公司破产管理人。
负责人：李某。
委托诉讼代理人：蒋某，上海市方达律师事务所律师。
委托诉讼代理人：何某，上海市方达律师事务所律师。

上诉人林某光、胡某燕因与被上诉人上海伊思诺酒业有限公司（以下简称"伊思诺公司"）损害公司利益责任纠纷一案，不服上海市徐汇区人民法院 [2018] 沪 0104 民初 26381 号民事判决，向本院提起上诉。本院于 2019 年 9 月 3 日立案受理后，依法组成合议庭，公开开庭进行了审理。林某光的委托诉讼代理人朱某明律师、胡某燕的委托诉讼代理人陈某丽律师，伊思诺公司的委托诉讼代理人何某律师到庭参加诉讼。本案现已审理终结。

林某光上诉请求：依法撤销一审判决，改判驳回伊思诺公司一审诉讼请求。事实和理由：林某光已经充分举证 82 000 元的去向，确实被用于遣散 5 名员工。一审判决认定事实不清，应予纠正。

胡某燕上诉请求：依法撤销一审判决第二项，改判驳回伊思诺公司对胡某燕的一审诉讼请求。事实和理由：胡某燕虽为伊思诺公司的法定代表人、执行董事和总经理，但自伊思诺公司决议解散后，胡某燕未参与经营，不知晓"循环走账"；胡某燕签发《通知》是以股东身份，并非清算组成员身份，胡某燕并非清算组成员，无权签发清算组《决议》；没有证据证明胡某燕作为伊思诺公司的高级管理人员，有利用职权获取非正常收入和侵占公司财产的行为。一审判决认定事实不清，适用法律错误，应予纠正。

伊思诺公司答辩称：林某光、胡某燕同意并实施的"循环走账"，属不当行为，并从伊思诺公司获取 82 000 元，遣散员工之事实并无证据证明。一审判决认定事实清楚，适用法律正确，请求驳回上诉，维持一审判决。

伊思诺公司向一审法院起诉请求：①判令林某光、胡某燕向伊思诺公司返还 82 000 元及相应利息（按中国人民银行同期贷款基准利率，自 2015 年 7 月 7 日起计算至实际支付日）；②本案诉讼费用由林某光、胡某燕承担。

一审法院认定事实：伊思诺公司系由林某光、胡某燕、杜某、夏某、周某、林某等 6 名自然人共同出资，成立于 2010 年 12 月 2 日。林某光持有伊思诺公司 50.5% 的股权，系公司大股东和监事。胡某燕持有伊思诺公司 11% 的股权，系公司法定代表人和执行董事兼总经理。

2013 年 6 月 7 日，伊思诺公司全体股东召开股东会，并作出《股东会决议》，会议决议事项如下：①同意解散公司，于 2013 年 10 月 31 日前提请注销许可证和工商营业执照；②同意成立清算组，清算组成员为杜某、林某光；③同意将上述决定登报公告。

2015 年 5 月 25 日，林某光、胡某燕以伊思诺公司清算组名义签发《决议》。内容为："公司自 2013 年 6 月 9 日成立清算组以来一直处理有关公司资产和负债，截至 2015 年 5 月 25 日公司存货（酒和包装物）账面价值为 7 815 085.61 元……公司清算组同意对公司存货进行清理，按账面价值 6 折（含税价）一次性打包销售给温州市××店。"2015 年 5 月 23 日，林某光、胡某燕签发《通知》，要求公司财务人员对股东借付公司的往来款 7 002 628 元统一调整到"其他应付款——陈某"账户。2015 年 5 月 31 日，林某光、胡某燕又以伊思诺公司清算组名义签发《决议》，以公司应收账款 2 882 964.56 元冲抵"其他应付款——陈某"，今后由陈某负责收回抵债，公司将其合法拥有上述债权的相关依据向陈某移交。

2015 年 7 月 10 日，上海市徐汇区人民法院裁定受理了申请人杜某、夏某、周某、林某要求对伊思诺公司指定清算组进行清算的申请，案号为［2015］徐民二（商）清（算）字第3-1号。此后，上海市徐汇区人民法院作出《决定书》，成立伊思诺公司清算组（以下简称"清算组"），由李某（上海市方达律师事务所）担任清算组组长。2018年6月1日，上海市徐汇区人民法院作出裁定，终结伊思诺公司强制清算程序。2018年6月1日，上海市徐汇区人民法院作出［2018］沪0104破2号民事裁定书，裁定受理伊思诺清算组对伊思诺公司的破产清算申请，同日，上海市徐汇区人民法院指定清算组中的中介机构即上海市方达律师事务所为伊思诺公司的破产管理人（以下简称"管理人"），李某为负责人。期间，2016年11月12日，林某光向清算组和管理人多次作出书面陈述，通过陈某账户支出的金额已通过温州市××店首期货款回流伊思诺公司，与温州市××店的销售合同只是为了走账处理账面库存之目的，以便公司注销，并无实际交易……公司为了走账，先启动一笔资金付给温州市××店—××店付给公司—公司付给陈某—陈某再付给温州市××店—××店再付给公司—公司再付给陈某，来个循环走账，而且当时林某光、胡某燕通知财务按这种方式处理，这与陈某、温州市××店没有一点关系，而是叫他们帮忙。

2016年12月22日，上海华晖会计师事务所接受清算组委托，就伊思诺公司截至2015年7月10日的净资产进行专项审计，确认如下事项：2015年5月，伊思诺公司将其向6名股东的借款合计7 002 628元全部调整到"其他应付款——陈某"项下；以应收账款余额2 882 964.56元冲抵"其他应付款——陈某"；2015年5月，伊思诺公司将截至2015年5月25日公司存货（酒和包装物）账面价值为7 815 085.61元，按账面价值6折一次性打包销售给温州市××店，但温州市××店未支付尾款；因缺乏证明材料，审计对上述与陈某相关的财务处理全部调整还原，对与温州市××店相关的财务处理进行了特别澄清和说明……

经统计：2015年5月28日至2015年6月1日，伊思诺公司、温州市××店、陈某在循环走账过程中，伊思诺公司支付的款项超出其收到款项2万元；2015年6月30日、7月7日，伊思诺公司又分别向陈某支付27 000元、35 000元。至此，伊思诺公司实际多支出了82 000元。

一审审理中，林某光确认循环走账时间为2015年5月28日至2015年6月1日，循环走账的金额相差2万元。对于2015年6月30日和2015年7月7

日向陈某支付的两笔款项，胡某燕是知晓的。同时，林某光提供了截至 2015 年 6 月杨某基本养老保险个人账户核定表、截至 2014 年 11 月周某二基本养老保险个人账户核定表、2011 年 12 月陈某个人社会保险登记核定表、2017 年 5 月杨某、周某二、陈某、贾某分别出具的《确认书》，以及 2018 年 11 月林某光的代理律师向陈某、贾某制作的《询问笔录》，拟证明系争的 82 000 元系代伊思诺公司支付了员工剩余工资、经济补偿金等遣散费。

伊思诺公司管理人对林某光提交上述证据的质证意见为，鉴于管理人仅掌握周某二和陈某的身份证号，故对该两人的养老保险个人核定表的真实性予以确认，但这也只能证明两人在该时期的员工身份，且记载的月平均工资收入与《确认书》记载的金额不符，而陈某的核定表却是 2011 年，无法证明公司清算时其是否是公司员工；对于贾某，因从未有过缴纳社保的相关记录，故无法确认其员工身份；对于王某，林某光未提供任何证明。综上，不认可林某光的证明目的。胡某燕对循环走账一事表示未曾参与，对社保核定表真实性无异议，对于四份确认书和询问笔录，因没有参与，故无法确认其真实性。

另，林某光表示曾电话联系杨某、周某二，要求其出庭作证，但杨某、周某二明确表示不愿出庭。嗣后，一审法院未联系上该两人。

一审法院认为，本案主要的争议焦点为：①在循环走账中伊思诺公司实际多支出 82 000 元，公司股东林某光是否代伊思诺公司将其用于支付了 5 名员工工资和遣散补偿金？②胡某燕是否是适格的被告，是否应当承担相应责任？

关于争议焦点一，一审法院认为，当事人对自己提出的主张，有责任提供证据。没有证据或者证据不足以证明当事人的事实主张的，由负有举证责任的当事人承担不利的后果。纵观林某光提供的材料，尽管其提供了贾某出具的《确认书》，但因其未提供证据证明贾某系公司员工身份，且贾某也未出庭作证，以及未提供王某收取经济补偿金的任何证据，故无法确认该两人为公司员工身份。同理，对于周某二、杨某、陈某也未出庭作证，而林某光提供的部分人员的养老保险核定表时间均早于公司清算，且社保缴费情况上记载的月平均工资收入与其出具的《确认书》记载的金额不相符合。此外，管理人接管公司后对公司净资产进行了专项审计，未存在任何与员工遣散、补偿金相关的支出记录，故在林某光未充分举证上述款项系用于公司向员工支付工资和遣散补偿金的情形下，林某光的说法缺乏事实和法律依据，本院不予采信。林某光作为公司的大股东和监事，对公司负有忠实义务和勤勉义务，应对公司因"循环走账"所遭受的损失承担赔偿责任。

关于争议焦点二，一审法院认为：胡某燕不仅是伊思诺公司的股东，还是公司的法定代表人和执行董事兼总经理，其对于公司的经营参与度相较其他股东应当更深。何况，其在公司自行清算过程中，与林某光共同作为清算组成员签发《决议》《通知》，要求公司财务人员对公司账目进行调整，故其应当知晓"循环走账"一事，应对林某光返还给公司的款项承担补充赔偿责任。

一审法院判决：①林某光应于本判决生效之日起10日内向伊思诺公司返还82 000元及支付利息损失，以82 000元为基数，自2015年7月8日起算至实际支付之日止，按照中国人民银行同期同档贷款基准利率计付；②胡某燕应对本判决第一项林某光确定的付款义务承担补充赔偿责任；③案件受理费1850元，由林某光、胡某燕负担。

二审中，各方当事人均无新证据提交。

经本院查明，一审法院查明的本案法律事实属实，各方当事人均无异议，本院予以确认。

本院认为，林某光作为伊思诺公司自行清算期间的清算组成员，组织实施虚假的"循环走账"行为，违反了基本的财务管理制度，属不当行为，伊思诺公司财务账面因此实际缺损了82 000元，且该款项进入了公司员工"陈某"的账户，并由林某光支配使用。林某光抗辩认为，上述82 000元已经用于遣散员工，但其无切实证据予以证实。经本院核实，林某光并无必要在公司清算期间以其个人名义遣散员工，同时该5名员工的身份、录用期间均存在异议，也无上述人员签收具体款项的凭据。故对于林某光的上诉事由，本院不予采信。胡某燕作为伊思诺公司的法定代表人、股东、执行董事和总经理，与林某光共同签发决议、通知，应当知晓"循环走账"行为的性质及后果，主观和客观上具备了共同的故意，一审判决其承担补充赔偿责任并无不妥，本院予以确认。

综上所述，林某光、胡某燕的上诉请求均不能成立，应予驳回；一审判决认定事实清楚，适用法律正确，应予维持。依照《民事诉讼法》第170条第1款第1项、第175条及第118条之规定，判决如下：

驳回上诉，维持原判。

本案两审受理费分别为 1850 元、1850 元，由上诉人林某光、胡某燕各自负担。

本判决为终审判决。

审判长　严耿斌

审判员　刘　雯

审判员　季伟伟

二〇一九年十二月二日

书记员　郑雯晴

附：相关法律条文

1.《民事诉讼法》第 118 条：当事人进行民事诉讼，应当按照规定交纳案件受理费。财产案件除交纳案件受理费外，并按照规定交纳其他诉讼费用。当事人交纳诉讼费用确有困难的，可以按照规定向人民法院申请缓交、减交或者免交。收取诉讼费用的办法另行制定。

2.《民事诉讼法》第 170 条第 1 款第 1 项：第二审人民法院对上诉案件，经过审理，按照下列情形，分别处理：（一）原判决、裁定认定事实清楚，适用法律正确的，以判决、裁定方式驳回上诉，维持原判决、裁定……

3.《民事诉讼法》第 175 条：第二审人民法院的判决、裁定，是终审的判决、裁定。

（二）相关分析

胡某燕作为执行董事和总经理，必然有忠诚义务和勤勉义务。虽然胡某艳并非名义上的清算组成员，但其履行了清算组成员应签发的文书，实质上履行了清算组成员职责，从这个角度看，法院认定其承担相应责任于法有据。林某光作为大股东和监事，以及清算组成员，是否对公司有忠诚和勤勉义务？从大股东和监事角度看，监事本身有忠诚和勤勉义务，大股东的身份从表面上看并没有这个义务。但林某光作为清算组成员，其实际上已经突破了监事本身的职责范围，清算组成员其实仍然对公司有受托义务，有相应的勤勉义务，清算组成员有义务保留相应证据证实其合理、正当地履行了清算义务。显然，本案中，林某光未做到保留相应证据的程度，根据公司法的相关司法解释，林某光承担责任有法律依据。

这个案例说明：在公司法上，同一个人可以有不同角色，不同角色的权利和义务并不相同，有些时候会发生角色重合，这时便会发生双重义务或角色替代效果，判断其行为合法性时，可能需要根据行为倒推和身份的相符性。公司法上也强调实质认定，本案中的胡某艳责任认定归属于此类。

类似案件中，还有矛盾冲突更激烈的情况，从而有引发刑事责任的可能。本案中并未提及刑事责任问题。其他案件中可能会发生职务侵占甚至有刑事立案可能，一旦进入刑事侦查程序，相应高管则可能面临更大风险。

上述案例提示我们，高管应保留相关证据，科学管理非常重要。科学管理能够让证据留存下来。学习法律知识，在实践中保留证据，对高管非常重要。

七、权益纠纷申请案（忠诚义务的区间范围）

（一）案例

李某江与荣成市铸钢厂权益纠纷申请案

最高人民法院民事判决书

[2013] 民提字第 129 号

再审申请人（原一审被告、二审被上诉人、再审申请人）：李某江。

委托代理人：徐某泽，山东正原律师事务所律师。

被申请人（原一审原告、二审上诉人、再审被申请人）：荣成市铸钢厂。

法定代表人：孙某建，该公司董事长。

李某江与荣成市铸钢厂（以下简称"铸钢厂"）董事损害公司权益纠纷一案，系铸钢厂于 2007 年 5 月 28 日向山东省荣成市人民法院提起诉讼形成的案件。对于山东省荣成市人民法院作出的 [2007] 荣民一初字第 461 号民事判决，铸钢厂不服向山东省威海市中级人民法院提起上诉，该院作出 [2008] 威商终字第 80 号民事判决。李某江不服并向山东省高级人民法院申请再审，该院裁定提审本案后作出 [2009] 鲁民提字第 47 号民事判决。李某江不服向本院提出申诉。本院以 [2011] 民监字第 912 号民事裁定提审本案，依法组成由审判员王东敏担任审判长、审判员刘崇理、代理审判员曾宏伟参加的合议庭对案件进行了审理，书记员李洁担任记录。本案现已审理终结。

铸钢厂起诉认为：铸钢厂为 1998 年改组的股份制合作企业，李某江被股东选举为董事并担任主管生产的副厂长。2002 年 12 月 5 日，李某江自行离厂后登记成立了威海市四维铸钢厂（以下简称"四维铸钢厂"），经营相同业务。李某江的行为违反董事忠实义务，侵害了铸钢厂权益，请求法院判令李某江停止侵害，赔偿其损失 100 万元并承担该案的诉讼费用。

李某江答辩认为：其离开的原因是铸钢厂不按期发工资，拒绝缴纳劳动保险而被迫解除劳动关系。其离开铸钢厂后办厂，不是在任职期间，不存在违反忠实义务问题。其于 2002 年 12 月离职，事隔五六年后铸钢厂提起诉讼，已经超过了诉讼时效，请求法院驳回铸钢厂的诉讼请求。

荣成市人民法院一审查明：铸钢厂始建于 1984 年，属村办集体企业，1997 年经荣成市体改委批准，改组为股份合作制企业，并于 1998 年重新办理了企业登记手续。李某江入股 60 000 元，被股东会选举为董事并担任主管生产的副厂长。2002 年 11 月底，李某江在未办理相关手续的情况下离职。2003 年初，李某江在威海市环翠区温泉镇西崮村租赁厂房，登记成立了四维铸钢厂，生产与铸钢厂基本相同的产品。自 2003 年 1 月至 2007 年 6 月，李某江经营的四维铸钢厂开具增值税专用发票的经营额为 10 113 603.67 元，缴纳税款 1 719 312.46 元。

荣成市人民法院一审认为：公司法当中所指的公司仅包括有限责任公司和股份有限公司两种组织形式，而且依照该法的规定，设立上述两种公司在组织机构、公司章程、注册资本上应具备法定的条件，同时必须在公司名称中标明"有限责任公司"和"股份有限公司"字样。而铸钢厂属于股份合作制企业，系非公司法人单位，是集体经济的一种新的组织形式，并不符合公司法意义上的主体条件。故铸钢厂要求李某江按公司法的规定停止侵害、赔偿损失缺乏法律依据，其请求该院不予支持。该院作出〔2007〕荣民一初字第 461 号民事判决：驳回铸钢厂的诉讼请求。

铸钢厂不服一审判决，上诉至威海市中级人民法院。其主要上诉理由为，在没有全国性法律的情况下对股份合作制企业发生的纠纷应当参照适用公司法、合伙企业法和地方性法规。董事对企业负有忠诚义务，不得从事同类企业经营活动，其成立的四维铸钢厂与铸钢厂存在竞争关系，所得收入应归铸钢厂所有。李某江答辩请求维持一审判决。

威海市中级人民法院二审认为：股份合作制是采取了股份制的一些做法的合作制经济形式，是社会主义市场经济中集体经济的一种新的组织形式。股份合作制融合了股份制与合作制的主要特征，既具有股份制企业的资本性、营利性，又具有合作性企业的互助性、民主性，是一种具有中国特色的特殊企业形态。股份合作制企业是营利性与互助性的结合。从企业成立的目的看，股份合作制企业与公司同样具有获取利润、追求营利的目的，但是营利又不是企业的唯一目标，其吸收了合作制的特点，将企业成员之间的互助、自救作为企业的目标之一，股份合作制企业成员的利益、成员之间的互助关系是企业成立的基础。股份合作企业是资本联合与劳动联合的结合。劳动联合是合作制企业的特征，资本联合是公司制企业的特征。《合伙企业法》第32条第1款规定，合伙人不得自营或者同他人合作经营与本企业相竞争的业务。铸钢厂属于股份合作制企业，对于股份合作制企业的董事、经理应当对企业承担什么义务，现行法律没有明确规定。但公司法和合伙企业法的上述规定，并不意味着股份合作制企业的董事和经理，可以不受任何约束地从事与企业相类似的经营活动，损害公司权益而不承担相应的责任。

《合同法》第124条规定：本法分则或者其他法律没有明文规定的合同，适用本法总则的规定，并可以参照本法分则或者其他法律最相类似的规定。股份合作制企业作为在特殊历史条件下存在的一种特殊的企业形态，具有股份制企业的特征，与公司法所规范的股份制企业的特征具有一定的相同性。在目前尚无明确的法律对股份合作制企业进行规范的情况下，按照法律适用的规则，应当参照公司法的相关规定。原审法院以没有法律依据为由驳回铸钢厂的诉讼请求不当。李某江应当为自己的行为承担相应的民事责任。

《公司法》第149条规定："董事、高级管理人员不得有下列行为：……（五）未经股东会或者股东大会同意，利用职务便利为自己或者他人谋取属于公司的商业机会，自营或者为他人经营与所任职公司同类的业务……董事、高级管理人员违反前款规定所得的收入应当归公司所有。"一审查明的事实表明，李某江作为铸钢厂的董事，从事与铸钢厂同类的经营业务，违反了公司法的上述规定，损害了公司的合法利益，其在一定期限内经营所得的收入应当归铸钢厂所有。根据相关法律法规的规定，李某江开办的四维铸钢厂两年内的利润应归铸钢厂所有。

铸钢厂二审提交的威海铸锻行业协会的文件，虽然李某江不予认可，但李某江没有提供证据证明该文件载明的内容有何不当。该文件所载明的威海铸钢行业在 2003 年至 2007 年行业年纯利润为最低 15%，最高 25%，依法应予认定。

《最高人民法院关于民事诉讼证据的若干规定》第 75 条规定，有证据证明一方当事人持有证据无正当理由拒不提供，如果对方当事人主张该证据的内容不利于证据持有人，可以推定该主张成立。二审程序中，铸钢厂要求李某江提交其所开办的四维铸钢厂的账目，并主张该账目可以证明李某江的四维铸钢厂的利润至少占销售额的 10%。该院根据铸钢厂的申请，要求李某江提交其所开办的四维铸钢厂的账目，李某江在该院限定的期限内直至现在，无正当理由拒不提供。根据最高人民法院的上述规定，应当推定铸钢厂的该主张成立。铸钢厂主张的利润率为 10%，并未超过威海铸锻行业协会文件所证实的 15% 的最低利润率，应予支持。

由于李某江在该院限定的期限内未提交账目，该院根据铸钢厂的申请，从税务机关调取了李某江所开办的四维铸钢厂 2005 年至 2007 年的纳税申报表。因税务机关已无法提供李某江所开办四维铸钢厂的前 2 年即 2003 年、2004 年的纳税申报表，根据相关法律法规的规定和本案情况，应当以税务机关提供的李某江所开办的四维铸钢厂 2005 年至 2007 年纳税申报表载明的四维铸钢厂 3 年的平均销售额确认四维铸钢厂 2003 年和 2004 年的年销售额为基数的 10% 计算李某江应给予铸钢厂的利润，即 2005 年至 2007 年年平均销售额 4 059 095.45 元的两年之和 8 118 190.9 元的 10% 的利润——811 819 元。对于铸钢厂要求李某江赔偿其损失 100 万元中的其他部分，不予支持。

鉴于李某江已实际离开铸钢厂数年，且铸钢厂亦无证据证实李某江近几年内仍在行使董事的职权，因此，铸钢厂要求李某江停止侵害的诉讼请求，该院不予支持。综上，该院认为原审法院判决认定事实清楚，但适用法律不当。判决驳回铸钢厂要求李某江赔偿其损失的诉讼请求不当，应予纠正。但判决驳回荣成市铸钢厂要求李某江停止侵害的请求是正确的。该院遂于 2008 年 12 月 15 日作出 [2008] 威商终字第 80 号民事判决：①撤销荣成市人民法院 [2007] 荣民一初字第 461 号民事判决；②李某江于判决生效后 10 日内赔偿铸钢厂人民币 811 819 元；③驳回铸钢厂的其他诉讼请求。

李某江不服该二审判决，向山东省高级人民法院申请再审。其申请再审的主要理由为，二审判决适用《公司法》第 149 条错误，《公司法》该条未规定离任后一定期间的竞业禁止义务。其是在离开铸钢厂后办的企业，董事是企业委任的，铸钢厂须向董事支付报酬。自其离开铸钢厂后，铸钢厂未再给其报酬，也未通知其开会等，铸钢厂不再给其董事的权利，其不再负有董事的义务。原审判决其向铸钢厂支付811 819元无事实依据。四维铸钢厂的纯利润与李某江的收入不能等同，即使是四维铸钢厂的纯利润，原审判决认定的数字也是推定的。铸钢厂答辩请求维持二审判决。

山东省高级人民法院再审查明事实与原审查明的事实相同。

山东省高级人民法院再审认为：股份合作制是我国企业改制过程中出现的一种企业组织形式，兼具公司企业和合伙企业的部分特征，本案铸钢厂与李某江之间因董事损害公司权益的相关纠纷，在目前尚无明确的法律对股份合作制企业进行规范的情况下，可参照公司法或者合伙企业法规定的原则予以处理。本案中，李某江是擅自离任，也没有经铸钢厂董事会同意，李某江对铸钢厂依法负有忠实义务。

董事违反忠实义务，公司有权要求将其违反忠实义务获得的收入归于公司所有，并赔偿损失。由于李某江在法院限定的期限内未提交四维铸钢厂账目，其应当承担不予举证的责任。法院根据铸钢厂的申请，从税务机关调取了四维铸钢厂2005年至2007年的纳税申报表。因税务机关已无法提供四维铸钢厂前两年，即2003年和2004年的纳税申报表，根据相关法律法规的规定和本案情况，应当以税务机关提供的四维铸钢厂2005年至2007年的纳税申报表载明的四维铸钢厂三年的平均销售额，确认四维铸钢厂2003年和2004年的年销售额为基数的10%，计算李某江2003年和2004年因违反董事忠实义务所得的收入，即2005年至2007年平均销售额4 059 095.45元的两年之和8 118 190.9元的10%的利润——811 819元。铸钢厂要求李某江赔偿其损失100万元中的其他部分，不予支持。李某江认为原二审判决计算损失方法错误的理由，该院不予支持。综上，原二审判决正确，应予维持。本案经该院审判委员会讨论决定，于2010年11月11日作出［2009］鲁民提字第47号民事判决：维持山东省威海市中级人民法院［2008］威商终字第80号民事判决。

李某江不服再审判决，向本院提出申诉，请求依法撤销威海市中级人民法院［2008］威商终字第80号民事判决、山东省高级人民法院［2009］鲁民提字第47号民事判决，驳回铸钢厂的诉讼请求。主要理由如下：

（1）铸钢厂的工商登记明确载明其为非公司法人，该案即使适用公司法，因公司法规定董事离任后一定时间内应承担竞业禁止义务，依据《最高人民法院关于适用〈中华人民共和国民事诉讼法〉审判监督程序若干问题的解释》第13条第3项的规定，威海市中级人民法院、山东省高级人民法院的判决属于适用尚未施行的法律。①依据2013年《公司法》规定，董事任期3年后，无论是未召集股东会，致使未及时改选，还是未能连选，导致无法连任，其都不再是董事了。李某江自1998年2月任铸钢厂董事，2001年2月届满3年，因此，李某江自此以后就不再是铸钢厂的董事了。②董事是受托管理者，董事可以随时解除其与公司的这种受托的契约关系，况且董事一经离开公司，其已无管理公司、执行公司业务的可能和前提。因此，李某江于2002年11月底离开铸钢厂，无需铸钢厂的同意，其与铸钢厂董事的契约关系即告终止。尤其是，李某江是因为铸钢厂始终拒绝缴纳社会保险金，离开前铸钢厂也不及时发放工资才不得已离开的。③铸钢厂对李某江终止其董事的契约关系是明了的，且铸钢厂以行为表明其同意终止此关系。自2002年11月底李某江离开，其再未付给李某江报酬。铸钢厂也未举证证明，其自李某江离开铸钢厂，曾通知过李某江参加董事会，更不用说让李某江能再行使董事的职权了。

（2）即使按照部分学者的观点，董事离任后一定时间内应承担竞业禁止的义务，本案法院也不应判决李某江承担责任。①铸钢厂的企业章程没有规定离任董事负有竞业禁止义务，铸钢厂更没有给予过李某江相应的补偿。威海市中级人民法院的判决中，李某江的权利义务是不对等的。②李某江在2003年、2004年只是筹建了四维铸钢厂，这两年四维铸钢厂并未实际从事多少售钢业务，更未从中获利。威海市中级人民法院用四维铸钢厂2005年至2007年的纳税申请表推定2003年、2004年四维铸钢厂的销售额，显然是闭门造车！况且，四维铸钢厂是李某江开办的个人独资企业，2003年、2004年四维铸钢厂所谓的"利润"，与《公司法》第149条第2款规定的所得的收入是两个不同的法律概念。

（3）国外许多其他国家法律不仅明确规定了董事离任后在一定时间内应承担竞业禁止义务，而且明确规定了公司行使归入权的期限。李某江于2003年1月成立四维铸钢厂，铸钢厂于4年后的2007年5月起诉，无论如何都超过了诉讼时效。

铸钢厂在再审程序中未提出书面答辩意见。

本院认为，本案争议涉及的铸钢厂系股份合作制企业，目前我国未颁行实施针对股份合作制企业的法律法规。股份合作制企业兼具有公司制企业或者合伙制企业组织的部分特征，但其既不是公司企业，也不是合伙企业。因此，有关股份合作制企业纠纷的处理，应首先尊重企业内部的规定、决定或者约定等，在企业内部没有约定的情况下，可以参照公司法或者合伙企业法的相关规定处理。铸钢厂起诉时称李某江是在 2002 年底离开铸钢厂后投资设立的四维铸钢厂，根据本案查明的事实，李某江在投资设立四维铸钢厂后未在铸钢厂行使董事职权，未领取过工资报酬，应认定李某江在成立四维铸钢厂时已经不再参与铸钢厂的管理事务，不存在同时担任董事职务和开办其他企业的行为。在该案的审理过程中，铸钢厂始终未能提交其企业有关于董事离任后应不得经营与本企业同类业务等涉及竞业禁止义务内容的相关规定、决议或者约定等，其主张李某江离开企业设立其他同类企业违反董事忠实义务没有合同依据。《公司法》第 149 条对在任董事忠实义务有明确规定，对董事离任后是否应当承担相关义务等没有明确规定，因铸钢厂诉讼主张李某江是在离开铸钢厂后发生的设立其他公司行为，公司法中没有类似的规定可以参照适用。《合伙企业法》第 32 条第 1 款规定，合伙人不得自营或者同他人合作经营与本合伙企业相竞争的业务，因铸钢厂是以李某江为董事和副厂长身份起诉的，并非以李某江的股东身份起诉，且在山东省文登市人民法院 [2011] 文商初字第 472 号民事案件中，铸钢厂主张李某江离开该企业后即丧失股东身份，该院一审判决和山东省威海市中级人民法院 [2011] 威商终字第 310 号终审民事判决支持了铸钢厂的主张，自李某江离开铸钢厂之日起对其股东身份予以除名，故对李某江离厂后的行为也不宜参照适用《合伙企业法》。原二审、再审法院参照适用《公司法》和《合伙企业法》，属于适用法律错误，应予以纠正。因铸钢厂未能提交关于李某江利用其在铸钢厂的职务身份侵占其利益，四维铸钢厂的经营收入与李某江在铸钢厂的职务有直接关系等方面的证据，其主张四维铸钢厂的经营收入应归其所有，不符合承担侵权民事责任的法律规定。综上分析，铸钢厂请求李某江承担赔偿责任的依据不足，对其诉讼请求应当予以驳回。李某江在一审审理中以超过诉讼时效为由提出抗辩，一审法院及二审、再审法院对李某江在答辩中提出的超过诉讼时效的抗辩请求不予审理，存在明显错误。李某江在本案再审申请中又明确提出铸钢厂的诉讼请求超过诉讼时效，因本院认为李某江离开铸钢厂后对铸钢厂没有承担义务或责任的依据，应驳回铸钢厂的诉讼请求，该结果与其主张诉讼时效超过的结果相同，为节约司法资源，对其再审中提出的诉讼时效超过问题不再审理。综上，本院依照《民事诉讼法》第 207 条第 1 款、第 170 条第 1 款第 1 项之规定，判决如下：

（1）撤销山东省威海市中级人民法院［2008］威商终字第 80 号民事判决、山东省高级人民法院［2009］鲁民提字第 47 号民事判决；

（2）维持山东省荣成市人民法院［2007］荣民一初字第 461 号民事判决。

本案一审、二审案件受理费各 13 800 元，由荣成市铸钢厂负担。

本判决为终审判决。

审　判　长　王东敏

审　判　员　刘崇理

代理审判员　曾宏伟

二〇一三年十一月二十三日

书　记　员　李　洁

（二）分析

本案中有多个法律问题，首先是股份合作制这种主体形式，这种主体形式并不属于公司形式，在未有特别法予以规定的情形下，应考量相应约定；在未有约定情形下，如适用或参照其他法律规定的，则应从原理上阐释清晰。

股份合作制和公司制是不同的制度，判决书中提到可以参照适用，在这个角度上，哪些点可以参照？哪些点参照应有所不同？很多问题的思考还未深入，在结合案例研究问题的角度，我们走得并不深入。事实上，与其说是参照公司法来适用，不如更直接地采用代理义务、代表义务、信托义务来分析问题。法律上的很多问题最终都要落在适当性上，分析问题也需要从承担责任范围的适当性、责任后果的适当性等角度加以分析。公司法的问题离开不了法理的思考，而法理来源于哲学和生活经验，在案例处理上，丰富的生活经验也会对责任适当性与否有重要影响。本案最高人民法院从权利义务公平性角度等来论述问题，具有科学性。

若参照适用公司法，则董事责任应是在任时承担，一旦离任，则因不是董事而不承担离任后事项的董事责任，但离任不意味不承担在任时的责任。本案中，李某江离任后不承担离任后的董事义务和责任，本是一个简单的案件，但一直到最高人民法院审理后，才最终尘埃落定。从这个角度看，很多人对公司法的理解和运用还存在不小的不足和差距。

本案中，相关法院还提出了归入权问题和诉讼时效问题。就归入权角度看，假定存在竞争归入问题，其归入数额能否依税务报表计算也存在疑问。从举证责任负担看，这个点也值得探讨。就这个案例，学生应探讨这个问题，教师可以给出归纳的倾向性意见，但不是结论。值得提出的是，教学中应充分发挥学生的积极性，由于我国不是判例法国家，教师的倾向性意见不应作为最终结论，教师应引导学生发散性看待问题。甚至可以让学生来查找案例，让学生来分析和论述问题。就诉讼时效问题，最高人民法院的判断较为合理。

八、股东知情权纠纷案

（一）案例

上海佳华企业发展有限公司诉上海佳华教育进修学院股东知情权纠纷案

上海市第一中级人民法院民事判决书

[2016] 沪 01 民终 4642 号

原告：上海佳华企业发展有限公司，住所地：上海市奉贤区海湾镇场中路。

法定代表人：方某芬，该公司董事长。

被告：上海佳华教育进修学院，住所地：上海市奉贤区五四公路。

法定代表人：唐某凤，该学院副院长。

原告上海佳华企业发展有限公司（以下简称"佳华公司"）因与被告上海佳华教育进修学院（以下简称"佳华学院"）发生股东知情权纠纷，向上海市奉贤区人民法院提起诉讼。

原告佳华公司诉称，2010 年 3 月 25 日，其出资设立了被告佳华学院，占 100%的出资份额。2012 年 9 月，佳华公司与唐某凤、赵某友、王某洪订立《资产、开办资金转让暨共同办学合同》，就设立上海佳华机动车驾驶培训基地、转让及交换出资股份等事宜达成协议。2012 年 10 月 15 日，佳华学院董事会通过《董事会决议》，约定唐某凤等人持有佳华学院 90%的出资份额、佳华公司持有佳华学院 10% 的出资份额。后因唐某凤等人擅自终止上海佳华机动车驾驶培训基地的申办等工作，双方发生纠纷。佳华公司遂向上海市浦东新区人民法院提起诉讼，后法院判决确认佳华公司持有佳华学院 50% 的出资份额。佳华公司于 2015 年 11 月中旬发函给佳华学院要求其提供财务、董事会会议决议、监事会会议决议等材料，但佳华学院至今未回复。故佳华公司依据《民法通则》、章程的约定诉讼来院，要求判令：①佳华学院提供自 2010 年 4 月成立至今的学院章程（含章程修正案）、董事会会议决议、监事会会议决议和财务会计报告（包括但不限于资产负债表、损益表、财务状况变动表、财务状况说明表、利润分配表、纳税申报表）供佳华公司查阅、复制；②佳华学院提供自 2010 年 4 月成立至今的会计账簿（含总账、各自明细账、往来账、现金日记账、银行日记账、固定资产卡片明细表、原始凭证、银行对账单交易明细等）供佳华公司查阅。

被告佳华学院辩称：不同意原告佳华公司的诉请。佳华公司的诉请没有法律依据。佳华学院是根据《民办教育促进法》登记设立的民办非企业单位，是非营利性的社会组织，不属于《民法通则》规定的四种法人组织，因此佳华学院的组织、活动、管理均不受公司法的调整。

上海市奉贤区人民法院一审查明：2010 年 4 月，原告佳华公司出资设立了被告佳华学院，占 100% 的出资份额。2012 年 9 月，佳华公司与唐某凤、赵某友、王某洪订立《资产、开办资金转让暨共同办学合同》，就设立上海佳华机动车驾驶培训基地、转让及交换出资股份等事宜达成协议。2012 年 10 月 15 日，佳华学院董事会通过《董事会决议》，约定唐某凤等人持有佳华学院 90% 的出资份额、佳华公司持有佳华学院 10% 的出资份额。后因上海佳华机动车驾驶培训基地终止申办等，双方发生纠纷。佳华公司遂向上海市浦东新区人民法院提起诉讼，2015 年 6 月 24 日，上海市浦东新区人民法院作出〔2015〕浦民二（商）初字第 62 号判决，确认佳华公司共持有佳华学院 50% 的出资份额，上述判决已生效。2015 年 11 月中旬，佳华公司发函给佳华学院要求其提供财务、董事会会议决议、监事会会议决议等材料，因佳华学院未回复，故佳华公司诉讼来院。

另查明，被告佳华学院系法人型民办非企业单位，发证机关为上海市奉贤区民政局、业务主管单位为上海市奉贤区教育局。2010 年 4 月 9 日，佳华学院章程约定："学院实行董事会领导下的院长负责制，决策机构是董事会等。"

上海市奉贤区人民法院一审认为：当事人对自己提出的主张有责任提供证据。被告佳华学院系法人型民办非企业单位，非公司法调整的对象，且学院章程也未约定举办者享有查阅、复制董事会决议、财务会计报告、会计账簿等权利。故原告佳华公司提出的诉请，没有相应的章程约定及法律依据，难以支持。

据此，上海市奉贤区人民法院依照《民事诉讼法》第 64 条第 1 款的规定，于 2016 年 3 月 18 日作出判决：驳回原告佳华公司的诉讼请求。

佳华公司不服一审判决，向上海市第一中级人民法院提起上诉称：①一审判决在认定事实上存在问题。一审未认定 2010 年 4 月 9 日被上诉人佳华学院章程第 17 条第 1 款第 2 项关于举办者享有"参与学院的办学和管理活动"权利的事实，而知情权是举办者参与学院的办学和管理活动的基础，否则举办者根本无法行使参与办学和管理的权利。②一审认定佳华学院"系法人型民办非企业单位，非公司法调整的范畴"，该定性不当。虽然佳华学院"系法人型民办非企业单位"，但一审并未提出佳华公司作为举办者不能行使知情权的法律依据。《民办教育促进法》并无举办者不能行使知情权的禁止性规定。佳华公司作为举办者，在知情权方面理应享有相应的权利。故请求二审法院查明事实，依法撤销原判，改判支持佳华公司的一审全部诉讼请求。

被上诉人佳华学院辩称：不同意上诉人佳华公司的上诉请求。佳华公司对佳华学院主张行使知情权没有法律依据，佳华学院仅受《民办教育促进法》及其实施条例的调整，不受《公司法》调整，佳华公司对佳华学院不享有知情权。在佳华学院章程中也找不到其主张行使知情权的依据。2010 年 4 月 9 日，佳华学院的章程已经失效，即使举办者享有"参与学院的办学和管理活动"的权利，也无法得出举办者享有查阅、复制董事会决议、监事会决议、财务会计报告、会计账簿等权利的结论。举办者对民办学校要行使知情权必须有法律的明文规定，而《民办教育促进法》及其实施条例却没有相关规定，举办者就没有权利主张行使知情权。一审判决认定事实清楚，适用法律正确，故请求二审法院依法驳回上诉，维持原判。

上海市第一中级人民法院二审认为，本案二审的争议焦点是：上诉人佳华公司是否有权查阅、复制被上诉人佳华学院的章程、董事会会议决议、监事会会议决议和财务会计报告及会计账簿。解决该争议焦点的关键在于厘清以下三个子问题：

第一，关于民办学校举办者的合法权益所指向的具体内容。上诉人佳华公司认为，知情权是举办者参与学院的办学和管理活动的基础，否则其根本无法行使参与办学和管理的权利。作为举办者，佳华公司在知情权方面理应享有相应的权利。被上诉人佳华学院主张，佳华公司不享有知情权，即使举办者享有"参与学院的办学和管理活动"的权利，也无法得出举办者享有查阅、复制董事会决议、监事会决议、财务会计报告、会计账簿等权利的结论。法院认为，国家保障民办学校举办者的合法权益，该合法权益应当包括知情权。理由如下：首先，公民、法人的合法的民事权益受法律保护，任何组织和个人不得侵犯。《民办教育促进法》第 5 条第 2 款规定，国家保障民办学校举办者、校长、教职工和受教育者的合法权益。合法权益是指符合法律规定的权利和利益。诚然，单从文义上，尚难以确定合法权益是否包含知情权，需要结合其他法律解释方法进行探求。其次，对于民事主体的合法权益，《侵权责任法》列举了包括生命权、健康权、姓名权、名誉权、荣誉权、肖像权、隐私权、婚姻自主权、监护权、所有权、用益物权、担保物权、著作权、专利权、商标专用权、发现权、股权、继承权等在内的人身、财产权益；《公司法》则规定了股东享有包括知情权在内的各种权利，合伙企业法亦规定合伙人对合伙企业享有会计账簿等财务资料的查阅权。前述各种权利均归属于法律所要保护的合法权益。故从整个法律体系构架加以阐释，举办者作为民办学校的出资人，享有的合法权益应当包括了解和掌握学校办学和管理活动等重要信息的权利，该权利是举办者依法取得合理回报、参与重大决策和选择管理者等权利的重要基础。此外，虽然《民办教育促进法》未规定该等权利，但从逻辑上推论，举办者的合法权益，未脱离民事权利范畴，理应包含知情权。学校章程、董事会会议决议、监事会会议决议及财务会计报告和会计账簿等资料是记录和反映学校的组织与活动、资产与财务管理等内容的重要载体。举办者只有在获取学校办学和管理活动信息的基础上，才可能参与学校的重大决策及行使监督权。因此，举办者要求查阅、复制民办学校的章程、董事会会议决议、监事会会议决议和财务会计报告及会计账簿的权利均为知情权所涵盖，应当予以保护。

第二，关于民办学校举办者享有知情权的法律依据问题。上诉人佳华公司认为，《民办教育促进法》并无举办者不能行使知情权的禁止性规定。被上诉人佳华学院则主张，《民办教育促进法》及其实施条例没有相关规定，举办者就没有权利主张行使知情权。举办者享有知情权，符合对法的价值判断。理由如下：首先，"没有无义务的权利，也没有无权利的义务"。《民办教育促进法实施条例》第 8 条第 1 款规定："民办学校的举办者应当按时、足额履行出资义务。民办学校存续期间，举办者不得抽逃出资，不得挪用办学经费。"举办者在履行出资义务，让渡其财产所有权的同时，应当享有对应的权利，知情权则是举办者行使其他权利的基础。《民办教育促进法》第 51 条规定："民办学校在扣除办学成本、预留发展基金以及按照国家有关规定提取其他的必需的费用后，出资人可以从办学结余中取得合理回报。取得合理回报的具体办法由国务院规定。"《民办教育促进法实施条例》第 44 条第 1 款规定："出资人根据民办学校章程的规定要求取得合理回报的，可以在每个会计年度结束时，从民办学校的办学结余中按一定比例取得回报。"《佳华学院章程》第 25 条亦规定："出资人要求取得合理回报。"举办者作为出资人的合理回报的实现离不开知情权的保障。其次，举办者享有知情权，有助于参与举办民办学校的公办学校履行国有资产监管职责。《民办教育促进法实施条例》第 6 条第 2 款规定，参与举办民办学校的公办学校依法享有举办者权益，依法履行国有资产的管理义务，防止国有资产流失。换言之，公办学校亦可以是民办学校的举办者，其享有的权益应当无异于其他举办者，知情权亦是公办学校履行国有资产监管职责的重要保障。最后，举办者享有知情权符合《民办教育促进法》的立法宗旨。《民办教育促进法》总则第 3 条第 2 款规定，国家对民办教育实行积极鼓励、大力支持、正确引导、依法管理的方针；第 5 条第 2 款规定，国家保障民办学校举办者、校长、教职工和受教育者的合法权益。总则是概括地表述贯穿于法律始终的立法思想、价值取向、基本原则等一般性、原则性与抽象性的内容，《民办教育促进法》总则部分的立法规定对解释民办学校举办者的合法权益具有指导性作用。因此，保障举办者的基本知情权，准许举办者了解民办学校的教育和管理活动、查阅财务会计报告或会计账簿，是鼓励举办者进入民办教育领域，促进民办教育健康发展的应有之义。

第三，关于民办学校举办者知情权的行使问题。《民办教育促进法》对于举办者知情权的行使未直接加以规定，但鉴于本案的主要特征与《公司法》规定的股东知情权类似，可类推适用《公司法》的相关规定。理由如下：首先，举办者的知情权缺少法律规定，但不代表其不享有该权利。"合法权益"

本身是一个不确定概念，系对社会生活现象进行的高度概括和抽象，从而使其具有较大的包容性。未设之规定，非立法有意地不规定，探求法律规范意旨，应积极地设定知情权的规定，落实对举办者合法权益的保护。其次，民办学校具有法人资格，可参照适用《公司法》的有关规定。民办学校属于法人型民办非企业单位，其不以营利为目的，并不等于不营利，虽然在创立依据和创立程序上有别于受公司法调整的通常意义上的公司，但在具有法人资格和具有营利性质这些实质方面二者并无不同。法律规定举办者可以在学校章程中规定要求合理回报，该回报具有财产性特征，直接或间接与财产相关，表明举办者在出资后将享有财产性权益。《民办教育促进法》对民办学校作了营利性和非营利性的区分，明确营利性民办学校的办学结余和剩余财产依照《公司法》的规定分配。综合考量佳华学院的业务范围、组织机构、办学层次、办学形式及内部管理体制，援引与其性质相类似的《公司法》的相关规定，以为适用，并无不可。最后，"相类似之案件，应为相同之处理"。司法实践中对于民办学校举办者出资份额的转让，参照适用《公司法》；法人型民办非企业单位的破产清算，参照适用《企业破产法》等规定。对此，"举轻以明重"，上诉人佳华公司作为被上诉人佳华学院的举办者，在知情权方面享有与公司股东同等或类似的权利，本案可参照《公司法》之相关规定处理民办学校举办者所主张权利的行使。

上海市第一中级人民法院认为，我国《公司法》规定，股东有权查阅、复制公司章程、股东会会议记录、董事会会议决议、监事会会议决议、公司财务会计报告。股东可以要求查阅公司会计账簿。股东要求查阅公司会计账簿的，应当向公司提出书面请求，说明目的。公司有合理根据认为股东查阅会计账簿有不正当目的，可能损害公司合法利益的，可以拒绝提供查阅，并应当自股东提出书面请求之日起 15 日内书面答复股东并说明理由。在本案中，上诉人佳华公司作为被上诉人佳华学院的举办者，要求查阅、复制佳华学院自 2010 年 4 月成立至今的章程（含章程修正案）、董事会会议决议、监事会会议决议和财务会计报告（包括但不限于资产负债表、损益表、财务状况变动表、财务状况说明表、利润分配表、纳税申报表），有相应法律依据，予以支持。至于佳华公司要求查阅自 2010 年 4 月成立至今的会计账簿（含总账、各自明细账、往来账、现金日记账、银行日记账、固定资产卡片明细表、原始凭证、银行对账单交易明细等）的诉讼请求，因佳华公司向佳华学院提出书面请求并说明了理由，其要求查阅会计账簿的诉讼请求，有相应法律依据，予以支持。对于佳华学院的抗辩意见，则不予采纳。

综上所述，上诉人佳华公司的上诉请求，有相应事实与法律依据，法院予以支持。原审判决认定事实清楚，但适用法律错误，依法予以纠正。据此，上海市第一中级人民法院依照《民法通则》第 5 条、《民办教育促进法》第 5 条第 2 款、第 51 条，《民办教育促进法实施条例》第 9 条，《民事诉讼法》第 170 条第 1 款第 2 项之规定，于 2016 年 7 月 7 日作出判决：

（1）撤销上海市奉贤区人民法院［2016］沪 0120 民初 511 号民事判决；

（2）被上诉人上海佳华教育进修学院于本判决生效之日起 10 日内提供自 2010 年 4 月成立至本判决生效日止的章程（含章程修正案）、董事会会议决议、监事会会议决议和财务会计报告（包括但不限于资产负债表、损益表、财务状况变动表、财务状况说明表、利润分配表、纳税申报表）供上诉人上海佳华企业发展有限公司查阅、复制；

（3）被上诉人上海佳华教育进修学院于本判决生效之日起 10 日内提供自 2010 年 4 月成立至本判决生效日止的会计账簿（含总账、各自明细账、往来账、现金日记账、银行日记账、固定资产卡片明细表、原始凭证、银行对账单交易明细等）供上诉人上海佳华企业发展有限公司查阅。

本判决为终审判决。

（二）分析

本案分析的是上海佳华教育进修学院出资人的相关知情权问题，这里参照了公司法原理来分析和解决问题。事实上，后来的民办教育相关法律规定明确区分了营利性和非营利性两种学院。对于营利性的学院，现在的规定其实确实有参照《公司法》或依据《公司法》处理清算财产的理解。可见，在营利性方面，《公司法》在很多方面都有适用余地。当然，这种适用也是要依据法理的。即便上海佳华教育进修学院不是营利性学院，知情权事实上也应作为合法权益之一。毕竟，知情权是其他权利行使的基础。在分析问题时，有些问题没有现成法律规定的答案，在这种情况下，相应法理思考就非常关键了。

在公司法上，知情权一直是基础性的权利。基础到什么程度？可以说，知情权是表决权和分配权的基础，只要是营利性企业，出资人都应有知情权。本判决引用了民法原理，其实无论是通过民法还是通过生活的基础逻辑，我们都可以推出出资人享有知情权的结论。哪怕是非营利性企业，知情权也仍然是表决的基础。可见，无论如何，法院在本案中都应保护当事人的知情权。

值得思考的是，为何有些判决非要找到法律规定依据？这和法官、学者的分类有关，高级别法院的法官更有精力去学习和思考，案件相对于基层法院较少，这可能是高级别法院更会从法理分析问题的原因。基层法院法官案件较多，在分析问题方面往往遵循法条规定，对未有法条规定的案件，出于结案率考量，可能会没有过多的时间思考，也没有过多的时间学习。在这方面，法院系统应关注基层法院法官的学习时间。另外，法院也应尽量引导基层法院法官参与学术活动，激发其从法理上思考问题的能力。

九、知情权范围案例

（一）案例

倪某英与福建省福清市东门百货有限公司股东知情权纠纷上诉案

福建省福州市中级人民法院民事判决书

［2018］闽 01 民终 7296 号

上诉人（原审原告）：倪某英。

委托诉讼代理人：林某、施某东（实习），福建向高律师事务所律师。

上诉人（原审被告）：福建省福清市东门百货有限公司，统一社会信用代码 9135017115491 6265M。

法定代表人：罗某发，董事长。

委托诉讼代理人：吴某深、陈某，福建鼎轩律师事务所律师。

上诉人倪某英因与上诉人福建省福清市东门百货有限公司（以下简称"东门百货公司"）股东知情权纠纷一案，不服福建省福清市人民法院［2018］闽 0181 民初 2957 号民事判决，向本院提起上诉。本院于 2018 年 8 月 9 日立案后，依法组成合议庭进行了审理。本案现已审理终结。

上诉人倪某英上诉请求：①撤销一审判决，改判支持上诉人的一审全部诉讼请求；②本案一、二审诉讼费用由被上诉人承担。事实与理由：①原始凭证和记账凭证是会计凭证的组成部分，会计凭证是会计账簿的登记依据，如果股东仅能查阅会计账簿而不能查阅会计凭证，则股东无法核实会计账簿与原始凭证是否相符，股东通过行使知情权了解公司经营状况的目的将无法实现。因此，一审判决驳回上诉人关于查阅会计凭证的诉请是错误的。②股东提起账簿查阅权诉讼的前置条件是股东向公司提出了查阅的书面申请而遭到拒绝，《公司法》第33条也仅要求股东在书面请求中作出要求查阅的意思表示，并没有要求书面请求中必须注明"查阅什么期间的会计账簿"。因此，一审以上诉人在起诉前仅申请查阅2011年之后的会计账簿，对于2011年之前的会计账簿未提出查阅申请（未履行前置程序）为由，只判决被上诉人提供2011年之后的会计账簿给上诉人查阅是错误的。而且按此判决，只会增加当事人诉累和浪费司法资源。③一审以股东会决议和董事会会议记录不在法律规定的可查阅范围为由，未支持上诉人要求查阅上述两项文件的诉请是错误的。《公司法》第33条虽未规定股东可查阅股东会决议和董事会会议记录，但这两项文件与股东会会议记录、董事会决议的内容息息相关，只有查阅上述文件，上诉人才能对公司经营决策事项的形成过程有更明确的了解。

被上诉人东门百货公司答辩称：①《公司法》第33条规定的股东可查阅的文件范围中，并未包括会计凭证、股东会决议和董事会会议记录，因此上诉人无权查阅这些内容。②根据《公司法》的规定，股东起诉要求查阅会计账簿，需履行前置程序，但其在起诉前并未向公司申请查阅2011年之前的会计账簿，故一审只判决其查阅2011年之后的会计账簿是正确的。综上，请求驳回上诉人的上诉请求。

上诉人东门百货公司上诉请求：①撤销一审判决，改判驳回被上诉人的一审诉讼请求；②本案一、二审诉讼费用由被上诉人承担。事实与理由：①被上诉人于2014年2月28日成为公司股东，其于2017年2月口头要求查阅会计账簿，上诉人随即安排其查阅了2013年至2016年度的审计报告、财务报表及会计账簿等，被上诉人还携带自己的财务人员作了记录、拍照和录像，但被上诉人拒绝签字确认已查阅。为了让被上诉人更清晰地了解公司财务，上诉人还对2016年公司财务进行了审计，被上诉人于2017年3月底签收了审计报告，但拒绝签字。其之后于2017年6月12日提起股东知情权诉讼，因其未缴费而被裁定按自动撤诉处理。此后，其又于2018年2月28日，联合另外4位股东向上诉人申请查阅公司2011年起的章程、股东会会议记录、董事会会议决议、监事会会议决议和财务会计报告，还有公司人员资料档案，公司资产出租的《租赁合同》、会计账簿。其中股东俞某汶委托郭某添代为行使查账权利。上诉人于 2018 年 3 月 12 日向 5 位股东复函，同意查阅，并于 2018 年 3 月 24 日、25 日上午 9 点在公司会议厅进行了查阅，郭某添代表 5 位股东向上诉人出具了查阅清单证明。综上所述，上诉人已按被上诉人要求让其查阅了相关文件，故对于被上诉人的诉讼请求应予驳回。

被上诉人倪某英答辩称：在被上诉人等 5 位股东于 2018 年 2 月 28 日向上诉人提出查阅的书面申请后，上诉人仅提供了部分材料供股东查阅，对此从郭某添书写的已查阅文件清单亦可看出。综上，请求驳回上诉人的上诉请求。

一审原告倪某英向一审法院起诉请求：①判令东门百货公司提供 2000 年 10 月 16 日起至判决生效之日的公司财务会计报告（包括资产负债表、损益表、利润分配表、财务状况变动表、财务情况说明书、审计报告等）、股东会会议记录及决议、董事会会议记录及决议、会计账簿（含总账、明细账、日记账、其他辅助性账簿）和会计凭证（含记账凭证、相关原始凭证及作为原始凭证附件入账备查的有关资料）供倪某英查阅与复制；②依法判决确认倪某英查阅与复制前述材料时，在倪某英在场的情况下，可由倪某英委托的会计师等依法或者依据执业行为规范负有保密义务的中介机构执业人员辅助进行。

一审法院认定事实：2000 年 10 月 16 日，东门百货公司由福清市百货批发公司改制设立，企业类型为有限责任公司，倪某英为东门百货公司股东，出资额 3 万元，持股比例 0.276%。2018 年 2 月 28 日，倪某英与其他 4 名股东联名向东门百货公司提交查阅会计账簿等文件的申请书，要求查阅复制公司自 2011 年起至 2018 年 1 月 31 日的公司章程、股东会会议记录、董事会会议决议、财务会计报告以及查阅会计账簿等，3 月 12 日东门百货公司作出复函，定于 3 月 24 日、25 日上午 9 点在公司会议厅安排倪某英等 5 位股东查阅会计账簿等有关文件。倪某英认为，在查阅期间，东门百货公司仅提供临时制作的财务报表、租赁合同复印件，年份、资料不完整，且均未盖章确认，亦未制作提供查阅文件的目录清单，遂以东门百货公司侵犯其知情权为由诉至本院。

一审法院认为，股东知情权是股东享有的对公司经营管理等信息情况予以了解和掌握的权利，倪某英作为东门百货公司的股东，有权查阅、复制公司有关文件材料。倪某英要求查阅、复制东门百货公司文件材料的请求，符合法律规定，且东门百货公司亦表示愿意充分保障股东的权益，对于法律规定可供查阅复制的材料，均愿意提供给股东查阅复制，对此法院予以支持。

关于查阅、复制的文件材料范围，双方当事人存在争议，经组织确认无果，法院根据相关法律规定分析认定如下：《公司法》第 33 条规定，股东有权查阅、复制公司章程、股东会会议记录、董事会会议决议、监事会会议决议和财务会计报告，可以要求查阅公司会计账簿，但应当向公司提出书面请求。倪某英要求查阅、复制 2000 年 10 月 16 日起至判决生效之日的公司财务会计报告、股东会会议记录、董事会会议决议，符合法律规定，予以支持。倪某英要求查阅、复制股东会会议决议和董事会会议记录的请求，因不在法律规定的可查阅复制范围，不予支持。倪某英要求查阅的财务会计报告包括资产负债表、损益表、利润分配表、财务状况变动表、财务情况说明书、审计报告等，根据《会计法》和《企业财务会计报告条例》的规定，财务会计报告由会计报表、会计报表附注和财务情况说明书组成，会计报表包括资产负债表、利润表、现金流量表及相关附表，对于倪某英主张的超出相关法律法规规定范围的文件材料，不予支持。倪某英可查阅、复制的财务会计报告包括会计报表（资产负债表、利润分配表、现金流量表及相关附表）、会计报表附注、财务情况说明书。倪某英要求查阅、复制 2000 年 10 月 16 日起至判决生效之日的会计账簿（含总账、明细账、日记账、其他辅助性账簿）和会计凭证（含记账凭证、相关原始凭证及作为原始凭证附件入账备查的有关资料）。首先，根据《会计法》的规定，会计账簿包括总账、明细账、日记账和其他辅助性账簿，不包括会计原始凭证和记账凭证；其次，《公司法》规定股东享有查阅公司会计账簿的权利，不包括复制会计账簿；再次，查阅公司会计账簿应当先行向公司提出书面请求，倪某英于 2018 年 2 月 28 日向东门百货公司提交查阅会计账簿等文件的申请书，要求查阅自 2011 年起至 2018 年 1 月 31 日的会计账簿等，并取得东门百货公司的同意，其查阅会计账簿的时间范围应限定在申请的期限。因此，倪某英可查阅东门百货公司自 2011 年 1 月 1 日起至判决生效之日的会计账簿（含总账、明细账、日记账、其他辅助性账簿），对其超出法律规定范围的诉讼请求，不予支持。倪某英关于在查阅、复制时委托会计师等依法或者依据执业行为规范负有保密义务的中介机构执业人员辅助进行的主张，符合法律规定，予以支持。

关于查阅、复制公司文件材料的地点，安排在东门百货公司的主要营业地，当事人均无异议，法院予以确认。查阅、复制的期限根据查阅文件材料的数量酌定为 10 日。

一审法院判决：①福建省福清市东门百货有限公司应于判决发生法律效力之日起 7 日内将公司自 2000 年 10 月 16 日起至判决生效之日止的股东会会议记录、董事会会议决议和财务会计报告（含会计报表、会计报表附注和财务情况说明书，会计报表包括资产负债表、利润表、现金流量表及相关附表）提供给倪某英查阅、复制；②福建省福清市东门百货有限公司应于判决发生法律效力之日起 7 日内将公司自 2011 年 1 月 1 日起至判决生效之日止的会计账簿（含总账、明细账、日记账、其他辅助性账簿）提供给倪某英查阅；③倪某英查阅或复制本判决第 1 项、第 2 项确定的文件材料的地点为福建省福清市东门百货有限公司主要营业地，查阅或复制的期限为 10 日；在倪某英在场的情况下，可以由会计师等依法或者依据执业行为规范负有保密义务的中介机构执业人员辅助进行；④驳回倪某英的其他诉讼请求。案件受理费 100 元，由福建省福清市东门百货有限公司负担，款限本判决生效之日起 7 日内交纳。

二审中，双方均未提交新的证据。

根据本案现有证据，本院确认一审法院认定事实正确。

本案二审的争议焦点为：①东门百货公司是否已提供了全部的材料供股东查阅，其是否存在拒绝提供查阅的情形；②股东会决议和董事会会议记录是否属于股东有权查阅和复制的范围，会计凭证是否属于股东有权查阅的范围；③倪某英要求查阅 2011 年之前财务账簿的诉请应否得到支持，其是否需要履行先行向公司书面申请的前置程序。

本院认为：

（1）关于东门百货公司是否已提供了全部材料供股东查阅的问题。倪某英等 5 位股东于 2018 年 2 月 28 日向公司提交了《关于查阅公司会计账簿等文件的申请书》，该申请书中详细罗列了其要求查阅的文件内容，东门百货公司虽在此后安排了各股东进行查阅，但从查阅人郭某添于 2018 年 3 月 25 日出具的已查阅材料清单可见，东门百货公司仅提供了部分材料供股东查阅，故上诉人东门百货公司关于其已提供了全部材料供股东查阅的上诉理由不能成立。

（2）关于股东是否有权查阅和复制股东会决议和董事会会议记录，以及股东是否有权查阅会计凭证的问题。关于股东会决议，《公司法》第 33 条第 1 款规定股东有权查阅的范围包括股东会会议记录，因股东会会议记录需记载会议召开的过程以及表决结果，故该条款中的"股东会会议记录"已包含"股东会决议"之意，股东会决议理应属于股东有权查阅和复制的范围，东门百货公司应当将其提供给股东查阅、复制。但如上所述，因"股东会会议记录"已包含"股东会决议"之意，故在一审已判决东门百货公司提供股东会会议记录供股东查阅的情况下，亦无需再重复判决其提供股东会决议。

关于董事会会议记录，《公司法》第33条对有限责任公司股东的查阅范围采取了列举式的规定方式，仅规定了董事会决议，而未规定董事会会议记录，因此，董事会会议记录并非股东可任意查阅的文件。从2018年2月28日《关于查阅公司会计账簿等文件的申请书》的记载以及倪某英在起诉状中的陈述可见，倪某英要求查阅公司相关文件的主要目的是查账，而董事会会议记录与公司账目并不存在密切关联，而且其目前并未对某份董事会决议产生怀疑，未对其要求查阅董事会会议记录给出合理的理由，故本院对其要求查阅、复制董事会会议记录的诉请不予支持。

关于原始会计凭证，《公司法》第33条虽只列举了会计账簿，而未列举会计原始凭证，但其一，倪某英等股东要求查阅相关文件的目的正是在于查账，而根据《会计法》第9条、第14条、第15条的规定，会计账簿是依据会计凭证而制作的，只有允许其查阅作为记账依据的原始会计凭证，才能使其对会计账簿的真实性作出准确判断，进而才能保障其股东知情权的实现。其二，东门百货公司目前并无任何证据证明倪某英查阅原始会计凭证存在主观恶意，或将有损公司利益。故本院对倪某英要求查阅原始会计凭证的诉请予以支持。

（3）关于倪某英要求查阅2011年之前财务账簿的诉请应否得到支持的问题。《公司法》第33条第2款规定："股东可以要求查阅公司会计账簿。股东要求查阅公司会计账簿的，应当向公司提出书面请求，说明目的。公司有合理根据认为股东查阅会计账簿有不正当目的，可能损害公司合法利益的，可以拒绝提供查阅，并应当自股东提出书面请求之日起十五日内书面答复股东并说明理由。公司拒绝提供查阅的，股东可以请求人民法院要求公司提供查阅。"上述规定对股东提起公司会计账簿查阅权诉讼设定了前置条件，即股东曾向公司提出了书面请求且遭到拒绝。本案中，各股东在2018年2月28日《关于查阅公司会计账簿等文件的申请书》中仅申请查阅2011年之后的会计账簿，并未申请查阅2011年之前的会计账簿，即对于2011年之前的会计账簿，并不存在股东曾要求查阅而遭到公司拒绝的情形，故一审未支持其该部分诉请是正确的。

综上，一审判决部分有误，本院予以纠正。依照《民事诉讼法》第170条第1款第2项的规定，判决如下：

（1）维持福建省福清市人民法院［2018］闽0181民初2957号民事判决第1项、第3项、第4项；

（2）变更福建省福清市人民法院［2018］闽0181民初2957号民事判决第2项为："福建省福清市东门百货有限公司应于判决发生法律效力之日起7日内将公司自2011年1月1日起至判决生效之日止的会计账簿（含总账、明细账、日记账、其他辅助性账簿）和会计凭证提供给倪某英查阅。"

本案一、二审案件受理费100元，均由上诉人东门百货公司负担。

本判决为终审判决。

审　判　长　雷晓琴

审　判　员　王燕燕

审　判　员　田始凤

二〇一八年九月六日

法官助理　丁寻韬

书　记　员　陈艺琦

（二）分析

股东知情权是股东表决权、质询权、红利分配权的基础。

股东知情权有一定范围，对于章程、股东会会议记录、董事会会议决议、监事会会议决议和财务会计报告，股东不仅可以查阅，还可要求复制，且行使该权利不应有前置条件，当然，费用负担和查阅时间、地点这些不算前置条件。但是，对于会计凭证，股东能查阅，且应有正当查阅目的。相应地，公司如有合理根据证明股东存在不正当目的，可拒绝提供查阅。虽然《公司法》对会计凭证未作明确规定，虽然会计账簿本身含义也不包含会计凭证，但会计凭证确实是会计账簿记载正确与否的证据。值得提出的是：会计凭证是否能够供股东复制？这一点其实是一个自治的范畴。在合理情况下，公司有权通过章程限制股东复制会计凭证，但该章程应是原始章程，否则便存在损害股东权益的可能。另外，法院对此也有一定的自由裁量权：如果法院判决较长时间的查阅期限，足以满足查阅需要，则不准许复制也有正当理由；如果法院判决非常短的查阅时间，则从合理性角度考量，应允许股东复制会计凭证。

在查询范围上，公司如果拒绝查阅，就会涉及不正当目的的举证问题，此时应由公司举证。当然，如果查阅资料的股东自己提出的目的不正当则另当别论。本案中，法院对股东查阅股东会决议、董事会记录的论证具有合理性，股东会记录包含股东会决议，董事会决议则不包含董事会记录，这种推理为股东行使知情权的范围确立了一个标杆。在公司法领域，目前因知情权问题经常涉诉，其实从正当性角度来看，公司无因拒绝查阅应承担责任，否则会造成公司类案件审理的拖沓，有悖于商业案件审理的效率性。当前，法律上仅仅规定了股东有权查阅资料，但未给公司的消极行为设置惩罚性赔偿，这不利于解决公司法的相关问题。事实上，立法应就知情权惩罚性赔偿问题加以考量。

本案中的判决为其他司法案例提供了较为科学的参考。

十、勤勉义务案

（一）案件

李某华与上海川流机电专用设备有限公司有关的纠纷上诉案
——公司监事兼任高管的法律后果及其勤勉义务
上海市第一中级人民法院民事判决书

[2009] 沪一中民三（商）终字第 969 号

上诉人（原审被告）：李某华。
委托代理人：谈某华，上海市新闵律师事务所律师。
委托代理人：管某琦，上海市新闵律师事务所律师。
被上诉人（原审原告）：上海川流机电专用设备有限公司。
委托代理人：火某明，上海市万方律师事务所律师。

委托代理人：何某卿，上海市国联律师事务所律师。

上诉人李某华因与被上诉人上海川流机电专用设备有限公司高级管理人员损害公司利益赔偿纠纷一案，不服上海市闵行区人民法院［2009］闵民二（商）初字第1724号民事判决，向本院提起上诉。本院于2009年11月26日受理后，依法组成合议庭，于2009年12月8日公开开庭进行了审理。上诉人李某华的委托代理人谈某华，被上诉人上海川流机电专用设备有限公司的委托代理人火某明、何某卿到庭参加诉讼。本案现已审理终结。

原审法院查明：上海川流机电专用设备有限公司于2000年3月9日成立，股东为罗某、许某光、李某华。上述三人分别拥上海川流机电专用设备有限公司50%、20%、30%的股份。罗某为上海川流机电专用设备有限公司执行董事、法定代表人、财务负责人，李某华为公司监事、营销部经理。

上海川流机电专用设备有限公司法定代表人罗某因患病需住院治疗，于2005年7月23日，以总经理的身份主持召开总经理例会，会议议题为"宣布在总经理住院期间由李某华负责全面工作"。该会议决议为：各部门负责人表示在总经理住院期间都会努力配合李某华的工作。同年7月25日，罗某以总经理的身份出具《任命书》一份，载明："因公司工作需要及总经理身体原因，从即日起由营销经理李某华负责公司的全面日常工作；我谨代表公司祝愿他在新的岗位上取得更大成绩。"

2006年初，李某华以上海川流机电专用设备有限公司名义与案外人日华真空电子（天津）有限公司（以下简称"日华公司"）开展UV手机外壳涂装线项目业务，并负责该项目业务。李某华通过招商银行一卡通给付上海川流机电专用设备有限公司上述手机外壳涂装线项目工程款人民币40万元（以下币种同）。

2007年9月30日，李某华离开上海川流机电专用设备有限公司。在与该公司交接时出具了《李某华遗留上海川流机电专用设备有限公司工程尾款细目》一份，其中载明：日华公司手机外壳涂装线应收款150万元，已收款40万元，欠款110万元；并在备注栏中注明：口头协议含税价150万元，已收金额40万元。

2007年9月18日，上海川流机电专用设备有限公司授权律师向案外人金津技建工业株式会社发函，告知受上海川流机电专用设备有限公司委托催讨日华公司的UV手机外壳涂装线项目的款项，但被拒之门外。希望作为日华公司股东的金津技建工业株式会社督促付款。本案诉讼过程中，上海川流机电专用设备有限公司以提起诉讼的方式向日华公司主张上述 UV 手机外壳涂装线项目工程款 110 万元，但日华公司住所地法院以证据不足为由未予立案。

原审法院另查明，上海川流机电专用设备有限公司《章程》第 21 条规定，本公司的董事、经理及财务负责人不得兼任监事；第 26 条规定，董事、经理执行公司职务时违反法律、行政法规或者公司章程的规定给公司造成损害的，应当承担赔偿责任。

上海川流机电专用设备有限公司认为李某华作为该公司的监事及其在全面负责公司工作期间，在与日华公司的 UV 手机外壳自动涂装线项目上，未尽其勤勉义务，导致上海川流机电专用设备有限公司受损 110 万元。故提起本案诉讼，请求判令李某华赔偿上海川流机电专用设备有限公司上述损失 110 万元。

原审法院认为，基于上海川流机电专用设备有限公司请求权的基础，是否支持上海川流机电专用设备有限公司的诉讼请求，需要在三个方面加以判断：其一，李某华是否是公司法意义上的公司高级管理人员；其二，李某华是否违反了勤勉义务；其三，上海川流机电专用设备有限公司是否由于李某华的行为造成了损失。

关于李某华在上海川流机电专用设备有限公司身份的认定，根据现有的证据以及李某华在原审第一次庭审中的陈述，可以确认在公司原法定代表人罗某患病期间，李某华依据公司的决定全面负责上海川流机电专用设备有限公司的工作，即使涉案《任命书》中没有"担任总经理"等字样，但李某华行使公司总经理职务是不争的事实。李某华作为上海川流机电专用设备有限公司高级管理人员的身份毋庸置疑，且其又全面负责与案外人日华公司的 UV 手机外壳涂装线项目。至于李某华提出的其身为上海川流机电专用设备有限公司的监事，根据公司《章程》的约定不得担任高级管理人员，故其不是公司高级管理人员的抗辩理由。原审法院认为，我国法律对公司董事、高级管理人员不得兼任监事也有相同的规定，主要原因为：有限责任公司的监事会成员或者监事，其主要职责是监督公司董事、经理等经营决策机构和业务执行机构的人员的活动，纠正他们的违法行为和损害公司利益的行为。因此，这两类职责不得交叉，担任这两类职责的人员不得兼职，否则无法形成监督制约的机制。如果出现相互兼职的情况，其后果仅为：该高级管理人员作为监事的任职应当无效，所作出的监督结果的报告也为无效。因此，李某华在本案中担任上海川流机电专用设备有限公司高级管理人员的情况只会影响其监事职权的效力，与本案争议焦点无涉。关于李某华在本案中是否有违反勤勉义务的行为。董事、监事、高级管理人员的勤勉义务，是指董事、监事和高级管理人员行使职权、作出决策时，必须以公司利益为标准，不得有疏忽大意或者重大过失，以适当的方式并尽合理的谨慎和注意，履行自己的职责。判断董事等高级管理人员是否履行了勤勉义务，应该从三个方面加以辨别：①须以善意为之；②在处理公司事务时负有在类似的情形、处于类似地位的具有一般性谨慎的人在处理自己事务时的注意；③有理由相信是为了公司的最大利益的方式履行其职责。李某华在全面负责上海川流机电专用设备有限公司经营期间，作为 UV 手机外壳涂装线项目上海川流机电专用设备有限公司一方的具体经办人，仅以口头协议的方式与相对方日华公司发生交易行为，在其离职时亦无法向上海川流机电专用设备有限公司提供经交易对象确认的文件资料。按照经营的一般常识，采用口头协议交易的方式，一旦与交易对象产生纷争，便无法明确各自的权利义务关系。故对于不能即时完成交易的民事行为，交易双方一般均会签订书面协议或由交易相对方对相关内容作出确认。因而，李某华应有理由知晓采用口头协议方式的经营判断与公司的最佳利益不相符合，然而其无视该经营风险的存在，没有以善意（诚实）的方式，按照其合理地相信是符合公司最佳利益的方式履行职务；并且，以一种可以合理地期待一个普通谨慎的人，在同样的地位上，类似的状况下能够尽到的注意，履行一个高级职员的职责。因此，李某华明显违反了勤勉义务。

关于上海川流机电专用设备有限公司是否由于李某华的行为遭受了损失，须从两个方面予以判定：①公司有无损失；②李某华违反勤勉义务的行为与公司受到损失之间是否存在因果关系。李某华在离任时已确认关于日华公司的 UV 手机外壳涂装线项目的应收款项数额还有 110 万元。因该项目自始至终均由李某华负责，在其离职后，由于缺乏与日华公司发生交易的相应凭证，导致上海川流机电专用设备有限公司无法对该 110 万元应收之款项向日华公司提出主张。对于这一节事实，上海川流机电专用设备有限公司已经提供了相应的证据予以佐证，李某华没有相反的证据加以反驳。因此可以认定该损失已经造成，李某华违反勤勉义务的行为与上海川流机电专用设备有限公司受到损失之间存在因果关系。尽管李某华抗辩交易双方曾产生质量纷争，应收款有可能没有 110 万元的数额，上海川流机电专用设备有限公司相应的损失亦没有 110 万元。但这只是李某华为在本案中减少自己应承担责任的托词。李某华在办理离职交接时已经对该数额予以了确认，并且在原审第一次庭审中自认不付款的原因是对方的偿债能力不足。故李某华的相关抗辩意见，原审法院未予采信。

综上，上海川流机电专用设备有限公司基于李某华是其高级管理人员，因违反勤勉义务造成公司损失为基础事实在本案中主张的诉求，事实依据和法律依据充分，依法应得到法院的支持。据此，原审法院依照《公司法》第 148 条第 1 款、第 150 条、第 217 条第 1 项的规定，判决：李某华应赔偿上海川流机电专用设备有限公司损失 110 万元。案件受理费减半收取计 7350 元，由李某华负担。

判决后，上诉人李某华不服，向本院提起上诉称，自己仅于被上诉人上海川流机电专用设备有限公司法定代表人生病期间，答应其多关心公司的经营工作，被上诉人未能依照法定程序撤销自己的公司监理职务及正式任命自己为公司总经理职务，故原审法院认定自己为被上诉人的高级管理人员与事实不符，且没有法律依据；自己系被上诉人公司的销售负责人，而涉案的日华公司 UV 手机外壳涂装线项目由工程部最终施工完成，并非自己负责的项目，原审法院认定的相关事实有误；原审法院认定日华公司住所地法院系因被自己证据不足而对其起诉日华公司的相关诉讼不予立案，不符合法律的规定，其认为在被上诉人未收到法院不予受理或驳回起诉的终审裁定之前，被上诉人并未丧失向日华公司追讨相关款项的权利。原审法院据此所作出的相关认定及处理结果均有违事实与法律，适用法律亦有不当，故请求二审依法撤销原判，依法改判驳回被上诉人上海川流机电专用设备有限公司的原审全部诉讼请求。

被上诉人上海川流机电专用设备有限公司辩称：不同意上诉人李某华的上诉请求及理由。上诉人在原审中对于原审法院认定的相关事实均表示认可，其在代行公司总经理职务期间，违反勤勉义务，导致公司 150 万元的项目没有任何书面协议和交接凭证，无法向相对方追讨欠款，其中已收回的 40 万元款项亦是进了上诉人个人的银行卡账户，剩余 110 万元的公司损失亦经上诉人确认无误。因此，原审判决符合事实及法律规定，故请求二审驳回上诉，维持原判。

上诉人李某华向本院提交其委托代理人于 2009 年 11 月 30 日向天津市开发区人民法院立案庭发出的，关于被上诉人上海川流机电专用设备有限公司诉日华公司相关案件的征询函复印件及速递详情单各一份，证明上诉人曾就被上诉人起诉案外人的相关事宜予以核查，但上述法院仅电话回复被上诉人除起诉状之外并无其他证据材料，故该院无法立案受理，且未出具书面材料证实上述情况。

被上诉人上海川流机电专用设备有限公司对于该公司曾于本案原审期间向天津市开发区人民法院起诉日华公司的事实及该次起诉材料中没有相关合同文本及天津市开发区人民法院未予立案受理等事实均予认可。

被上诉人上海川流机电专用设备有限公司未向本院提交新的证据材料。

鉴于上述上诉人李某华向本院提交的证据材料所要证明的事实，均为被上诉人上海川流机电专用设备有限公司确认的事实，且已为原审法院查明的事实，故本院对于上述证据材料不予认定为本案二审中的新的证据。

本院经审理查明，原审法院查明的事实清楚，本院予以确认。

本院认为，根据被上诉人上海川流机电专用设备有限公司《章程》的相关规定，上诉人李某华为该公司的监事，并且不得兼任公司董事、经理及财务负责人。但在被上诉人公司原法定代表人总经理患病期间，该公司召开了总经理例会，宣布了由上诉人在此期间负责公司全面工作，并由原法定代表人颁发了相应的《任命书》，上诉人对于上述事实已于原审中予以确认。本院认为，被上诉人上海川流机电专用设备有限公司在法定代表人生病的特殊时期委派上诉人负责公司的全面工作，其实质上履行了总经理的职责，符合公司法规定的公司高级管理人员身份。虽然该公司《章程》和工商登记对此未做相应变更，也没有临时推选另一名监事，但因该上诉人代行总经理职责的行为具有临时性，一旦公司原法定代表人病愈，上诉人即不必再履其责。故根据公司法的相关规定及被上诉人公司的临时决定，可以认定上诉人在被上诉人公司法定代表人生病期间应当履行该公司总经理的职责，全面负责公司的各项工作，但其监事一职不能同时兼任，若此期间两职务冲突，可以不追究其作为监事的责任。因此，上诉人在临时担当总经理之责期间，应当按照公司章程和法律规定切实履行职责，如因其行为不当而给公司造成损害的，应当依法承担相应的赔偿责任。

关于上诉人在履责期间的行为是否给公司造成损失的问题，本案中上诉人李某华亦于原审中确认其于上述期间代表被上诉人公司与案外人日华公司合作涉案的手机项目，并认可给被上诉人造成了 110 万元的经济损失尚未收回。由于该项目未订立书面的协议，亦未有其他的标的物交接凭证，明显违反了公司高管应当履行的职责，违反了谨慎、勤勉义务，造成被上诉人向案外人无法主张债权的困境。因此，可以认定上诉人的行为已造成对公司利益的损害，应当依法向被上诉人承担该 110 万元的损失赔偿责任。原审法院适用法律并无不当，处理结果并无不妥。上诉人的上诉理由不能成立。其上诉请求，本院难以支持。据此，本院依照《民事诉讼法》第 153 条第 1 款第 1 项、第 158 条之规定，判决如下：

驳回上诉，维持原判。

二审案件受理费人民币 14 700 元，由上诉人李某华负担。

本判决为终审判决。

> 审 判 长 宋 航
> 审 判 员 贾沁鸥
> 代理审判员 范德鸿
> 二〇一〇年二月二十四日
> 书 记 员 印 铭

（二）分析

一个公司有股东（大）会、董事会、监事会、总经理等机构，公司也存在董事、监事、经理等职位，但现实情况多种多样。比如，存在隐名股东、没有董事名头但行使董事职权的人、没有经理名头但行使经理职权的人、没有监事名头行使监事权力的人。在这种情况下，如何认定这些实质行使相应权利人的责任？依据实质来追究责任还是依据形式上的名头来界定权力和义务？对于这些问题，我国法院一般追求实质。

在本案中，工商登记是外在表现，主要处理债权人和公司之间的关系，而总经理、董事或监事和公司之间的关系，实质上都属于公司内部关系。处理内部关系，内部任命和实质行使权力是评判标准。工商登记主要对抗外部人，并非对抗内部人。因此，内部人之间的关系依据实质判断正确。

本案中，监事行使了董事和高管的权力，法院的认定恰恰是以董事和高管来界定李某华的权力和义务的，实质界定权力义务是公司法的精髓所在。值得提出的是：不能因为行为人片面行使经营管理权就认定其为董事和高管，实质界定权力义务要依据授权权利或权力行使的全面性来判断。

本案也同时对高管作出了警示，高管不是可以任意作为的，高管的勤勉义务不仅仅是说说而已。高管做得不到位，很可能名利尽失。本案中，上诉人为应诉必然花费了大量的时间和精力，最终还负担了诉讼费及较多赔偿，可能他确实仅仅是没在意这个业务，但最终却付出了惨重的代价。

高管如此，法律人也如此，法律是一门严谨的学科，需要法律人扎实地打好基础，在实际业务中注重细节，而不能仅仅看着差不多就行。法律人的执业生涯任重而道远。

在前面相关的内容中，我们也提到了高管的勤勉义务，并列举了一些因勤勉义务承担责任的情况，学生应结合前面讲课内容来分析和拓展这个案例，做更深一步的思考和总结。

十一、股权转让案

（一）案例

周某海与汤某龙股权转让合同纠纷案
中华人民共和国最高人民法院民事裁定书

[2015] 民申字第 2532 号

再审申请人（一审被告、二审被上诉人）：周某海。

委托代理人：朱某娟，北京市尚格律师事务所律师。

被申请人（一审原告、二审上诉人）：汤某龙。

再审申请人周某海因与被申请人汤某龙股权转让合同纠纷一案，不服四川省高级人民法院 [2014] 川民终字第 432 号民事判决，向本院申请再审。本院依法组成合议庭对本案进行了审查，现已审查终结。

周某海申请再审称：①股权转让合同约定了分期支付股权转让款，应当参照适用《合同法》第 167 条之规定，二审法院不适用该条规定属适用法律错误。②依据《合同法》第 167 条之规定，汤某龙延迟支付第二期股权转让款已达股权转让全部价款的 1/5，周某海无需催告就有权解除合同。二审判决依据《合同法》第 94 条之规定认定周某海未尽催告义务，无权解除合同，亦属适用法律错误。周某海依据《民事诉讼法》第 200 条第 6 项的规定申请再审。

经审查，本院认为：（1）关于本案是否应当适用《合同法》第 167 条之规定的问题。①《合同法》第 167 条共分两款。第 1 款的规定是分期付款的买受人未支付到期价款的金额达到全部价款的 1/5 的，出卖人可以要求买受人支付全部价款或者解除合同。第 2 款的规定是出卖人解除合同的，可以向买受人要求支付该标的物的使用费。②从上述规定内容来看，该条规定一般适用于经营者和消费者之间，标的物交付与价款实现在时间上相互分离，买受人以较小的成本取得标的物，以分次方式支付余款，因此出卖人在价款回收上存在一定的风险。③本案买卖的标的物是股权，在双方没有在当地的工商登记部门进行股权变更登记之前，买受人购买的股权不具有对抗第三人的效力。换言之，如果目标公司没有在股东名册上登记汤某龙的股权，在工商部门变更登记之前，汤某龙就没有获得周某海转让的股权。本案中双方约定的第二期价款支付的时间在工商部门股权变更登记之前。④一般的消费者如果到期应支付的价款超过了总价款的 1/5，可能存在价款收回的风险。本案中买卖的股权即使在工商部门办理了股权过户变更登记手续，股权的价值也仍然存在于目标公司。周某海不存在价款收回的风险。⑤从诚实信用的角度看，由于双方在股权转让合同上确载明"此协议一式两份，双方签字生效，永不反悔"，周某海即使依据《合同法》第 167 条的规定，也应当首先选择要求汤某龙支付全部价款，而不是解除合同。⑥案涉股权已经过户给了汤某龙，且汤某龙愿意支付价款，周某海的合同目的能够实现。因此，二审法院认为本案不适用《合同法》第 167 条，周某海无权依据该条规定解除合同的理由并无不当。

（2）关于二审法院依据《合同法》第 94 条之规定认定周某海未尽催告义务，无权解除合同，是否亦属适用法律错误的问题。二审法院查明，由于周某海这一方提供的《律师函》没有汤某龙的签字，仅仅依据周某海和汤某龙的短信记录和通话记录并不能确定周某海曾催告汤某龙的事实，更不能证明周某海确定了履行的合理期限。鉴于汤某龙第二期支付款项延迟的时间只有 2 个月 10 天，二审法院认为周某海无权依据《合同法》第 94 条之规定解除合同的理由亦无不妥。

综上，周某海再审申请不符合《民事诉讼法》第 200 条第 6 项规定之情形，本院依照《民事诉讼法》第 204 条第 1 款之规定，裁定如下：

驳回周某海的再审申请。

审判长　王东敏

审判员　方金刚

审判员　曾宏伟

二〇一五年十月二十六日

书记员　郑琪儿

（二）分析

股权和普通消费品确实不同，但这种不同更体现于以下几个方面：①股权事实上对应净资产，交易当时是否对净资产作出说明或明示放弃说明对案件有一定影响；②股权登记是股权外部变更的条件，股权变更事实上有两重效力：一是对外部人公示谁是股东的效力，二是因享有股权参与股东会表决的权利，以及享有知情权、红利分配权等权利；③本案中能否适用合同法解除规定的问题关键其实是"永不反悔"这个约定，这也说明合同中的每一个字都可能具有极其重要的法律意义。

本案也提出了一个问题：《合同法》（现已被《民法典》取代）作为一般法，在其未有规定之处，是否必然可以适用。如果可以适用，则本案的审理便会是另一种结果，如果不能适用，则必然需要查阅立法原意来进行解读。可见，特殊法未规定的地方，法律的活用解释有可能会比一般法的规定更有用。

在签订合同过程中，不反悔其实往往意味着放弃撤销权，在合同或者章程的拟订过程中，需要关注此类条款，慎用！

十二、股权转让纠纷案（优先购买权国企适用案例）

（一）案例

中静实业（集团）有限公司诉上海电力实业有限公司等股权转让纠纷案

上海市第二中级人民法院民事判决书

[2014] 沪二中民四（商）终字第 1566 号

原告：中静实业（集团）有限公司，住所地：上海市罗城路。

法定代表人：高某，该公司董事长。

被告：上海电力实业有限公司，住所地：上海市宁波路。

法定代表人：徐某国，该公司总经理。

被告：中国水利电力物资有限公司，住所地：北京市西城区复兴门外大街。

法定代表人：郑某元，该公司董事长。

第三人：上海新能源环保工程有限公司，住所地：上海市江西中路。

法定代表人：朱某情，该公司董事长。

第三人：上海联合产权交易所，住所地：上海市广东路。

法定代表人：蔡某勇，该公司总裁。

原告中静实业（集团）有限公司（以下简称"中静公司"）因与被告上海电力实业有限公司（以下简称"电力公司"）、被告中国水利电力物资有限公司（以下简称"水利公司"）、第三人上海新能源环保工程有限公司（以下简称"新能源公司"）、第三人上海联合产权交易所（以下简称"产交所"）发生股权转让纠纷，向上海市黄浦区人民法院提起诉讼。

原告中静公司诉称：其和被告电力公司为第三人新能源公司股东，两公司分别持股 38.2%、61.8%。2012 年 6 月 1 日，电力公司未经中静公司同意擅自将其持有的股份在产交所挂牌交易，中静公司于 7 月 2 日向第三人产交所提出异议，明确表示保留优先购买权，要求暂停交易，重新进行信息披露，但电力公司为避免中静公司行使优先购买权，在被告水利公司未缴纳保证金的情况下于 7 月 3 日与水利公司签订了产权交易合同，而且整个交易是在中静公司异议审查期间完成的，产交所于 7 月 6 日才向中静公司送达交易不予中止决定通知书。中静公司认为，电力公司擅自转让股份侵害了其股东优先购买权，水利公司和产交所以中静公司未进场交易为由认定中静公司放弃优先购买权没有法律依据。故请求判令：中静公司对电力公司与水利公司转让的新能源公司的 61.8% 股权享有优先购买权，并以转让价人民币 48 691 000元（以下币种均为人民币）行使该优先购买权。审理中，中静公司表示愿意接受电力公司、水利公司签订转让合同的条件。

被告电力公司辩称：对外转让股权由第三人新能源公司 2012 年 2 月 15 日的股东会决议通过，原告中静公司亦表示同意。电力公司属集体所有制企业，按相关法律规定，其股权转让须进产权交易所挂牌交易，中静公司收到挂牌交易通知后未至产交所行权，等于放弃了对优先购买权的行使，故其诉讼请求不能成立。

被告水利公司辩称：原告中静公司怠于到第三人产交所行权，已经放弃了对优先购买权的行使。水利公司与被告电力公司的股权交易过程合法、公平、公正，且水利公司已经支付股权转让款并完成了股权转让的附随条件，其善意第三人的合法权利应当得到法律保护。故不同意中静公司的诉讼请求。

第三人新能源公司发表意见认为：第三人产交所的交易过程合法，被告水利公司已经取得新能源公司的股东资格。

第三人产交所发表意见认为：产交所完全遵循交易规则，项目信息披露真实、准确、完整。原告中静公司在挂牌截止的最后一天仅以被告电力公司提交材料存在重大遗漏和权属存在争议为由要求暂停交易，经核实，其所述不实，被告水利公司取得股权合法有效。《企业国有资产法》规定国有资产转让应在产权交易场所公开进行，中静公司行使优先购买权的前提条件是"在同等条件下"，既包括程序上的同等也包括实体上的同等，国有产权交易的程序是交易主体应当进场交易，中静公司拒绝进场交易，视为其放弃了优先购买权，否则有违同等条件中程序同等的规定。

上海市黄浦区人民法院一审查明：

第三人新能源公司成立于 1999 年 3 月 16 日，股东原为上海电力实业总公司（后更名为电力公司）、上海工业投资（集团）有限公司、上海环保工程成套有限公司、中国中静能源投资有限公司（以下简称"中静能源"），各方持股分别为 45%、10%、6.8%、38.2%。

2010年2月10日，被告电力公司和中静能源签订《关于新能源公司之增资及股权调整框架协议》（以下简称《框架协议》），约定：双方共同收购上海工业投资（集团）有限公司、上海环保工程成套有限公司的股份，使得电力公司和中静能源股权占比分别为51%和49%；中静能源很快将其持有的38.2%股权转让给中静公司，使新能源公司变更为内资公司。

2010年5月，原告中静公司取代中静能源成为第三人新能源公司股东。8月6日，被告电力公司与中静公司签订补充协议书，约定：由电力公司先行出资受让上海工业投资（集团）有限公司和上海环保工程成套有限公司的股权，总计16.8%，电力公司与中静公司在新能源公司的股权占比分别为61.8%、38.2%；电力公司受让股权后，在同样条件下将新能源公司10.8%的股权转让给中静公司，或在增资过程中，由双方针对具体情况将股权比例调整为电力公司占51%、中静公司占49%，并最终根据框架协议的规定，将双方股权比例调整为各占50%。12月1日，第三人产交所出具电力公司受让上海工业投资（集团）有限公司和上海环保工程成套有限公司持有新能源公司16.8%股权的产权交易凭证。

2012年2月15日，第三人新能源公司通过股东会决议，内容为：①同意电力公司转让其所持61.8%股权，转让价以评估价为依据；②中静公司不放弃优先购买权；③股权转让相关手续由双方按法定程序办理；④股权转让后，相应修改公司章程及股东出资额记载；⑤委托上海沪港金茂会计师事务所有限公司、上海东州资产评估有限公司进行财务审计和资产评估；⑥转让评估基准日为2011年12月31日。

2012年5月25日，第三人新能源公司将股权公开转让材料报送第三人产交所。6月1日，产交所公告新能源公司61.8%股权转让的信息：挂牌期为2012年6月1日至7月2日；"标的企业股权结构"一栏载明老股东未放弃行使优先购买权；"交易条件"为挂牌价格48 691 000元，一次性付款，继续履行原标的公司员工的劳动合同，支持标的企业长远发展，促进标的公司业绩增长；意向受让方应在确认资格后3个工作日内向产交所支付保证金1400万元，否则视为放弃受让资格；若挂牌期满只征集到一个符合条件的意向受让方，则采用协议方式成交，保证金充作股权转让款；若征集到2个或2个以上符合条件的意向受让方，则采取竞价方式确定受让人；意向受让方在产交所出具产权交易凭证后1个工作日内须代标的公司偿还其对转让方的3500万元债务。标的公司其他股东拟参与受让的，应在产权转让信息公告期间向产交所提出受让申请，并在竞价现场同等条件下优先行使购买权，否则视为放弃受让。

被告电力公司通过手机短信、特快专递、公证等方式通知了原告中静公司相关的挂牌信息。

7月2日，原告中静公司向产交所发函称，根据《框架协议》及补充协议，系争转让股权信息披露遗漏、权属存在争议，以及中静公司享有优先购买权，请求第三人产交所暂停挂牌交易，重新披露信息。

7月3日，被告水利公司与被告电力公司签订产权交易合同，内容为：合同交易的标的为电力公司持有的新能源公司 61.8% 的股权；合同标的产权价值及双方交易价款为 48 691 000 元；价款（包括保证金）在签订合同后 5 个工作日内一次性支付；新标的公司须继续履行原标的公司员工的劳动合同；在第三人产交所出具交易凭证后 1 个工作日内，水利公司须代第三人新能源公司偿还其对电力公司的 3500 万元的债务，一次性付到电力公司的指定账户等。次日，产交所出具产权交易凭证，水利公司亦履行了股权转让款以及债务承担的合同义务。同日，产交所向中静公司发出不予中止交易决定书，称经审核，股权转让程序符合产权交易相关规定，故决定不同意中静公司的申请。9月11日，新能源公司向水利公司出具出资证明书，并将其列入公司股东名册，但未能办理工商登记变更。

上海市黄浦区人民法院一审认为：

首先，股东优先购买权是公司法赋予股东的法定权利，2005 年《公司法》仅在第 73 条规定了法院强制执行程序中，优先购买权股东被通知后法定期间内不行权，视为放弃优先购买权，公司法及司法解释并未规定其他情形的失权程序；其次，根据《最高人民法院关于贯彻执行〈中华人民共和国民法通则〉若干问题的意见（试行）》的规定，不作为的默示效果只有在法律有规定或者当事人双方有约定的情况下，才可视为意思表示；最后，产交所作为依法设立的产权交易平台，法律并未赋予其判断交易标的是否存在权属争议和交易一方是否丧失优先购买权这类法律事项的权利。

综上，在法律无明文规定，且原告中静公司未明示放弃优先购买权的情况下，依据中静公司未进场交易并不能得出其优先购买权已丧失的结论。从商事交易的角度来说，商事交易尽管要遵循效率导向，但也要兼顾对交易主体利益的保护。并且，优先购买权股东未进场交易，第三人产交所亦可通知其在一定期限内作出是否接受最后形成的价格的意思表示，不到场并不必然影响交易的效率。若片面强调优先权股东不到场交易则丧失优先购买权，无疑是突出了对产交所利益和善意第三人利益的保护，而弱化了对优先购买权股东利益的保护，必将导致利益的失衡。

原告中静公司在股权交易前提出了异议，第三人产交所应及时答复。参照《企业国有产权交易操作规则》的相关规定，信息公告期间出现影响交易活动正常进行的情形，或者有关当事人提出中止信息公告书面申请和有关材料后，产权交易机构可以作出中止信息公告的决定。对于提出异议的优先购买权股东而言，其在未被产交所及时答复异议前不知交易是否如期进行，因而不到场，不能视为其放弃受让。故在中静公司未明确放弃优先购买权的情况下，被告电力公司与水利公司的股权转让合同不生效。

由于对优先购买权的行使除公司法规定的"同等条件"外，法律尚无具体规定，司法实践中亦无参考先例。考虑到第三人新能源公司目前的实际状况，同时为防止股东优先购买权的滥用，即确权后不行权，导致保护优先购买权成空文或对股权出让人和受让人的利益造成损害，因此，需要确定股东的优先购买权的行权期限、行权方式。比照 2005 年《公司法》第 73 条的规定，法院认为，可以要求原告中静公司在确权生效后 20 日内行权，否则视为放弃行权。只有中静公司放弃行权，被告电力公司与水利公司的股权转让合同才生效。关于行权方式，中静公司应按照国有资产转让的规定办理。综上所述，中静公司主张其对电力公司与水利公司转让的新能源公司的 61.8% 股权享有优先购买权并要求行权的诉讼请求，于法有据，予以支持，其行权内容、条件应与电力公司、水利公司之间签订的产权交易合同相同。

据此，上海市黄浦区人民法院依照《公司法》第 72 条第 3 款、第 73 条、《企业国有资产法》第 54 条第 2 款、《最高人民法院关于贯彻执行〈中华人民共和国民法通则〉若干问题的意见（试行）》第 66 条之规定，于 2014 年 9 月 25 日判决如下：

原告中静实业（集团）有限公司对被告上海电力实业有限公司与被告中国水利电力物资有限公司转让的第三人上海新能源环保工程有限公司的股权享有优先购买权；原告中静实业（集团）有限公司应当在本判决生效之日起 20 日内行使优先购买权，否则视为放弃；原告中静实业（集团）有限公司优先购买权的行使内容、条件，与被告上海电力实业有限公司和被告中国水利电力物资有限公司签订的产权交易合同相同。

一审宣判后，电力公司、水利公司均不服，向上海市第二中级人民法院提出上诉。

上诉人电力公司上诉称：被上诉人中静公司未在规定期限内进场交易积极行使股东优先购买权，故其已丧失该项权利；中静公司在涉案股权于产交所挂牌公告期届满最后一日提出的暂停交易的理由违反诚实信用原则，不应得到法律保护。基于此，电力公司认为一审判决有误，请求撤销原判，依法改判驳回中静公司的全部原审诉讼请求。

上诉人水利公司上诉称：一审法院在没有法律规定的情况下，自行创设失权程序，存在逻辑缺陷，并且存在适用法律错误的情况；本案不存在电力公司或者水利公司侵害被上诉人中静公司股东优先购买权的事实，而是中静公司恶意阻挠正常的股权交易。原审判决一味强调保护股东优先购买权，却损害了正常的交易秩序以及公平原则。基于此，水利公司亦认为原审判决有误，请求撤销原判，依法改判驳回中静公司的全部原审诉讼请求。

上诉人电力公司和水利公司对于对方的上诉请求和事实理由表示认同。

被上诉人中静公司辩称：本案实质即上诉人电力公司侵害了中静公司的股东优先购买权。电力公司自始至终未将拟转让的对象等股权转让的具体情况通知中静公司；中静公司已经在挂牌公告期间内向产交所提出了异议，要求产交所暂停挂牌交易，故中静公司并未丧失股东优先购买权。反而是产交所在收到中静公司的申请后，未及时予以答复，仍然促成电力公司和水利公司完的交易，明显侵害了中静公司的股东优先购买权。中静公司认可一审判决。

一审第三人新能源公司及一审第三人产交所均认可上诉人电力公司及上诉人水利公司的上诉请求。

上海市第二中级人民法院经二审，确认了一审查明的事实。

上海市第二中级人民法院二审认为：

本案争议焦点为：被上诉人中静公司是否已经丧失了涉案股权的股东优先购买权。

法院认为，中静公司并未丧失涉案股权的股东优先购买权。

第一，考虑到有限公司的人合性特征，我国《公司法》等相关法律法规规定了股东向股东以外的人转让股权的，应当向其他股东充分履行通知义务。

其他股东在同等条件下享有优先购买权。此处所涉通知的内容，应当包括拟转让的股权数量、价格、履行方式、拟受让人的有关情况等多项主要的转让条件。结合本案，首先，在上诉人电力公司于一审第三人新能源公司股东会议中表示了股权转让的意愿后，被上诉人中静公司已明确表示不放弃优先购买权。其次，电力公司确定将股权转让给上诉人水利公司后，也并未将明确的拟受让人的情况告知中静公司。故而对于中静公司及时、合法地行权造成了障碍。而权利的放弃需要明示，故不能当然地认定中静公司已经放弃或者丧失了该股东优先购买权。

第二，被上诉人中静公司在一审第三人产交所的挂牌公告期内向产交所提出了异议，并明确提出了股东优先购买权的问题，要求产交所暂停挂牌交易。但产交所未予及时反馈，而仍然促成上诉人电力公司与水利公司达成交易，并在交易完成之后，方通知中静公司不予暂停交易，该做法明显欠妥。需要说明的是，产交所的性质为经市政府批准设立，不以营利为目的，仅为产权交易提供场所设施和市场服务，并按照规定收取服务费的事业法人。基于此，产交所并非司法机构，并不具有处置法律纠纷的职能，其无权对于中静公司是否享有优先购买权等作出法律意义上的认定。故当中静公司作为新能源公司的股东在挂牌公告期内向产交所提出异议时，产交所即应当暂停挂牌交易，待新能源公司股东之间的纠纷依法解决后方恢复交易才更为合理、妥当。故其不应擅自判断标的公司其余股东提出的异议成立与否，其设定的交易规则也不应与法律规定相矛盾和冲突。

综上所述，一审认定事实清楚，判决并无不当。据此，上海市第二中级人民法院依照《民事诉讼法》第170条第1款第1项之规定，于2015年4月22日判决如下：

驳回上诉，维持原判。

本判决为终审判决。

（二）分析

国企股权交易和普通民营企业股权交易不同，参与产权交易所交易与否、优先权行使与否都可能成为争议点。在当前情况下，国有资产流失是一个敏感话题，通过产权交易所交易是解决国有资产流失的一个途径。我国在国有企业混合所有制改造过程中更要重视产权交易所的重要作用。值得注意的是：产权交易所仅仅是一种实现股权交易的途径，并不能因此剥夺其他股东的优先购买权。

在未有更科学的机制前，国企产权交易要特别重视产权交易所的程序要求。本案中，优先购买权和入场交易的时点存在争议，最终法院认定当事人并未失去优先购买权。从表象来看，似乎不入场交易就无购买权，更何况优先购买权。但从实质上看，如果有优先购买权的行使机会，基于国有资产保护的可能，法院仍会关注优先权利。因此，在处理国有公司相关事宜时，要谨慎分析相关问题。

和民营公司股权转让相比，国有企业股权要求在产权交易所进行，但产交所的规则并不必然约束未进场的外部第三人，产交所也无权迫使外部利害关系第三人执行其规则，产权交易所的规则在与既有法律原理和法律规定冲突时，应让位于既有法律原理和法律规定，产权交易所也无权对第三人的异议进行判断，产交所应在第三人提出异议时暂停交易并等待结果。这个案例对产权交易所的权利和责任进行了初步界定。

国有企业产权转让和民营企业股权转让并无实质上的不同。

十三、撤销股东会决议案（实质非撤销）

（一）案例

张某娟诉江苏万华工贸发展有限公司、万某、吴某亮、毛某伟
股东权纠纷案
南京市玄武区人民法院民事判决书

〔2006〕玄民二初字第 1050 号

原告：张某娟，女，42 岁，江苏煤炭物测队技术人员，住江苏省南京市成贤街。

被告：江苏万华工贸发展有限公司，住所地：江苏省南京市洪武北路 116 号。

法定代表人：吴某亮。

被告：万某，男，41 岁，江苏万华工贸发展有限公司董事，住江苏省南京市郭家山，系原告张某娟之夫。

被告：吴某亮，女，27 岁，住江苏省南京市洪武北路。

被告：毛某伟，男，51 岁，江苏省南京雪芳商贸中心业务员，住江苏省南京市白下区。

原告张某娟因与被告江苏万华工贸发展有限公司（以下简称"万华工贸公司"）、万某、吴某亮、毛某伟发生股东权纠纷，向江苏省南京市玄武区人民法院提起诉讼。

原告张某娟诉称：被告万华工贸公司成立于 1995 年，注册资本为 106 万元，发起人为被告万某（原告的丈夫）、原告张某娟及另外两名股东朱某前、沈某。其中万某出资 100 万元，张某娟等三名股东各出资 2 万元。2006 年 6 月，原告因故查询工商登记时发现万华工贸公司的股东、法定代表人均已于 2004 年 4 月发生了变更，原告及朱某前、沈某都已不再是该公司股东，原告的股权已经转让给了被告毛某伟，万某也将其 100 万元出资中的 80 万元所对应的公司股权转让给了被告吴某亮，公司法定代表人由万某变更为吴某亮。万华工贸公司作出上述变更的依据是 2004 年 4 月 6 日召开的万华工贸公司股东会会议决议，但原告作为该公司股东，从未被通知参加该次股东会议，从未转让自己的股权，也未见到过该次会议的决议。该次股东会议决议以及出资转让协议中原告的签名并非原告本人书写。因此，原告认为该次股东会议实际并未召开，会议决议及出资转让协议均属虚假无效，侵犯了原告的合法股东权益。原告既没有转让过自己的股权，也不同意万某向公司股东以外的人转让股权。万某系原告的丈夫，却与吴某亮同居，二人间的股权转让实为转移夫妻共同财产，并无真实的交易。万某与吴某亮之间的股权转让行为也违反了万华工贸公司章程中关于"股东不得向股东之外的人转让股权"的规定，并且未依照万华工贸公司章程告知其他股东，未征得其他股东的同意。故原告请求法院确认所谓的 2004 年 4 月 6 日万华工贸公司股东会决议无效，确认原告与毛某伟之间的股权转让协议无效，确认万某与吴某亮之间的股权转让协议无效，或者撤销上述股东会议决议和股权转让协议。

被告万华工贸公司辩称：万华工贸公司于 2004 年 4 月 6 日通过的股东会决议内容并无违反法律之处，万华工贸公司原股东朱某前、沈某均知道该次股东会决议内容及股权转让的事实，因而该决议是合法有效的。原告张某娟认为其本人未收到会议通知，没有参加该次股东会议，即便其主张成立，也只能说明 2004 年 4 月 6 日的万华工贸公司股东会会议程序不符合法律和该公司章程的规定。修订后的《公司法》第 22 条第 2 款规定，股东会或者股东大会、董事会的会议召集程序、表决方式违反法律、行政法规或者公司章程，或者决议内容违反公司章程的，股东可以自决议作出之日起 60 日内，请求人民法院撤销。原告起诉时已超过申请撤销决议的 60 天法定期限，故 2004 年 4 月 6 日的万华工贸公司股东会决议已然生效。原告无权否定该次股东会决议的效力。此外，原告不是本案的适格原告，因为 2004 年 4 月 6 日原告的全部股权已转让给了被告毛某伟，原告已不再具有股东资格，故无权提起本案诉讼。请求法院驳回原告的诉讼请求。

被告万某辩称：万华工贸公司于 2004 年 4 月 6 日召开的股东会是合法的，本人享有万华工贸公司的全部表决权，经本人表决同意的股东会决议应为有效。本人将 80 万元个人出资对应的公司股权转让给被告吴某亮，征得了公司所有股东的同意，该转让行为也是有效的。原告张某娟诉称其未参加股东会、也未在相应文件中签字属实，但因本人与原告系夫妻关系，财产是混同的，且双方曾约定公司股权归本人所有，因此本人代原告参加股东会并在股东会决议和股权转让协议中代为签字，均是合法有效的。自 2004 年 4 月 6 日起原告已不再是万华工贸公司股东，其无权提起本案诉讼。

被告吴某亮辩称：本人作为股权的受让方不应当成为本案的被告，其受让股权的程序是合法的。原告张某娟与被告万某系夫妻关系，本人有理由相信万某可以代表原告作出放弃对于万某股权的优先购买权的表示。即便原告没有授权万某表达放弃优先购买权的意思，本人作为善意购买人，其合法权益亦应受到保护。原告与万某之间的夫妻矛盾应依据婚姻法进行处理，与本人无关。万华工贸公司 2004 年 4 月 6 日股东会决议和出资转让协议均应认定为有效。本人受让股权并被选任为万华工贸公司董事长已经两年多，该公司经营正常，在此期间原告从未提出过股东会决议违法或侵权等主张。2004 年 4 月 6 日本人以 80 万元对价购买了万某在万华工贸公司的部分股权，现原告或万某如以同样的价格受让，本人同意将股权再转让给原告或万某。

被告毛某伟辩称：被告万华工贸公司曾借用过本人的身份证，但本人根本不知道自己已经受让了原告张某娟等人在万华工贸公司的股权，从未参加过 2004 年 4 月 6 日的万华工贸公司股东会，也不认识该公司股东沈某、朱某前等人。万华工贸公司章程、2004 年 4 月 6 日的股东会决议及股权转让协议中的毛某伟签名也非本人所签。

南京市玄武区人民法院一审查明：

被告万华工贸公司成立于 1995 年 12 月 21 日，发起人为被告万某、原告张某娟和其他两名股东朱某前、沈某，注册资本为 106 万元，其中万某出资 100 万元，朱某前、沈某、张某娟各出资 2 万元。1995 年 11 月 23 日，万某、朱某前、沈某、张某娟签订了万华工贸公司章程。该章程规定：公司股东不得向股东以外的人转让其股权，只能在股东内部相互转让，但必须经全体股东同意；股东有权优先购买其他股东转让的股权；股东会由股东按照出资比例行使表决权，每 10 万元为一个表决权；股东会议分为定期会议和临时会议，并应于会议召开 5 日前通知全体股东；定期股东会议应一个月召开一次；股东出席股东会议也可书面委托他人参加，行使委托书载明的权力；股东会议应当对所议事项作出决议，决议应当由代表 1/2 以上表决权的股东表决通过；股东会对公司增加或减少注册资本、股东转让股权及公司的合并、分立、变更公司形式、解散、清算等事项作出的决议，应由代表 2/3 以上表决权的股东表决通过；股东会议应当对所议事项的决定作出会议记录，出席会议的股东应当在会议记录上签名，等等。

被告万华工贸公司成立后，由被告万某负责公司的经营管理。

2004 年 4 月 12 日，被告万华工贸公司向公司登记机关申请变更登记，具体事项为：①将公司名称变更为江苏办公伙伴贸易发展有限公司（以下简称"伙伴贸易公司"）；②法定代表人变更为被告吴某亮，股东变更为被告万某、吴某亮、毛某伟及股东邢某英 4 人；③变更了公司章程的部分内容。

被告万华工贸公司申请上述变更公司登记所依据的材料为：

（1）2004 年 4 月 6 日股权转让协议 2 份，其主要内容分别为：被告万某将其 100 万元出资中的 80 万元出资对应的公司股权转让给被告吴某亮；朱某前将其出资 2 万元对应的公司股权转让给邢某英，沈某将其 2 万元出资中的 1 万元对应的股权转让给被告毛某伟，将另 1 万元对应的公司股权转让给邢某英，原告张某娟将 2 万元出资对应的公司股权转让给毛某伟。上述两份股权转让协议落款处有全部转让人及受让人的签名。

（2）被告万华工贸公司章程（2004 年 4 月 6 日修正）1 份，该章程除记载并确认了关于公司股东、董事、监事和公司住所地、名称的变更外，还作了如下规定：公司股东有权出席股东会议，并按照出资比例行使表决权，有权选举公司的董事或监事，同时享有被选举权；公司股东有权依照法律及公司章程的规定转让其出资；公司股东向股东以外的人转让其股权，必须经过半数以上的股东同意，不同意的股东应当购买被转让的股权，如果不购买被转让的股权，则视为同意向股东以外的人转让股权；经公司股东同意转让的股权，在同等条件下，其他股东对该部分股权有优先购买权；股东依法转让股权后，公司编制新的股东名册；股东会议分为定期会议和临时会议，定期会议应每年召开一次，临时会议由代表 1/4 以上表决权的股东、1/3 的董事或监事提议方可召开；公司股东出席股东会议也可书面委托他人参加股东会议，行使委托书中载明的权力；召开股东会议，应当于会议召开前 15 日以书面形式通知全体股东，股东会应对所议事项的决定作成会议记录，出席会议的股东应当在会议记录上签名，等等。该章程有被告吴某亮、毛某伟、万某及股东邢某英的签名。

（3）2004 年 4 月 6 日被告万华工贸公司股东会决议 1 份，主要内容是：全体股东一致同意上述股权转让；转让后各股东出资额及占注册资本的比例为：被告吴某亮出资 80 万元、占 75.5%，被告万某出资 20 万元、占 18.9%，邢某英出资 3 万元、占 2.8%，被告毛某伟出资 3 万元、占 2.8%；全体股东一致同意将公司名称变更为"江苏办公伙伴贸易发展有限公司"；全体股东一致同意公司住所地变更为"南京市洪武北路 116 号"；全体股东一致同意免去朱某前、沈某董事职务，重新选举吴某亮、毛某伟为董事，与万某组成董事会；全体股东一致同意免去原告张某娟的监事职务，选举邢某英为监事；全体股东一致同意 2004 年 4 月 6 日所修改的公司章程。

另查明，原告张某娟与被告万某于 1988 年结婚，现为夫妻。

上述事实有被告万华工贸公司章程、2004 年 4 月 6 日股权转让协议书、2004 年 4 月 6 日股东会决议、万华工贸公司章程（2004 年 4 月 6 日修正）、工商档案资料、南京市栖霞区档案馆证明及庭审笔录等证据证实。

此外，在一审审理中，双方当事人还就案件有关事实提交或申请法院采集了下列证据：

原告张某娟提供了对证人张某、丁某玉、万某等人的调查笔录，证明被告万某与被告吴某亮曾经同居且以夫妻相称，万某用被告万华工贸公司的财产为吴某亮购置了房产、车辆等。还证明张某娟和万某曾于 1999 年协议离婚，张某娟依据与万某签订的离婚协议取得了 30 万元，后又于 2000 年将该 30 万元交给了万华工贸公司。对此，万华工贸公司和万某、吴某亮均认为张某、丁某玉、万某等三位证人未能出庭作证，故不能认定其证言的真实性与合法性。被告毛某伟认为该证据与其本人无关。

应原告张某娟申请，南京市玄武区人民法院向被告万华工贸公司股东沈某和朱某前进行了调查。沈某和朱某前陈述：1995 年万华工贸公司设立时，我们二人接受被告万某、原告张某娟夫妇二人的要求作为万华工贸公司的挂名股东，实际上我们二人均未出资，其后也未参加过万华工贸公司的经营。我们二人均没有收到过 2004 年 4 月 6 日的万华工贸公司股东会会议通知，没有参加过该次股东会议，涉案股权转让协议和股东会决议中的沈某、朱某前签名不是我们二人亲笔。我们与受让股权的邢某英和毛某伟素不相识，也没有取得过转让股权的对价。沈某、朱某前二人还表示不愿介入张某娟与万某之间的夫妻矛盾，至于记在他们二人名下的万华工贸公司的股权如何处理，与他们二人无关。对此，万华工贸公司、万某及被告吴某亮认为，2004 年 4 月，万华工贸公司通知了朱某前、沈某、邢某英及被告毛某伟 4 人出席同年 4 月 6 日的万华工贸公司股东会，沈某和朱某前参加了该次股东会并在股东会决议和股权转让协议中签字。除此之外，沈某、朱某前陈述的其他内容均属实。

被告万华工贸公司、万某及吴某亮提供了 1999 年 3 月 12 日万某与原告张某娟签订的离婚协议书 1 份。协议约定：张某娟与万某因感情不和协议离婚，夫妻二人在万华工贸公司的全部有形和无形资产、债权、债务等全部归万某所有，张某娟应得财产折算为 70 万元，由万某分期给付。另有 1999 年 3 月 12 日张某娟出具的付款证明 1 份，证明张某娟已收到万某根据离婚协议书所支付的 30 万元。万某依据上述证据认为张某娟与其虽为夫妻，但二人对财产已有分割约定，夫妻二人在万华工贸公司的全部财产归万某所有，因此万某有权对其在万华工贸公司中的股权作出处置，也有权处置张某娟的 2 万元出资所对应的股权。万华工贸公司、万某及吴某亮还提供了 1995 年 11 月沈某、朱某前、张某娟出具的委托万某收取个人股金和办理万华工贸公司的注册登记等事宜的委托书两份。万华工贸公司、万某及吴某亮依据上述委托书主张万某一直代理张某娟处理公司事务，张某娟均予认可。张某娟对上述证据的真实性不持异议，但认为离婚协议是她与万某夫妇二人为离婚而达成的包括财产分割内容的协议书，1999 年 3 月双方签订该份离婚协议后至今尚未办理离婚，因此该离婚协议并未生效。万某曾付给张某娟 30 万元，后因故张某娟又将该款交还万某，有张某、丁某玉等在场证人证明。至于 1995 年 11 月沈某、朱某前、张某娟出具的委托万某收取个人股金和办理万华工贸公司的注册登记等事宜的两份委托书，恰恰说明张某娟委托万某处理公司事务是应当有书面委托的，但是 2004 年 4 月 6 日万某转让张某娟的股权却没有张某娟的委托书，说明万某这一行为未经张某娟授权，因此应当认定该转让行为无效。

被告毛某伟认为上述证据均与其无关。

一审审理中，被告万华工贸公司补充陈述：2004 年 4 月 6 日的股东会有会议记录，记录上有与会所有人员的签名，但未能按照一审法院要求提供该次会议记录。另，因证人沈某、朱某前以及被告毛某伟均否认在涉案股权转让协议和股东会决议上签字，一审法院询问被告万华工贸公司、万某及吴某亮是否申请对上述股权转让协议和股东会决议中沈某、朱某前、毛某伟签名的真实性进行鉴定，三被告均表示不申请鉴定。

关于双方当事人提供的上述证据，一审法院审查认为：①原告张某娟对 1999 年 3 月 12 日其与被告万某签订的离婚协议及证明各 1 份、1995 年 11 月沈某、朱某前、张某娟出具的委托书两份不持异议，法院对上述证据的真实性、合法性及与本案事实的关联性予以确认，可以作为本案定案依据。②关于证人沈某和朱某前的证言，因沈某和朱某前系万华工贸公司股东，所述内容涉及本案争议事实。该两位证人因客观原因不能出庭作证，法院应原告申请，依据《最高人民法院关于民事诉讼证据的若干规定》的规定向两位证人收集了证言，对其证言的合法性及关联性予以确认。被告万华工贸公司、万某和吴某亮除对该两位证人否认参加过 2004 年 4 月 6 日的股东会并在股东会决议和股权转让协议中签字的陈述内容提出相反意见外，对该两位证人陈述的其他内容均予认可。三被告虽然主张该两位证人曾经在股东会决议和股权转让协议上签字，并提出 2004 年 4 月 6 日的股东会存有会议记录，该记录上有参会人员的签名，但在该两位证人否认签名的情况下不申请对股东会决议和股权转让协议中的签名进行笔迹鉴定，也未能提供股东会会议记录等相关证据证明自己的主张。因此，上述证人证言的真实性法院亦予确认。③关于原告提供的对证人张某、丁某玉、万某等人的调查笔录，经查该调查笔录系由原告诉讼代理人制作，上述三位证人均未出庭作证，因此上述三位证人证言的真实性法院不予确认，不能作为本案定案证据。

综上，对于双方当事人依据上述证据主张的事实，一审法院认为：

离婚协议是原告张某娟与被告万某就夫妻二人离婚及离婚后财产分割等

问题达成的协议。该离婚协议签订后张某娟、万某二人并未实际办理离婚，故该离婚协议中有关离婚后财产分割的内容不发生效力。万某依据该离婚协议，主张其享有夫妻二人在被告万华工贸公司的全部权利，证据不足，法院不予采信。

1995年11月朱某前、沈某及原告张某娟向被告万某出具的两份委托书，委托事项均特定而具体，可以证明朱某前、沈某、张某娟曾以书面形式委托万某办理部分公司事务，但不能证明张某娟委托万某转让其在万华工贸公司的股权，在没有其他证据印证的情况下，万某关于其有权代张某娟转让股权的主张不能成立。

被告万华工贸公司、万某、吴某亮主张朱某前和沈某出席了2004年4月6日的万华工贸公司股东会并在该次股东会会议决议和股权转让协议中签字，但被告方除该次股东会决议和股权转让协议外，未能提供其他证据证明，朱某前和沈某的证言以及被告毛某伟的陈述一致且均与被告方的主张矛盾。根据本案现有证据，不能认定万华工贸公司曾通知沈某、朱某前及原告张某娟出席了2004年4月6日的万华工贸公司股东会，也不能认定万华工贸公司于2004年4月6日召开过由万某、张某娟、沈某、朱某前共同参加的股东会。万华工贸公司、万某、吴某亮亦未能提供证据证明2004年4月6日形成过由万某、沈某、朱某前、张某娟共同签字认可的股东会决议，以及沈某、朱某前、张某娟与邢某英、被告毛某伟共同签署过2004年4月6日的股权转让协议。

本案的争议焦点问题是：①被告万华工贸公司于2004年4月6日作出的股东会决议以及涉案股权转让协议是否有效；②原告张某娟对上述股东会决议和股权转让协议申请确认无效或者申请撤销，应否支持。

南京市玄武区人民法院一审认为：

有限责任公司的股东会议，应当由符合法律规定的召集人依照法律或公司章程规定的程序，召集全体股东出席，并由符合法律规定的主持人主持会议。股东会议需要对相关事项作出决议时，应由股东依照法律、公司章程规定的议事方式、表决程序进行议决，达到法律、公司章程规定的表决权比例时方可形成股东会决议。有限责任公司通过股东会对变更公司章程内容、决定股权转让等事项作出决议，其实质是公司股东通过参加股东会议行使股东权利、决定变更其自身与公司的民事法律关系的过程，因此公司股东实际参与股东会议并作出真实意思表示，是股东会议及其决议有效的必要条件。本案中，虽然被告万某享有被告万华工贸公司绝对多数的表决权，但并不意味着万某个人利用控制公司的便利作出的个人决策过程就等同于召开了公司股东会议，也不意味着万某个人的意志即可代替股东会决议的效力。根据本案事实，不能认定2004年4月6日万华工贸公司实际召开了股东会，更不能认定就该次会议形成了真实有效的股东会决议。万华工贸公司据以决定办理公司变更登记、股权转让等事项的所谓"股东会决议"，是当时该公司的控制人万某所虚构的，实际上并不存在，因而当然不能产生法律效力。

被告万华工贸公司、万某、吴某亮主张原告张某娟的起诉超过了修订后《公司法》第22条规定的申请撤销股东会决议的期限，故其诉讼请求不应得到支持。对此法院认为，本案发生于《公司法》修订前，应当适用当时的法律规定。鉴于修订后的《公司法》第22条规定股东可以对股东会决议提起确认无效之诉或者申请撤销之诉，而修订前的《公司法》未对相关问题作出明确规定，因此根据《最高人民法院关于适用〈中华人民共和国公司法〉若干问题的规定（一）》第2条的规定，本案可以参照适用修订后《公司法》第22条的规定。但是，修订后《公司法》第22条关于"股东会或者股东大会、董事会的会议召集程序、表决方式违反法律、行政法规或者公司章程，或者决议内容违反公司章程的，股东可以自决议作出之日起六十日内，请求人民法院撤销"的规定，是针对实际召开的公司股东会议及其作出的会议决议作出的规定，即在此情况下股东必须在股东会决议作出之日起60日内请求人民法院撤销，逾期则不予支持。而本案中，2004年4月6日的万华工贸公司股东会及其决议实际上并不存在，只要原告在知道或者应当知道自己的股东权利被侵犯后，在法律规定的诉讼时效内提起诉讼，人民法院即应依法受理，不受修订后《公司法》第22条关于股东申请撤销股东会决议的60日期限的规定限制。

股东向其他股东或股东之外的其他人转让其股权，系股东（股权转让方）与股权受让方协商一致的民事合同行为，该合同成立的前提之一是合同双方具有转让、受让股权的真实意思表示。本案中，不能认定原告张某娟与被告毛某伟之间实际签署了股权转让协议，亦不能认定被告万某有权代理张某娟转让股权，毛某伟既未实际支付受让张某娟股权的对价，也没有受让张某娟股权的意愿，甚至根本不知道自己已受让了张某娟等人的股权，诉讼中也明确表示对此事实不予追认，因此该股权转让协议依法不能成立。据此，被告万华工贸公司、万某、吴某亮关于张某娟已非万华工贸公司股东，不能提起本案诉讼的主张不能成立，依法不予支持。

关于被告万某与吴某亮签订的股权转让协议，根据修订前《公司法》及万华工贸公司章程的相关规定，股东向股东以外的人转让股权的，须经全体股东过半数同意。本案中，万某向吴某亮转让股权既未通知其他股东，更未经过全体股东过半数同意，因此该股权转让行为无效。

综上，南京市玄武区人民法院根据《民事诉讼法》第 64 条第 1 款、第 128 条，《民法通则》第 57 条，修订前公司法第 35 条第 2 款、第 37 条、第 39 条、第 40 条、第 41 条、第 43 条、第 44 条，《最高人民法院关于适用〈中华人民共和国公司法〉若干问题的规定（一）》第 1 条之规定，于 2007 年 4 月 2 日判决如下：

（1）2004 年 4 月 6 日的被告万华工贸公司股东会决议不成立。

（2）2004 年 4 月 6 日原告张某娟与被告毛某伟的出资转让协议不成立。

（3）2004 年 4 月 6 日被告万某与被告吴某亮签订的出资转让协议无效。

本案诉讼费 19 960 元，由被告工贸公司负担（原告已预交，被告工贸公司于本判决生效后 10 日内将此款给付原告）。

如不服本判决，可在判决书送达之日起 15 日内，向本院递交上诉状，并案对方当事人的人数提出副本，上诉于江苏省南京市人民法院。

审　判　长　吴小晗

审　判　员　杨晔明

审　判　员　余海宁

二〇〇七年四月二日

见习书记员　蒋　旭

（二）分析

本案既涉及婚姻财产归属、婚姻协议效力问题，又涉及股权转让问题，是一个相对复杂的案件。本案也涉及无权代理问题，涉及行为默示表达。学生应在看本法院判决分析和本案例分析之前进行独立分析。

本案中涉及婚姻法和公司法的相关规定。离婚协议签署并不意味婚姻财产分割交付，离婚登记办理时才意味财产分割，这和公司法的对内对外股权转移规则存在差异。

通过对本案的分析，可以知道：其实法院审理案件，最关键的是查明事实，在此基础上才能判决案件，本案中一个关键的事实是股东会并未实际发生，实际发生和未实际发生对案件的法律适用产生了至关重要的影响。《最高人民法院关于适用〈中华人民共和国公司法〉若干问题的规定（四）》对股东会决议不成立的情形进行了规定，其和决议撤销不同，本案中恰恰反映了这样一种情况。

虽然在本案中，万某占有大多数股权，但首先，2004 年 4 月 6 日修订的章程就未必有效，假定有效，按照修改过的章程，股东会的表决方式是过半数股东通过，因此，股权比例并不能成为股东会决议生效的绝对适用条件。本案中还出现了无权代理甚至侵权情况，比如被告毛某伟都不知道受让了股权，实质上被侵权，万某则对原告的权利进行了无权代理，且未得到追认。

本案中还涉及第三人权益保护和股东权利保护问题，如果被告毛某伟是外部善意第三人，且毛某伟为真实签名，则本案可能会认定原告和被告毛某伟之间的股权转让有效，即便仍然认定股东会决议不成立。

法官在适用法律过程的思路是：查明事实，理清事实和法律对应点，理清逻辑和争议焦点，依据相关法律进行判决，这种思路是法学专业的学生需要培养和训练的，其有别于理论研究的思路，本科学生更应培养和训练这种思路，毕竟法律主要是应用学科，而不是纯粹的理论学科。

十四、控股股东滥用权利案

（一）案例

甘肃居立门业有限责任公司与庆阳市太

一热力有限公司、李某军公司盈余分配纠纷案

中华人民共和国最高人民法院民事判决书

[2016] 最高法民终 528 号

上诉人（一审被告）：庆阳市太一热力有限公司，住所地甘肃省庆阳市西峰区世纪大道中段。

法定代表人：李某军，该公司执行董事。

委托诉讼代理人：李某平，该公司总经理。

委托诉讼代理人：戴某，北京市东元律师事务所律师。

上诉人（一审被告）：李某军，男，汉族，1963年1月2日出生，住甘肃省庆阳市西峰区。

委托诉讼代理人：李某平，庆阳市太一热力有限公司总经理。

委托诉讼代理人：戴某，北京市东元律师事务所律师。

被上诉人（一审原告）：甘肃居立门业有限责任公司，住所地甘肃省庆阳市庆城县驿马镇。

法定代表人：张某龙，该公司董事长。

委托诉讼代理人：白某天，该公司法律顾问。

委托诉讼代理人：吕某国，甘肃陇凤律师事务所律师。

上诉人庆阳市太一热力有限公司（以下简称"太一热力公司"）、李某军因与被上诉人甘肃居立门业有限责任公司（以下简称"居立门业公司"）公司盈余分配纠纷一案，不服甘肃省高级人民法院［2013］甘民二初字第8号民事判决，向本院提起上诉。本院依法组成合议庭公开开庭进行了审理。太一热力公司的法定代表人李某军、委托诉讼代理人李某平、戴某，李某军及其委托诉讼代理人李某平、戴某，居立门业公司的委托诉讼代理人白某天、吕某国到庭参加诉讼。本案现已审理终结。

太一热力公司、李某军上诉请求：撤销一审判决，驳回居立门业公司诉讼请求，诉讼费用全部由居立门业公司承担。

事实与理由：

（1）在居立门业公司没有书面诉请的情况下，一审判决太一热力公司按中国人民银行同期贷款利率向居立门业公司支付利息，超出了诉请范围。且归属于居立门业公司的盈余在没有从公司财产中区分开来之前，仍为太一热力公司的财产，对股东之间的盈余分配判决承担利息没有事实及法律依据。

（2）一审判决不仅对是否应向居立门业公司分配盈余的认定错误，而且对盈余数额的认定也错误。尤其是对应由国家收取的"接口费"，错误认定为属于太一热力公司的盈利。此外，一审的《庆阳市太一热力有限公司经营期间利润分配纠纷司法审计鉴证报告》（以下简称《审计报告》）存在诸多错误：①《审计报告》采用了未经法庭质证的证据材料作为鉴定依据。②《审计报告》中的盈余调整不符合客观事实。其一，《审计报告》第3项"审计调整事项说明"中第 5 小项"调整不属于公司发生的成本款项共三笔, 金额 2 299 974.56 元, 其中不属于公司发生的锅炉款及费用 1 674 974.96 元"有误; 其二, 《审计报告》第 3 项"审计调整事项说明"中第 6 小项"调整属于列账依据不足的成本费用 6 笔, 金额 511 787.18 元"有误; 其三, 《审计报告》第 3 项"审计调整事项说明"中第 8 小项"调整政府收购行为结束后列支不属于公司发生的管理费用共 4 笔, 金额 1 483 876.00 元"有误; 其四, 《审计报告》第 3 项"审计调整事项说明"中第 9 小项"调整不应列支的税金 2 笔, 金额 2 167 099.00 元"有误; 其五, 《审计报告》中"重大事项说明"第 1 项"工程施工账面数为 35 488 291.09 元, 审计调整为 34 446 241.21 元"有误; 其六, 《审计报告》中"重大事项说明"第 2 项"股东甘肃居立门业有限责任公司提供资料, 太一热力公司在经营期间为世纪新村花园小区、太一地中海、贡园小区 1-16 某楼三个小区应收取接口费账面无反映"有误, 所谓的接口费并不存在, 不应该认定为盈利。

(3) 一审判决明显剥夺了股东会的法定权利, 其判决结果与适用的法律规定相矛盾。①没有股东会决议, 就不能进行盈余分配。②没有进行盈余分配, 并不代表侵害股东权益。既然盈余分配权利属于股东会, 那么股东就无权直接以诉讼方式请求人民法院干预股东会的权利并代行股东会的职责。在股东会作出决议前, 居立门业请求进行盈余分配的诉求没有法律依据。

(4) 一审判决李某军承担连带责任错误。①太一热力公司不认为李某军损害了居立门业公司的股东权益。李某军仅为太一热力公司的法定代表人, 而非太一热力公司的股东。是否分配盈余, 只能由股东会决定, 在股东会没有决定盈余分配前, 不存在损害股东权利的理由和事实。②本案为公司盈余分配之诉, 而非侵权之诉, 一审适用《公司法》第 21 条、第 152 条规定判令李某军承担连带责任不当, 该条款与股东盈余分配没有直接关系。③一审认定李某军侵权适用的法律和太一热力公司章程错误, 且甘肃兴盛建筑安装公司 (以下简称"兴盛建安公司") 是否长期占用资金, 与损害公司股东利益之间没有必然的联系。⑤在股东会未决定分配盈余前, 居立门业公司有诸多自救行为, 但无权以此提起诉讼。

居立门业公司辩称, 太一热力公司、李某军的上诉理由不能成立, 请求驳回上诉、维持原判。

事实和理由: (1) 李某军长期占用太一热力公司盈余资金, 进行个人营利，在民事责任上应当承担利息。

（2）关于李某军拖欠入网"接口费"1038万余元的问题。①所涉三个小区均系李某军开办的兴盛建安公司和庆阳太一房地产有限责任公司（以下简称"太一房地产公司"）开发建设、销售运营的房地产项目。②太一热力公司为所涉三个小区铺设供热管道、建了换热站、安装换热机房设备并供应暖气。③太一热力公司在2006年已与市政府约定许可太一热力公司收取入网"接口费"，收费标准为45元/平方米，向各采暖小区开发商收取入网"接口费"有合法依据。④民营企业建供热项目依靠收取入网"接口费"来收回投资是当时各地的通行做法。⑤太一热力公司向其他用户单位都收取了入网"接口费"，唯独李某军自己公司开发的三个项目拖欠"接口费"未交。⑥2009年9月太一热力公司供热项目被收购时的政府会议纪要和回购合同明确、清楚地说明，李某军自己公司所开发的三个小区拖欠的入网"接口费"属于太一热力公司的应收款。

（3）一审判决对太一热力公司盈余数额的认定是相对客观和公正的，居立门业公司是可以接受的。

（4）《审计报告》对"工程施工"造价未发表鉴定意见，一审判决根据《审计报告》对"工程施工"造价汇总的数字34 446 241.21元予以认定，比实际工程施工造价高出737万余元。

（5）一审判决太一热力公司向居立门业公司进行盈余分配有法律和事实依据。①居立门业公司作为股东依法享有太一热力公司盈余分配的权利，其根据是《公司法》第4条、第34条、第166条第4款的规定，以及太一热力公司章程第14条、第15条、第27条第4款的规定。②根据本案客观事实，判决盈余分配是正确的。其一，自2006年6月太一热力公司登记成立至2013年1月本案诉讼前，太一热力公司无法对股利分配方案形成股东会决议。其二，司法审计结论为太一热力公司存在可供分配的利润5116万余元，但长期不向股东分配。其三，李某军于2010年7月将政府支付的收购款私自转为己用，背着另一股东将公司32.7亩土地变更登记在自己的房地产公司名下，说明李某军企图独吞公司全部盈余。其四，在本案诉讼过程中太一热力公司两股东之间又因32.7亩土地分割、公司股东出资、公司解散发生诉讼。太一热力公司、李某军以股东会未形成决议为由，不进行盈余分配是恶意的。其五，太一热力公司盈余土地已通过行政诉讼分配完毕，既然盈余土地能通过诉讼途径来分配解决，那么盈余现金也应可以。③居立门业公司通过诉讼解决公司盈余分配问题，实现自己的资产收益权利，符合太一热力公司的规定。④太一热力公司、李某军称在股东会未决定分配盈余前居立门业公司有诸多的法律救助行为，不适合本案的客观情况，均属不能实现保护自身权益的情形。

（5）一审判决李某军对太一热力公司给付居立门业公司的盈余分配款及利息承担赔偿责任是正确的。

居立门业公司一审诉讼请求：①判令太一热力公司对盈余的 7000 余万元现金和盈余的 32.7 亩土地（从政府受让取得时的地价款为 330 万元）按照《公司法》第 35 条和太一热力公司章程第 27 条之规定向居立门业公司进行分配；②判令李某军对居立门业公司的第一项诉讼请求承担连带责任。

一审法院认定事实：太一热力公司由李某军和张某龙二人于 2006 年 3 月设立，公司注册资本 1000 万元，李某军以货币 212 万元、实物 438 万元总计出资 650 万元，占注册资本的 65%；张某龙出资 350 万元，占注册资本的 35%。2006 年 6 月，太一热力公司经庆阳市工商行政管理局登记注册成立，经营范围为热能供给、管道安装维修。

2007 年 4 月，张某龙与居立门业公司签订股权转让协议，将其在太一热力公司的 350 万元股权转让给居立门业公司。2007 年 5 月，李某军与甘肃太一工贸有限公司（以下简称"太一工贸公司"）、居立门业公司签订股权转让协议，将其在太一热力公司的股权 600 万元转让给太一工贸公司，50 万元转让给居立门业公司。同年 5 月，太一热力公司修改公司章程，将公司股东变更为太一工贸公司和居立门业公司，太一工贸公司持股比例 60%，居立门业公司持股比例 40%，并在工商行政管理部门进行变更登记。

2006 年 10 月，太一热力公司受让取得甘肃省庆阳市西峰区××路与××路××口西南角 46 200.4 平方米市政设施建设用地。

2009 年 9 月 29 日，庆阳市人民政府召开市长办公会决定对太一热力公司进行整体收购，并形成第 23 期会议纪要。会议纪要主要内容有：①收购内容包括资产和土地两大项。资产包括 7791.33 平方米的新建办公楼、锅炉房、换热站等房屋建筑；2 台 40 吨的供热锅炉、1 台 10 吨的供热锅炉，高、低压配电系统和电气自控系统各 1 套，以及与之相配套的设施设备；226 万元的备用供热管材和相关工程物资；已完成铺设的 20.44 公里的供热管道；在建的 12 个换热站和供热管线。土地按热源厂现有占地 36.6 亩收购，平行分割。②收购价款除政府已拨付的支持资金和截至 2009 年 8 月 15 日太一热力公司已收取的城市供热配套费（共计 3234.72 万元）外，政府再支付 7000 万元。③换热站、供热管线等在建工程，包括内配设施，由太一热力公司负责建成，具备供热条件；所有工程的善后工作由太一热力公司负责，并按程序做好竣工验收；项目建设的所有遗留问题，包括项目建设的各种规费、税费、工程建设费等，一律由太一热力公司负责，不留尾巴。④对现有的 69.3 亩热源厂建设用地（不含代征城市道路用地 7.14 亩），36.6 亩用于热源厂的建设和发展，32.7 亩由太一热力公司开发，市政府允许对由太一热力公司开发的土地性质依法依规转换。

2009 年 10 月 6 日，庆阳市西峰区人民政府（甲方）与太一热力公司（乙方）签订《庆阳市西峰区新区集中供热站工程回购合同》约定，按照庆阳市人民政府 2009 年第 23 期会议纪要制定该合同，回购太一热力公司资产，经甘肃华信会计师事务所评估价款为 9126.48 万元，递减政府拨付的补助资金和已交付乙方的城市供热配套费，共计 3234.72 万元。甲方再支付乙方收购价款 7000 万元。合同还约定，甲方已于 2009 年 10 月前向乙方支付 1000 万元，其余 6000 万元于 2009 年采暖期结束前一次性付清。

2010 年 7 月 10 日，庆阳市经济发展投资有限公司向太一热力公司支付资产转让余款 57 616 003.25 元。

一审法院另查明：2010 年 6 月 17 日，庆阳市国土资源局（出让人）与太一热力公司（受让人）签订了《国有土地使用权出让合同变更协议》约定，出让人于 2006 年 10 月 14 日出让给受让人位于西峰区××路与××路××口西南角 46 200.4 平方米市政设施用地，受让人申请、出让人同意将 21 661.96 平方米土地用途变更为商业、住宅用地，变更后土地使用权的出让年限为商业 40 年、住宅 70 年，从 2006 年 9 月 28 日起算，土地使用权出让金金额为 909 700 元。同日，庆阳市人民政府就前述 21 661.96 平方米土地向太一房地产公司颁发了庆市国用［2010］第 4106 号《国有土地使用证》。

2012 年 10 月 24 日，甘肃省天水市中级人民法院就居立门业公司诉庆阳市人民政府、第三人太一房地产公司土地管理行政登记一案作出［2012］天行初字第 04 号行政判决书：撤销庆阳市人民政府于 2010 年 6 月 17 日向第三人太一房地产公司颁发的庆市国用［2010］第 4106 号《国有土地使用证》。该案二审期间，各方当事人达成和解协议并履行完毕。2013 年 7 月 26 日，甘肃省高级人民法院裁定准予庆阳市人民政府、太一房地产公司撤回上诉。

再查明：太一工贸公司于 2013 年 1 月诉太一热力公司、第三人居立门业公司公司解散纠纷一案，太一工贸公司于 2013 年 1 月诉居立门业公司、第三人太一热力公司与居立门业公司反诉太一工贸公司、第三人太一热力公司股东出资纠纷一案，甘肃省庆阳市中级人民法院在重审中于 2014 年 12 月 15 日分别裁定准许太一工贸公司撤回起诉。

本案审理期间，经居立门业公司申请，一审法院于 2013 年 5 月委托甘肃茂源会计师事务有限公司对太一热力公司的盈余状况进行了审计。2015 年 2 月 9 日，甘肃茂源会计师事务有限公司出具甘茂会审字［2015］第 52 号《审计报告》，结论为：截至 2014 年 10 月 31 日，太一热力公司资产总额 93 635 362.38 元，其中货币资金 2 984 981.97 元、应收账款 33 900 000 元、其他应收款 21 657 860.38 元、固定资产 646 278.82 元、工程施工 34 446 241.21元；负债总额 4 856 924.26 元；所有者权益 88 778 438.12 元，其中实收资本 12 805 025.04 元、未分配利润 75 973 413.08 元；清算收益 112 067 641.39元，清算支出 36 094 228.31 元，清算净收益 75 973 413.08 元。

《审计报告》中的"重大事项说明"有以下几项内容：①截至 2013 年 8 月 31 日"工程施工"账面数 35 488 291.09 元，审计调整后 34 446 241.21 元。由于记入工程施工成本的附件大部分为白条、收据等，无法认定其真实性，所以工程施工 34 446 241.21 元暂时未转清算损益。②居立门业公司提供资料，太一热力公司在经营期间为世纪新村花园小区、太一地中海、贡园小区 1-16 某楼铺设、接通供热管道，并安装了换热站，应收取接口费 1038.21 万元，账面无反映。③公司资产明细账列支的其中一台锅炉金额 1 674 974.96 元，为无股东签字的白条入账，已做审计调整。经了解该锅炉为李某军于 2005 年购入，确实在收购中移交政府，根据甘肃正宇资产评估事务有限公司 2009 年 9 月 5 日出具的评估报告，该锅炉评估净值 743 580 元，不应作为公司收益参与股东分配。④公司账面反映实收资本 1 4980 000 元，审计调整后 12 805 025.04 元，大部分为现金记入或关联单位转账，并非投资款，并与公司章程、两次验资报告相互矛盾，本次审计对实收资本的真实性无法确认。该《审计报告》另外说明：本次审核暂按审计调整后利润总额 29 546 551.95 元计提企业所得税 7 386 637.99 元。因清算结果未确定，尚未对清算期间的清算所得计提所得税，以当地税务机关对清算所得期间所得的税款清算数为准。

该《审计报告》载明：太一热力公司应收账款 33 900 000 元，系 2010 年 9 月 8 日转入兴盛建安公司，于 2013 年 7 月 30 日收回 1 000 000 元，清算数 33 900 000 元；其他应收款 21 694 383.08 元中，兴盛建安公司 12 988 795.65 元。

居立门业公司对《审计报告》的质证意见为：①世纪新村花园小区、太一地中海城、贡园小区 1—16 某楼三个小区共计应缴接口费 1038 万元未作应收账款反映；②知立置业、市国税局、黄官寨东队三小区的供热"接口费"实际缴款金额与账目反映金额相差 115 万余元，应核查落实；③两个采暖季应收采暖费 9 044 821.88 元，账目中只显示 6 665 983.50 元，相差 2 378 838.38 元，应当在应收账款中反映；④第二个采暖季炉渣收入应有 20 万元，财务账目未显示，应核查落实；⑤单独开具四张煤运费、虚开煤运费发票、虚增主营业务成本 792 728.66 元问题，应核查落实；⑥2012 年至 2013 年清算费 3.6 万元应由李某军自行承担；⑦太一热力公司银行贷款 1000 万元由李某军自己公司长期占用，利息 2 319 118.75 元由太一热力公司支付，应增列 2 319 118.75 元应收账款；⑧在财务资料虚假、数据出入巨大的情况下，对工程施工费未作审计鉴证，应汇总相对真实的数字；⑨应对太一热力公司现金账目和账户进行全面盘点，核查净盈余的现金去向；⑩审计报告依据未列入《供热项目回购合同》和《资产移交清单》。

太一热力公司对《审计报告》的质证意见为：①《审计报告》第 3 项"不属于公司发生的锅炉款及费用 1 674 974.96 元"，根据甘肃正宇资产评估事务有限公司出具的《庆阳市太一热力公司房地产及设备评估报告》，收购后的上述资产已经成为政府资产，不应调减固定资产 1 674 974.96 元；②《审计报告》第 3 项"调整属于列账依据不足的成本费用 6 笔，金额 511 787.18 元"应予以认定；③《审计报告》第 3 项"调整政府收购行为结束后列支不属于公司发生的管理费用共 4 笔，金额 1 483 876 元"，属于太一热力公司的管理费用；④《审计报告》第 3 项"调整不应列支的税金 2 笔，金额 2 167 099 元"，除兴盛建安公司应承担的税金部分外，剩余税金 1 242 501.40 元应由太一热力公司承担；⑤《审计报告》中的"重大事项说明"第 1 项"工程施工账面数为 35 488 291.09 元，审计调整为 34 446 241.21 元，因为附件部分为白条、收据，审核组无法认定其真实性，34 446 241.21 元没有给出最终审计意见，在损益部分未作为成本在最终的利润部分予以抵扣"。该项工程已经得到政府的现场评估和收购，政府收购过程中的评估报告为第三方甘肃正宇资产评估事务有限公司，完全可以依据评估报告予以认定并在最终的审计利润中予以扣除。⑥《审计报告》中的"重大事项说明"第 2 项太一热力公司经营期间应收世纪新村花园小区、太一地中海、贡园小区 1-16 某楼三个小区应收接口费账面无反映问题。政府在收购热力公司时，资产评估总值 1.02 亿元，实际支付 6761 万元，差额 3000 多万元就是以太一热力公司收取的暖气"接口费"予以抵扣。三处暖气"接口费"如果当时付给太一热力公司，也会在政府拨款中扣除。根据庆阳市发改委文件，三处暖气"接口费"被政府取缔收缴，与太一热力公司没有任何关系。贡园小区建设单位为庆阳市人民政府，不属于太一热力公司开发项目。

一审法院认为：《公司法》第 4 条规定，公司股东依法享有资产收益、参与重大决策和选择管理者等权利。第 34 条规定，股东按照实缴的出资比例分取红利；公司新增资本时，股东有权优先按照实缴的出资比例认缴出资。但是，全体股东约定不按照出资比例分取红利或者不按照出资比例优先认缴出资的除外。第 166 条第 4 款规定，公司弥补亏损和提取公积金后所余税后利润，有限责任公司依照本法第 34 条的规定分配；股份有限公司按照股东持有的股份比例分配，但股份有限公司章程规定不按持股比例分配的除外。

太一热力公司章程第 14 条规定，公司股东会由全体股东组成，股东会是公司的权力机构；第 15 条规定，公司股东会行使下列职权：……⑦审议批准公司的利润分配方案和弥补亏损方案；第 27 条第 4 款规定，公司从当年税后利润中弥补上一年度亏损、提取公积金和公益金后所余利润，按照股东的出资比例分配。

太一热力公司章程及工商登记资料记载，该公司注册资本为 1000 万元。居立门业公司 2007 年受让张某龙持有 35%、李某军持有 5% 太一热力公司股份后，认缴公司出资额 400 万元，持有公司 40% 的股份，成为太一热力公司股东。根据《公司法》规定及太一热力公司章程，居立门业公司享有按照其在太一热力公司的出资比例分取红利的权利。太一热力公司应当依法向股东居立门业公司分配利润。

关于太一热力公司应当分配的利润数额。依据 2009 年庆阳市人民政府市长办公会第 23 期会议纪要、庆阳市西峰区人民政府与太一热力公司签订的《庆阳市西峰区新区集中供热站工程回购合同》，太一热力公司的资产，除

32.7 亩土地庆阳市政府允许该公司开发，土地性质依法依规转换之外，公司其他全部资产被庆阳市人民政府整体收购，已经办理移交手续。太一热力公司被庆阳市人民政府收购后未开展经营活动、未进行财务清算，太一热力公司认可公司存在盈余，但不能提供具体盈余数额。本案诉讼中，太一热力公司及其股东太一工贸公司、居立门业公司之间又因 32.7 亩土地分割、公司股东出资、公司解散发生诉讼，公司股东未能召开股东会，无法就公司盈余分配形成决议，太一热力公司的经营盈余数额成为需要专业机构鉴定的事项。经居立门业公司申请，一审法院委托的甘肃茂源会计师事务有限公司出具了甘茂会审字［2015］第 52 号《审计报告》，结论为：截至 2014 年 10 月 31 日，太一热力公司清算净收益 75 973 413.08 元。

　　根据该《审计报告》所附说明、太一热力公司和居立门业公司对《审计报告》的质证意见，《审计报告》中太一热力公司清算净收益 75 973 413.08 元，未核减"工程施工 34 446 241.21 元"，未计入"接口费"1038.21 万元，审计调整不应作为公司收益参与分配一台锅炉评估净值 743 580 元。太一热力公司、居立门业公司对工程施工费用金额存在争议，但均认为应从《审计报告》审定的净收益总额中扣除，故应按《审计报告》审计数额 34 446 241.21 元扣减；居立门业公司主张的"接口费"1038.21 万元，太一热力公司否认收取此项费用，《审计报告》认为审核账面无反映。该费用有政府确定的收费标准，应计入太一热力公司净收益；白条入账的一台锅炉已经移交收购方庆阳市政府，应依《审计报告》意见按评估净值 743 580 元从审计净收益总额中扣减。居立门业公司、太一热力公司提出其他应调增、调减的项目，《审计报告》均已表述处理，应以《审计报告》意见为准。故太一热力公司截至 2014 年 10 月 31 日可分配利润为 51 165 691.87 元（75 973 413.08 元 - 34 446 241.21元+10 382 100 元-743 580 元）。

　　关于太一热力公司应向居立门业公司分配利润的比例。《公司法》第 37 条第 1 款规定，公司股东会行使审议批准公司的利润分配方案和弥补亏损方案的职权，即公司股利分配属于公司股东大会决策事项。根据本案事实，2007 年居立门业公司受让取得股权成为太一热力公司股东，2009 年太一热力公司全部资产被庆阳市人民政府整体收购，至本案诉讼前，太一热力公司两股东未形成任何公司股利分配方案或者作出决定。太一热力公司存在可供分配的利润，但长期不向股东分配，严重损害股东合法权益。根据《公司法》

第 34 条、第 166 条第 4 款的规定，太一热力公司章程约定，应当按照股东的出资比例向股东分配红利。太一热力公司章程约定、工商登记记载居立门业公司的出资比例为 40%，故太一热力公司应向居立门业公司分配的盈余数额为 20 466 276.74 元（51 165 691.87 元×40%）。

太一热力公司长期占用居立门业公司应分配利润，应当按中国人民银行同期贷款利率支付资金占用期间的利息。根据查明的事实，2010 年 7 月 10 日，太一热力公司收到庆阳市经济发展投资有限公司支付的资产转让余款 57 616 003.25 元，故太一热力公司应从 2010 年 7 月 11 日起对应分配给居立门业公司的利润支付利息。

居立门业公司要求李某军承担连带责任的诉讼请求。居立门业公司起诉认为，李某军利用其太一热力公司法定代表人身份和控制地位，滥用职权，不但拒绝利润分配，而且在项目管理运营中，将政府给予的部分补贴资金和部分入网"接口费"收入挪为已用、对自己房地产项目应交的近 1000 万元"接口费"拖欠不交、将政府支付的收购现金转为已用、背着居立门业公司将太一热力公司盈余的 32.7 亩土地变更登记在自己的房地产公司名下，不断严重损害公司和股东利益，应当对太一热力公司向居立门业公司分配的利润承担连带清偿责任。

《公司法》第 21 条规定，公司的控股股东、实际控制人、董事、监事、高级管理人员不得利用其关联关系损害公司利益。违反前款规定，给公司造成损失的，应当承担赔偿责任；第 152 条规定，董事、高级管理人员违反法律、行政法规或者公司章程的规定，损害股东利益的，股东可以向人民法院提起诉讼。

李某军系太一热力公司执行董事、法定代表人，在庆阳市人民政府整体收购太一热力公司全部资产后，违反《公司法》及太一热力公司章程规定，未经公司股东会决策同意，将资产转让所得款项中 5600 万余元转入兴盛建安公司，由该公司长期占用，形成太一热力公司账面巨额应收款项，严重损害公司股东利益，给公司造成损失，应当对太一热力公司支付居立门业公司的盈余分配款承担赔偿责任。居立门业公司要求李某军承担赔偿责任的诉讼请求成立，应予支持。

综上，一审法院依照《公司法》第 4 条、第 21 条、第 34 条、第 37 条第 1 款、第 166 条第 4 款的规定，判决：①太一热力公司于判决生效后 10 日内支付居立门业公司盈余分配款 20 466 276.74 元；②太一热力公司按中国人民银行同期贷款利率向居立门业公司支付 20 466 276.74 元自 2010 年 7 月 11 日起至实际付清之日的利息；③如太一热力公司到期不能履行上述一、二项给付，由李某军承担赔偿责任。一审案件受理费 408 300 元，鉴定费 500 000 元，由太一热力公司、李某军负担。

二审中，双方当事人均提交了新证据。本院组织双方当事人进行了证据交换和质证。太一热力公司、李某军提交了《国家计委、财政部关于全面整顿住房建设收费取消部分收费项目的通知》（计价格〔2001〕585 号）、2007 年 2 月 7 日庆阳市人民政府第 3 号令、《甘肃省庆阳地区行署物价处、财政处、建设处转发省物价局、财政厅、建设厅关于印发甘肃省城市基础设施配套收费管理暂行办法》、庆阳市发改委〔2005〕331 号文件、编号 622801200639 建设用地规划许可证、庆阳市规划管理局建设工程规划许可证、建设工程许可证、国用〔2007〕第 3169 号国有土地使用权证、庆阳市人民政府有关情况说明等政府文件，用以证明不存在应收而未收案涉三个小区入网"接口费"问题。居立门业公司质证认为上述证据与本案没有关联性。本院认为，案涉三个小区是否存在应收未收入网"接口费"，不属于本案审理范围，故在本案中对上述证据不予采信。

居立门业公司提交兴盛建安公司、太一房地产公司、庆阳市太一小额贷款有限责任公司、庆阳太一股权投资基金管理中心等工商登记档案材料 4 份，用以证明前述四公司系李某军开办的关联公司。太一热力公司、李某军认可上述工商登记档案材料的真实性认可，本院予以采信。

本院经审理，对一审法院查明的事实予以确认。

本院认为，根据双方当事人的上诉请求和答辩意见，本案争议焦点是：①太一热力公司是否应向居立门业公司进行盈余分配；②如何确定居立门业公司应分得的盈余数额；③太一热力公司是否应向居立门业公司支付盈余分配款的利息；④李某军是否应对太一热力公司的盈余分配给付不能承担赔偿责任。根据本案审理查明的事实和相关法律规定，分析评判如下：

一、关于太一热力公司是否应向居立门业公司进行盈余分配的问题

太一热力公司、李某军上诉主张，因没有股东会决议故不应进行公司盈余分配。居立门业公司答辩认为，太一热力公司有巨额盈余，法定代表人恶意不召开股东会、转移公司资产，严重损害居立门业公司的股东利益，法院应强制判令进行盈余分配。本院认为，公司在经营中存在可分配的税后利润时，有的股东希望将盈余留作公司经营以期待获取更多收益，有的股东则希望及时分配利润实现投资利益，一般而言，即使股东会或股东大会未形成盈余分配的决议，对希望分配利润股东的利益不会发生根本损害。因此，原则上这种冲突的解决属于公司自治范畴，是否进行公司盈余分配及分配多少，应当由股东会作出公司盈余分配的具体方案。但是，当部分股东变相分配利润、隐瞒或转移公司利润时，则会损害其他股东的实体利益，已非公司自治所能解决，此时若司法不加以适度干预则不能制止权利滥用，亦有违司法正义。虽目前有股权回购、公司解散、代位诉讼等法定救济路径，但不同的救济路径对股东的权利保护有实质区别，故需司法解释对股东的盈余分配请求权进一步予以明确。为此，《最高人民法院关于适用〈中华人民共和国公司法〉若干问题的规定（四）》第15条规定："股东未提交载明具体分配方案的股东会或者股东大会决议，请求公司分配利润的，人民法院应当驳回其诉讼请求，但违反法律规定滥用股东权利导致公司不分配利润，给其他股东造成损失的除外。"在本案中，首先，太一热力公司的全部资产被整体收购后没有其他经营活动，一审法院委托司法审计的结论显示，太一热力公司清算净收益为 75 973 413.08 元，即使扣除双方有争议的款项，太一热力公司也有巨额的可分配利润，具备公司进行盈余分配的前提条件。其次，李某军同为太一热力公司及其控股股东太一工贸公司法定代表人，未经公司另一股东居立门业公司同意，没有合理事由将 5600 万余元公司资产转让款转入兴盛建安公司账户，转移公司利润，给居立门业公司造成损失，属于太一工贸公司滥用股东权利，符合《最高人民法院关于适用〈中华人民共和国公司法〉若干问题的规定（四）》第15条但书条款规定应进行强制盈余分配的实质要件。最后，前述司法解释规定了股东盈余分配的救济权利，但并未规定需以采取股权回购、公司解散、代位诉讼等其他救济措施为前置程序，居立门业公司对不同的救济路径有自由选择的权利。因此，一审判决关于太一热力公司应当进行盈余分配的认定有事实和法律依据，太一热力公司、李某军关于没有股东会决议不应进行公司盈余分配的上诉主张不能成立。

二、关于如何确定居立门业公司分得的盈余数额问题

太一热力公司、李某军上诉主张，《审计报告》采用了未经质证的证据材料作为审计依据且存在 6 项具体错误。居立门业公司答辩认为，一审判决对太一热力公司盈余数额的认定相对客观公正。本院认为，在未对盈余分配方案形成股东会或股东大会决议情况下司法介入盈余分配纠纷，系因控制公司的股东滥用权利损害其他股东利益，在确定盈余分配数额时，要严格公司举证责任以保护弱势小股东的利益，但还要注意优先保护公司外部关系中债权人、债务人等的利益。本案中，首先，一审卷宗材料显示，一审法院组织双方对公司账目进行了核查和询问，对《审计报告》的异议，一审庭审中也进行了调查和双方当事人的质证辩论。太一热力公司、李某军虽上诉主张审计材料存在未质证问题，但并未明确指出哪些材料未经质证，故本院对该上诉理由不予支持。其次，对于太一热力公司能否收取诉争的 1038.21 万元入网"接口费"，双方当事人各执一词，因该款项涉及案外人的实体权益，应当依法另寻救济路径解决，而不应在本案公司盈余分配纠纷中作出认定和处理，故该款项不应在本案中纳入太一热力公司的可分配利润，一审判决未予扣减不当，本院予以纠正。最后，太一热力公司、李某军上诉主张的《审计报告》其他 5 项具体问题，均属事实问题，其在二审中并未提交充分证据证明一审判决的相关认定有误，故本院不予调整。因此，居立门业公司应分得的盈余数额，以一审判决认定的太一热力公司截至 2014 年 10 月 31 日可分配利润 51 165 691.8 元为基数，扣减存在争议的入网"接口费"1038.21 万元，再按居立门业公司 40% 的股权比例计算，即为 16 313 436.72 元。

三、关于太一热力公司是否应向居立门业公司支付盈余分配款利息的问题

太一热力公司、李某军上诉主张，公司盈余分配的款项不应计算利息；居立门业公司答辩认为，李某军挪用公司收入放贷牟利，需对居立门业公司应分得的盈余款给付利息。本院认为，公司经营利润款产生的利息属于公司收入的一部分，在未进行盈余分配前相关款项均归属于公司；在公司盈余分配前产生的利息应当计入本次盈余分配款项范围，如本次盈余分配存在遗漏，仍属公司盈余分配后的资产。公司股东会或股东大会作出盈余分配决议时，

在公司与股东之间即形成债权债务关系，若未按照决议及时给付则应计付利息，而司法干预的强制盈余分配则不然，在盈余分配判决未生效之前，公司不负有法定给付义务，故不应计付利息。本案中，首先，居立门业公司通过诉讼应分得的盈余款项系根据本案司法审计的净利润数额确定，此前太一热力公司对居立门业公司不负有法定给付义务，若《审计报告》未将公司资产转让款此前产生的利息计入净利润，则计入本次盈余分配后的公司资产，不存在太一热力公司占用居立门业公司资金及应给付利息的问题。其次，李某军挪用太一热力公司款项到关联公司放贷牟利，系太一热力公司与关联公司之间如何给付利息的问题，居立门业公司据此向太一热力公司主张分配盈余款利息，不能成立。最后，居立门业公司一审诉讼请求中并未明确要求太一热力公司给付本判决生效之后的盈余分配款利息。因此，一审判决判令太一热力公司给付自 2010 年 7 月 11 日起至实际付清之日的利息，既缺乏事实和法律依据，也超出当事人的诉讼请求，本院予以纠正。

四、关于李某军是否应对太一热力公司的盈余分配给付不能承担赔偿责任的问题

李某军上诉主张其没有损害公司利益，一审判令其承担连带责任没有法律依据。居立门业公司答辩认为，李某军滥用法定代表人权利损害居立门业公司股东利益，应承担赔偿责任。本院认为，《公司法》第 20 条第 2 款规定"公司股东滥用股东权利给公司或者其他股东造成损失的，应当依法承担赔偿责任"，第 21 条规定"公司的控股股东、实际控制人、董事、监事、高级管理人员不得利用其关联关系损害公司利益。违反前款规定，给公司造成损失的，应当承担赔偿责任"，第 149 条规定"董事、监事、高级管理人员执行公司职务时违反法律、行政法规或者公司章程的规定，给公司造成损失的，应当承担赔偿责任"，第 152 条规定"董事、高级管理人员违反法律、行政法规或者公司章程的规定，损害股东利益的，股东可以向人民法院提起诉讼"。盈余分配是用公司的利润进行给付，公司本身是给付义务的主体，若公司的应分配资金因被部分股东变相分配利润、隐瞒或转移公司利润而不足以现实支付时，不仅直接损害了公司的利益，也损害到其他股东的利益，利益受损的股东可直接依据《公司法》第 20 条第 2 款的规定向滥用股东权利的公司股东

主张赔偿责任，或依据《公司法》第 21 条的规定向利用其关联关系损害公司利益的控股股东、实际控制人、董事、监事、高级管理人员主张赔偿责任，或依据《公司法》第 149 条的规定向违反法律、行政法规或者公司章程的规定给公司造成损失的董事、监事、高级管理人员主张赔偿责任。本案中，首先，李某军既是太一热力公司的法定代表人，又是兴盛建安公司的法定代表人，其利用关联关系将太一热力公司 5600 万余元资产转让款转入关联公司，若李某军不能将相关资金及利息及时返还太一热力公司，则李某军应当按照《公司法》第 21 条、第 149 的规定对该损失向公司承担赔偿责任。其次，居立门业公司应得的盈余分配先是用太一热力公司的盈余资金进行给付，在给付不能时，则李某军转移太一热力公司财产的行为损及该公司股东居立门业公司利益，居立门业公司可要求李某军在太一热力公司给付不能的范围内承担赔偿责任。最后，《公司法》第 152 条规定的股东诉讼系指其直接利益受到损害的情形，本案中李某军利用关联关系转移公司资金直接损害的是公司利益，应对公司就不能收回的资金承担赔偿责任，并非因直接损害居立门业公司的股东利益而对其承担赔偿责任，一审判决对该条规定法律适用不当，本院予以纠正。因此，一审判决判令太一热力公司到期不能履行本案盈余分配款的给付义务则由李某军承担赔偿责任并无不当，李某军不承担责任的上诉主张，本院不予支持。

综上，太一热力公司、李某军的上诉请求部分成立。本院依照《民事诉讼法》第 170 条第 1 款第 2 项之规定，判决如下：

（1）撤销甘肃省高级人民法院［2013］甘民二初字第 8 号民事判决；

（2）庆阳市太一热力有限公司于本判决生效后 10 日内给付甘肃居立门业有限责任公司盈余分配款 16 313 436.72 元；

（3）庆阳市太一热力有限公司到期不能履行上述给付义务，由李某军承担赔偿责任；

（4）驳回甘肃居立门业有限责任公司的其他诉讼请求。

一审案件受理费 408 300 元，由甘肃居立门业有限责任公司负担 170 466 元，庆阳市太一热力有限公司、李某军负担 237 834 元；鉴定费 500 000 元，由庆阳市太一热力有限公司、李某军负担。二审案件受理费 408 300 元，由甘肃居立门业有限责任公司负担 170 466 元，庆阳市太一热力有限公司、李某军负担 237 834 元。

本判决为终审判决。

审　判　长　黄　年

代理审判员　张　颖

代理审判员　郑　勇

二〇一七年十二月二十八日

书　记　员　乌宁于琪

（二）分析

中小股东利益被侵害案件时有发生，在实际业务中，中小股东利益被侵害需要考虑几个问题：①谁提起诉讼？是公司提起诉讼还是股东或监事等？不同主体提起的诉讼决定适用直接诉讼规定还是派生诉讼程序？提起什么请求对律师很重要，律师如未和委托人协商，则可能会少诉，这要求律师的接案笔录应做得较为详细。②财务转账可以作为关键判断点，复杂案例中可能会发生财务账簿和会计凭证被盗、被毁损的情况，在此情况下，审计或司法鉴定可能都无法进行，因此，这个时候财务转账等将成为证据挖掘的关键。③公司利益被侵害除涉及民事案件外，可能也会涉及职务侵占等犯罪行为，按照道理，法院应将相关当事人移送至侦查机关。在实际业务中，民事转刑事的案件并不经常发生，这有多方面的原因，一个原因是此前有文件提到公安机关不要轻易介入商事争议，另一个原因是法官和公安机关交涉过程中，公安机关有时会不愿意接受案件。这类情况下，法官移送和不移送似乎都有理由，但其实此类案件也给法官本身渎职带来了风险。④本案中涉及股东滥用权利、关联关系、财务审计数字的质证和分配盈余的基数问题，具有较强的技术性，分析中需要关注财务本身的概念；在审计质证过程中，一些律师由于缺乏经济知识，在质证中处于劣势，正常来说，有经济背景知识的律师有优势。一般而言，相关案件的当事人在这方面争议会较大，法学学生要真正想成为好律师，则应学习相关经济方面的专业知识。事实上，不懂财务可能真的很难做好公司法律师。⑤盈余分配属于公司自治范畴还是可以要求分配的范畴取决于对实际情况的把握，也取决于原章程的约定，公司还是需要在章程设计上做好筹划。

十五、揭开法人面纱案——案例一

（一）案例

亿达信煤焦化能源有限公司与四平现代钢铁有限公司

等买卖合同纠纷上诉案

中华人民共和国最高人民法院民事判决书

[2017] 最高法民终 87 号

上诉人（原审原告）：亿达信煤焦化能源有限公司。

法定代表人：刘某，该公司董事长。

委托诉讼代理人：孙某泉，黑龙江桃峰律师事务所律师。

委托诉讼代理人：魏某梅，黑龙江大众律师事务所律师。

被上诉人（原审被告）：四平现代钢铁有限公司。

管理人：四平浩天会计师事务所有限公司。

管理人法定代表人：任某富，该事务所负责人。

委托诉讼代理人：王某枫，吉林辅民律师事务所律师。

被上诉人（原审被告）：四平红嘴集团总公司。

法定代表人：卢某民，该公司总裁。

委托诉讼代理人：邱某，吉林辅民律师事务所律师。

被上诉人（原审被告）：××飞。

上诉人亿达信煤焦化能源有限公司（以下简称"亿达信公司"）因与被上诉人四平现代钢铁有限公司（以下简称"现代钢铁公司"）、四平红嘴集团总公司（以下简称"红嘴集团"）、××飞买卖合同纠纷一案，不服吉林省高级人民法院 [2016] 吉民初 17 号民事判决，向本院提起上诉。本院于 2017 年 2 月 16 日立案后，依法组成合议庭，开庭进行了审理。上诉人亿达信公司委托诉讼代理人孙某泉、魏某梅，被上诉人现代钢铁公司管理人委托诉讼代理人王某枫，被上诉人红嘴集团委托诉讼代理人邱某到庭参加诉讼。××飞经本院传票传唤，无正当理由拒不到庭。本案现已审理终结。

亿达信公司上诉请求：①撤销吉林省高级人民法院 [2016] 吉民初 17 号

民事判决第二项；②改判红嘴集团、××飞对现代钢铁公司拖欠亿达信公司货款 67 091 002.59 元以及相应利息承担连带清偿责任；③本案二审诉讼费由现代钢铁公司、红嘴集团、××飞负担。事实和理由：①红嘴集团、××飞应对现代钢铁公司的欠款债务承担连带清偿责任。现代钢铁公司至 2009 年 11 月 23 日的注册资本为 80 743 万元，红嘴集团作为最大控股股东，将其持有的现代钢铁公司 99.815% 的股权以零元价格、0.037% 的股权以 1 元价格转让给××飞，这种以明显不合理低价转让股权的行为违背诚实信用原则，不仅影响公司本身的财产权益，亦影响公司债权人的利益，属股东之间恶意串通、滥用公司法人独立地位和股东有限责任，逃避公司债务损害债权人利益的情形，依法应认定为无效。亿达信公司有充分理由产生合理怀疑，红嘴集团与现代钢铁公司之间存在关联交易，二者之间存在资产混同、业务混同情况，红嘴集团存在虚假出资、出资不到位、抽逃出资行为，违反了《公司法》第 20 条等相关法律规定，红嘴集团、××飞应对现代钢铁公司的债务承担连带清偿责任。②一审判决确定的案由错误。亿达信公司起诉的案由为买卖合同纠纷及股东损害公司债权人利益责任纠纷，一审法院仅以买卖合同纠纷审理本案错误，二审应予纠正。③一审法院对亿达信公司调取证据、审计鉴定的申请不予准许，违反民事诉讼法的规定，剥夺了当事人的诉讼权利。现代钢铁公司、红嘴集团 2012 年至 2015 年开户银行账号交易流水明细及财务收支明细是证明现代钢铁公司、红嘴集团之间是否存在关联交易、法人人格混同的直接证据，亿达信公司因客观原因无法调取，依法申请一审法院调取以上证据和进行审计，该院不予准许违反法律规定。根据《最高人民法院关于适用〈中华人民共和国民事诉讼法〉的解释》（以下简称《民事诉讼法解释》）第 103 条的规定，涉及商业秘密的证据并非不得调取，仅是不得公开质证。亿达信公司提供了需要调取证据及审计的相关线索，且提出现代钢铁公司的银行贷款并未全部用于该公司的生产经营以及偿还公司债务，而是分别转移到红嘴集团名下以及其他股东亲属朋友名下。是否刑事救济、工商行政处罚以及有无刑事案件侦查结论等也不是认定红嘴集团、××飞应否承担民事责任的必要条件。

现代钢铁公司辩称：①亿达信公司与现代钢铁公司之间的债权债务关系真实存在，现代钢铁公司已进入破产清算程序，亿达信公司已向破产管理人申报债权，该债权已得到初步确认，由于第二次债权人会议暂未召开，尚未对外公布正式确认债权的法律文书。②红嘴集团、××飞之间转让股权属于股东之间自身权利义务的调整，未对亿达信公司产生影响，现代钢铁公司破产是受行业大环境的影响，红嘴集团、××飞不应对现代钢铁公司的债务承担连带责任。③现代钢铁公司破产管理人正在对该公司的所有财务状况进行审计，亿达信公司要求审计的内容包含在现代钢铁公司的破产审计中，本案无需另行审计。综上，一审判决正确，请求二审法院驳回上诉，维持原判。

红嘴集团辩称：①红嘴集团足额缴纳了对现代钢铁公司的出资，不存在虚假出资情况，亦不存在下列抽逃出资的行为：其一，红嘴集团没有将出资款项转入现代钢铁公司账户后又在验资后转出；其二，该集团没有通过虚构债权债务关系变相将出资转出；其三，现代钢铁公司没有分配过利润，不存在通过虚增利润进行分配的方式变相将出资转出。红嘴集团不但没有抽逃出资，而且对现代钢铁公司享有 1.7 亿元的债权。另外，红嘴集团没有与现代钢铁公司资产混同、业务混同、营业场所混同。②红嘴集团是管理性公司，不进行经营性活动，故不存在关联交易。③红嘴集团与××飞之间的股权转让行为未违反公司法关于公司股东转让股权的规定。④亿达信公司申请法院调取现代钢铁公司、红嘴集团 2012 年至 2015 年开户银行账号交易流水明细并审计现代钢铁公司及红嘴集团财务账目无法律依据。亿达信公司的申请违背"谁主张，谁举证"的原则且泄露红嘴集团的商业秘密。⑤现代钢铁公司已进入破产程序，通过破产程序审计，能够查清红嘴集团是否虚假出资、抽逃出资、资产混同等情况。即使公司股东与公司资产混同，或存在出资不实、抽逃出资的情形，亦只能通过破产程序追收相关财产归入债务人财产，由全体债权人分配，而不能单独对某一债权人予以偿还。综上，一审判决正确，请求二审法院驳回上诉，维持原判。

××飞未提交答辩意见。

亿达信公司向一审法院起诉请求：①现代钢铁公司立即给付拖欠亿达信公司的货款 67 091 002.59 元；②现代钢铁公司承担违约责任，赔偿逾期付款期间给亿达信公司造成的经济损失（从 2015 年 8 月 15 日开始暂计算至立案之日，以欠款金额为基数，以同期中国人民银行贷款年利率 5.5% 的 2 倍作为计息利率，自 2015 年 8 月 15 日计算至 2016 年 4 月 27 日，共计 5 155 897.6 元）；③红嘴集团对现代钢铁公司上述债务承担连带清偿责任；④××飞对现代钢铁公司的上述债务承担连带清偿责任；⑤诉讼费用由现代钢铁公司、红嘴集团、××飞负担。

一审法院认定事实：2012年3月21日，亿达信公司（供方）与现代钢铁公司（需方）签订《焦炭购销合同》。合同主要内容有：产品名称：冶金焦炭；产品规格：40mm～80mm；数量：10 000吨/月；单价1870元/吨（含税包到价）；交货时间：2012年3月21日到2012年12月31日；产品执行标准：GB/T1996-2003冶金焦炭二级标准；产品数量：数量以四平铁路轨道衡检斤重量为准，此结果作为双方最终结算依据；产品价格：随行就市，以调价函方式，双方协商；货款的结算：货到验收合格后两票结算（铁路运输票据、17%增值税发票），需方以银行承兑汇票方式向供方每月结算一次。

2012年6月4日，亿达信公司与现代钢铁公司签订《焦粉购销合同》，除供货品种、规格、数量、单价、交货时间外，其他合同主要内容基本与2012年3月21日签订的《焦炭购销合同》一致。

2012年10月9日、2013年1月4日、2014年1月1日、2015年1月8日，亿达信公司与现代钢铁公司又多次签订《焦炭购销合同》，除供货数量、单价、交货时间外，其他合同主要内容基本与2012年3月21日签订的《焦炭购销合同》一致。

2012年至2015年，亿达信公司根据前述合同持续向现代钢铁公司供货，现代钢铁公司向亿达信公司以汇票、汇款等方式给付货款。期间，双方多次对账，签订多份《债务确认函》《抹账协议》《结算单》，现代钢铁公司亦多次出具《说明》。双方均认可自2012年2月至2015年8月14日，现代钢铁公司共计拖欠亿达信公司货款67 091 002.59元。因现代钢铁公司未给付上述所欠货款，亿达信公司诉至法院。

另查明，2014年3月18日，红嘴集团将其持有的现代钢铁公司99.815%的股权以零元对价转让给××飞。2015年6月17日，红嘴集团将其持有的现代钢铁公司0.037%的股权以1元对价转让给××飞。2015年6月17日，××飞将其持有的现代钢铁公司29.916%的股权以1元对价转让给×××，将其持有的现代钢铁公司19%的股权以1元对价转让给高某华。

再查明，在本案审理期间，吉林省四平市中级人民法院于2016年6月30日作出［2016］吉03民破1号民事裁定书，裁定受理四平红嘴重型装备有限公司对现代钢铁公司的破产清算申请，并于2016年7月14日作出［2016］吉03民破1号决定书，指定四平浩天会计师事务所有限公司担任该破产清算中现代钢铁公司的管理人。

一审法院认为，本案的焦点问题为：①现代钢铁公司应给付亿达信公司拖欠的货款本金及利息数额；②红嘴集团、××飞应否对现代钢铁公司前述给付义务承担连带清偿责任；③本案应否中止审理。

关于货款本金。《合同法》第 107 条规定："当事人一方不履行合同义务或者履行合同义务不符合约定的，应当承担继续履行、采取补救措施或者赔偿损失等违约责任。"第 109 条规定："当事人一方未支付价款或者报酬的，对方可以要求其支付价款或者报酬。"本案中，作为买卖合同出卖方的亿达信公司已按合同约定履行了供货义务，现代钢铁公司作为买方未能按合同约定按期支付货款，属于合同违约，应按前述法律规定，承担违约责任。双方对于现代钢铁公司尚欠亿达信公司货款 67 091 002.59 元的事实均无异议，一审法院予以确认。亿达信公司要求现代钢铁公司给付尚欠货款 67 091 002.59 元的诉讼请求，符合法律规定，予以支持。

关于利息损失数额问题。《最高人民法院关于审理买卖合同纠纷案件适用法律问题的解释》第 24 条第 4 款规定："买卖合同没有约定逾期付款违约金或者该违约金的计算方法，出卖人以买受人违约为由主张赔偿逾期付款损失的，人民法院可以中国人民银行同期同类人民币贷款基准利率为基础，参照逾期罚息利率标准计算。"《中国人民银行关于人民币贷款利率有关问题的通知》第 3 条规定："逾期贷款（借款人未按合同约定日期还款的借款）罚息利率由现行按日万分之二点一计收利息，改为在借款合同载明的贷款利率水平上加收 30%~50%。"本案中，双方供货合同未约定逾期付款违约金或者该违约金的计算方法，而现代钢铁公司拖欠货款自 2012 年至 2015 年，违约时间较长，且至今仍未偿付，该违约行为对亿达信公司影响较大。因此，一审法院结合本案双方的合同实际履行情况、当事人预期利益等综合因素，根据公平原则和诚实信用原则，确定现代钢铁公司应给付亿达信公司欠款利息为：以前述应付欠款 67 091 002.59 元为计息本金，以中国人民银行 3 年~5 年中长期贷款基准利率上浮 50% 为计息利率，自 2015 年 8 月 15 日起计算至实际给付完毕之日止。

关于红嘴集团、××飞应否对现代钢铁公司前述给付义务承担连带清偿责任的问题。亿达信公司主张红嘴集团、××飞应承担连带清偿责任的理由主要有三：①红嘴集团和××飞作为现代钢铁公司股东，恶意转让股权，逃避公司债务。②红嘴集团和现代钢铁公司之间存在关联交易行为，红嘴集团作为股东与公司存在资产混同、业务混同，现代钢铁公司的人格被红嘴集团所吸收而不独立。③红嘴集团存在虚假出资、出资不到位、抽逃出资，严重侵害亿达信公司等债权人的合法权益。关于第一个和第二个理由，其法律依据为《公司法》第 20 条关于"公司股东应当遵守法律、行政法规和公司章程，依法行使股东权利，不得滥用股东权利损害公司或者其他股东的利益；不得滥用公司法人独立地位和股东有限责任损害公司债权人的利益。公司股东滥用股东权利给公司或者其他股东造成损失的，应当依法承担赔偿责任。公司股东滥用公司法人独立地位和股东有限责任，逃避债务，严重损害公司债权人利益的，应当对公司债务承担连带责任"的规定及第 216 条第 4 款关于"关联关系，是指公司控股股东、实际控制人、董事、监事、高级管理人员与其直接或者间接控制的企业之间的关系，以及可能导致公司利益转移的其他关系。但是，国家控股的企业之间不仅因为同受国家控股而具有关联关系"的规定。第三个理由的法律依据为《公司法》第 28 条关于"股东应当按期足额缴纳公司章程中规定的各自所认缴的出资额"、第 35 条关于"公司成立后，股东不得抽逃出资"、《最高人民法院关于适用〈中华人民共和国公司法〉若干问题的规定（三）》（以下简称《公司法解释（三）》）第 13 条第 2 款关于"公司债权人请求未履行或者未全面履行出资义务的股东在未出资本息范围内对公司债务不能清偿的部分承担补充赔偿责任的，人民法院应予支持；未履行或者未全面履行出资义务的股东已经承担上述责任，其他债权人提出相同请求的，人民法院不予支持"、第 14 条第 2 款关于"公司债权人请求抽逃出资的股东在抽逃出资本息范围内对公司债务不能清偿的部分承担补充赔偿责任、协助抽逃出资的其他股东、董事、高级管理人员或者实际控制人对此承担连带责任的，人民法院应予支持；抽逃出资的股东已经承担上述责任，其他债权人提出相同请求的，人民法院不予支持"的规定。但是，第一个理由中，红嘴集团、××飞转让股份的行为仅处置了其作为公司股东的自身股份，其影响仅限于自身的股份权益，现代钢铁公司未能证明二者对现代钢铁公司资产作出了实际处分，以及因转让股份导致公司资产减少乃至产生损害公司债权人的后果；第二个理由中，亿达信公司提供的现代钢铁公司工商档案复印件、红嘴集团的工商档案复印件，记载的主要是二公司设立以及公司股东、股权变动情况，并不能证明红嘴集团和现代钢铁公司之间存在关联交易行为及二者资产混同、业务混同的情况；第三个理由中，现代钢铁公司已提交了其记账凭证证明其足额出资及不存在抽逃出资的情况，亿达信公司本案提供的现代钢铁公司工商档案复印件、红嘴集团的工商档案复印件亦不能证明红嘴集团存在虚假出资、出资不到位、抽逃出资的情形。另外，亿达信公司申请调取现代钢铁公司、红嘴集团 2012 年至 2015 年开户银行账号交易记录明细及申请调取、审计三年的财务收支明细，并主张以上三个理由亦建立在调取证据和审计财务结果的基础上。但亿达信公司对以上申请的理由和目的仅为其主观怀疑，没有提供相关线索及其他证据，未能形成法律规定的合理怀疑，且有可能侵犯红嘴集团合法商业秘密，一审法院不予支持。并且，亿达信公司关于红嘴集团、××飞的相关主张，在未寻求刑事救济，未有工商部门处罚、刑事案件侦查结论等证据的情况下，并无依据，故对其主张不予支持。

关于本案应否中止审理的问题。现代钢铁公司、红嘴集团主张案件应予中止的法律依据为《企业破产法》第 20 条关于"人民法院受理破产申请后，已经开始而尚未终结的有关债务人的民事诉讼或者仲裁应当中止；在管理人接管债务人的财产后，该诉讼或者仲裁继续进行"及《最高人民法院关于适用〈中华人民共和国企业破产法〉若干问题的规定（二）》第 21 条关于"破产申请受理前，债权人就债务人财产提起下列诉讼，破产申请受理时案件尚未审结的，人民法院应当中止审理：（一）主张次债务人代替债务人直接向其偿还债务的；（二）主张债务人的出资人、发起人和负有监督股东履行出资义务的董事、高级管理人员，或者协助抽逃出资的其他股东、董事、高级管理人员、实际控制人等直接向其承担出资不实或者抽逃出资责任的；（三）以债务人的股东与债务人法人人格严重混同为由，主张债务人的股东直接向其偿还债务人对其所负债务的；（四）其他就债务人财产提起的个别清偿诉讼。债务人破产宣告后，人民法院应当依照企业破产法第四十四条的规定判决驳回债权人的诉讼请求。但是，债权人一审中变更其诉讼请求为追收的相关财产归入债务人财产的除外。债务人破产宣告前，人民法院依据企业破产法第十二条或者第一百零八条的规定裁定驳回破产申请或者终结破产程序的，上述中止审理的案件应当依法恢复审理"的规定。但是，本案诉讼发生于人民法院受理破产清算申请前，且目前已有管理人接管债务人的财产，破产清算尚在进行中，债务人破产宣告并未完成，不属于以上法律规定的中止诉讼情形。因此，对于现代钢铁公司、红嘴集团关于案件应予中止审理的主张不予支持。

综上，现代钢铁公司合同违约，应承担相应违约责任，亿达信公司的该部分诉讼主张成立，应予支持。一审法院依照《合同法》第 107 条、第 109 条，《最高人民法院关于审理买卖合同纠纷案件适用法律问题的解释》第 24 条第 4 款，《最高人民法院关于适用〈中华人民共和国民事诉讼法〉的解释》第 106 条，《民事诉讼法》第 152 条的规定，判决：①现代钢铁公司在判决生效后立即给付亿达信公司所欠货款 67 091 002.59 元及相应利息（利息以 67 091 002.59 元为计息本金，以中国人民银行 3 年至 5 年中长期贷款基准利率上浮 50% 为计息利率，自 2015 年 8 月 15 日起计算至实际给付完毕之日止）；②驳回亿达信公司其他诉讼请求。一审案件受理费 377 255 元，由现代钢铁公司负担。

二审中，当事人没有提交新证据。

本院二审查明的事实与一审查明事实相同。

本院认为，综合本案各方当事人的诉辩情况，经征得各方当事人的同意，本案的争议焦点为：①红嘴集团、××飞应否对现代钢铁公司拖欠亿达信公司的货款本息承担连带清偿责任；②本案案由应如何确定；③一审法院对亿达信公司提出的调取证据和财务收支明细审计申请不予准许，是否违反民事诉讼法的规定及剥夺当事人的诉讼权利。

一、关于红嘴集团、××飞应否对现代钢铁公司拖欠亿达信公司的货款本息承担连带清偿责任的问题

（1）红嘴集团、××飞低价转让现代钢铁公司股权是否属于滥用法人人格逃避债务，损害债权人利益的情形。《公司法》第 20 条第 3 款规定："公司股东滥用公司法人独立地位和股东有限责任，逃避债务，严重损害公司债权人利益的，应当对公司债务承担连带责任。"该条是关于公司人格否认制度的规定。人格独立与股东有限责任作为公司制度得以确立的基石，表现为公司具有独立财产、独立承担民事责任以及股东仅以出资额为限对公司债务承担责任两个方面，但股东与公司债务的分离常导致股东利用其优势地位从事滥用法人人格损害债权人利益的行为，为实现公平正义的法律价值，《公司法》第 20 条第 3 款规定特定情形下公司债权人可直接请求股东偿还公司债务，股东不再受有限责任的保护。本案中，红嘴集团分别以零元及 1 元的价格将其持有的现代钢铁公司共计 99.852% 的股权转让给××飞，××飞又将其持有的该公

司 29.916%的股权和 19%的股权分别以 1 元价格转让给×××和高某华，上述股权转让行为是否属于滥用公司人格、损害债权人利益的行为，应从公司人格与股东人格是否混同、股权转让行为是否造成公司责任财产不当减少从而降低公司对外偿债能力等方面进行分析判断。首先，公司法人人格独立建立在财产独立的基础之上，是否贯彻财产、利益、业务、组织机构等方面的分离，是判断是否构成人格混同的标准。本案中，亿达信公司在一审中提交、各方当事人对真实性均无异议的现代钢铁公司的工商登记资料载明，现代钢铁公司增资后实收资本为 80 743 万元，其中红嘴集团以货币和实物出资方式实缴出资 80 594 万元。工商登记资料具有推定效力，在无相反证据推翻的情况下，依据该证据能够认定红嘴集团履行了出资义务。股东出资后其出资即与股东相分离成为公司财产，故现代钢铁公司具有独立于控股股东红嘴集团的独立财产。再结合两公司的企业法人营业执照、现代钢铁公司章程等证据来看，两公司的住所地、法定代表人及组织机构等并不相同，亦无证据证明二者存在业务和利益分配上的混同，故不能认定现代钢铁公司与其控股股东红嘴集团之间存在人格混同的情形。其次，股权与公司财产相分离，股东转让股权是股东对自有权利的处分，影响的是股东自身权益，对公司财产并不产生直接影响。股权转让价格的高低在一定程度上反映公司的经营状况，对此红嘴集团在本案二审庭审中也陈述低价转让股权的原因是现代钢铁公司存在巨额负债，经营状况严重恶化。从之后不久现代钢铁公司即被债权人申请破产的事实来看，红嘴集团所陈述的低价转让股权的原因具有一定的可信度。本案并无证据证明红嘴集团、××飞通过低价转让股权的方式处分了现代钢铁公司的财产，导致该公司偿债能力降低，损害了亿达信公司的利益。因此，红嘴集团、××飞低价转让股权的行为不属于《公司法》第 20 条第 3 款规定的情形，亿达信公司依据该规定上诉主张红嘴集团、××飞应对现代钢铁公司的欠债承担连带责任，理据不足，本院不予支持。

（2）红嘴集团是否存在虚假出资、抽逃出资的行为。《公司法解释（三）》第 13 条第 2 款规定："公司债权人请求未履行或者未全面履行出资义务的股东在未出资本息范围内对公司债务不能清偿的部分承担补充赔偿责任的，人民法院应予支持；未履行或者未全面履行出资义务的股东已经承担上述责任，其他债权人提出相同请求的，人民法院不予支持。"《公司法解释（三）》第 14 条第 2 款规定："公司债权人请求抽逃出资的股东在抽逃出资本息范围内对公司债务不能清偿的部分承担补充赔偿责任、协助抽逃出资的其他股东、董事、高级管理人员或者实际控制人对此承担连带责任的，人民法院应予支持；抽逃出资的股东已经承担上述责任，其他债权人提出相同请求的，人民法院不予支持。"上述规定是关于公司股东对公司债务承担补偿赔偿责任的规定，其要旨也是为了切实保护公司债权人的利益，在公司股东存在虚假出资、抽逃出资情形时否认股东与公司的人格分离以及股东的有限责任，而令股东在未出资或抽逃出资本息范围内对公司债务承担补充赔偿责任。股东对公司债务承担的此种民事责任为补充连带责任，这有别于《公司法》第20条第3款公司人格否认制度所规定的连带责任。本案中，就红嘴集团是否虚假出资、出资不实的问题而言，如前所述，在无相反证据推翻的情况下，现代钢铁公司的工商登记资料能够证明红嘴集团实际认缴出资、全面履行出资义务的事实，故本案不存在《公司法解释（三）》第13条第2款规定的情形。就红嘴集团是否抽逃出资的问题而言，应依据《公司法解释（三）》第12条来进行认定。《公司法解释（三）》第12条规定："公司成立后，公司、股东或者公司债权人以相关股东的行为符合下列情形之一且损害公司权益为由，请求认定该股东抽逃出资的，人民法院应予支持：（一）制作虚假财务会计报表虚增利润进行分配；（二）通过虚构债权债务关系将其出资转出；（三）利用关联交易将出资转出；（四）其他未经法定程序将出资抽回的行为。"亿达信公司在本案中所举的证据，缺乏与抽逃出资的关联性，不能证明红嘴集团存在上述五种抽逃出资行为，也不能使法官对股东抽逃出资产生合理怀疑；且依常理，亿达信公司若对股东抽逃出资产生怀疑又不能依法取证的话，其应穷尽包括工商行政处罚、刑事侦查在内的救济手段，但其并未积极寻求多种救济手段以获取相关证据线索。据此，不能认定红嘴集团、××飞存在《公司法解释（三）》第12条所规定的股东抽逃出资行为。综合以上两个方面的分析，亿达信公司以虚假出资、抽逃出资为由请求红嘴集团对现代钢铁公司的债务承担连带清偿责任，理据不足，本院不予支持。

（3）红嘴集团与现代钢铁公司之间是否存在关联交易。《公司法》第21条规定："公司的控股股东、实际控制人、董事、监事、高级管理人员不得利用其关联关系损害公司利益。违反前款规定，给公司造成损失的，应当承担赔偿责任。"第216条第4项规定："关联关系，是指公司控股股东、实际控制人、董事、监事、高级管理人员与其直接或者间接控制的企业之间的关系，以及可能导致公司利益转移的其他关系。但是，国家控股的企业之间不仅因为同受国家控股而具有关联关系。"依据上述规定，公司法限制大股东及公司高级管理人员与公司进行关联交易，损害公司利益，但并非对关联交易一律禁止，对于不损害公司利益的关联交易在一定程度上是允许的，故《公司法》第21条所规定的赔偿责任，应以关联交易损害公司利益为前提。而且，关联交易所产生的责任，是从事关联交易的公司控股股东及高级管理人员对公司的损害赔偿责任，责任的受偿主体是公司而不是公司的债权人。本案二审庭审中，亿达信公司主张红嘴集团对现代钢铁公司享有债权属于关联交易，红嘴集团对其享有现代钢铁公司债权的事实亦不否认，且主张该集团已在现代钢铁公司破产清算程序中申报了债权，但亿达信公司并未举证证明红嘴集团与现代钢铁公司之间的交易行为损害了现代钢铁公司的利益。退一步讲，即便红嘴集团对现代钢铁公司享有债权是基于关联交易且损害了现代钢铁公司的利益，其产生的责任也是股东红嘴集团对现代钢铁公司负有的损害赔偿责任，亿达信公司作为债权人无权要求红嘴集团承担现代钢铁公司的债务清偿责任。据此，亿达信公司以关联交易为由要求红嘴集团对现代钢铁公司的欠款债务承担连带清偿责任，理据不足，本院不予支持。

二、关于本案案由应如何确定的问题

民事案件的案由应当依据当事人主张的法律关系的性质来确定，同一诉讼中涉及两个以上法律关系的，应当依据当事人诉争的法律关系的性质确定案由。亿达信公司提起本案诉讼的目的是追讨货款，争议的法律关系为其与现代钢铁公司之间的买卖合同关系，至于亿达信公司要求红嘴集团、××飞对现代钢铁公司的债务承担连带责任，属于对同一合同之债责任主体的确定问题，当事人诉争的基础法律关系仍是买卖合同关系。而且，一审法院对亿达信公司与现代钢铁公司之间的债权债务关系以及红嘴集团、××飞应否承担连带责任的问题均进行了审理，亿达信公司关于本案案由应认定为买卖合同纠纷及股东损害公司债权人利益责任纠纷的上诉主张，对本案的实体审理并不产生实质影响，达不到攻击一审判决、实现改判的效果。因此，本院对亿达信公司的该项上诉主张不予支持。

三、关于一审法院对亿达信公司提出的调取证据和财务收支明细审计申请不予准许，是否违反民事诉讼法的规定及剥夺当事人诉讼权利的问题

本案一审中，亿达信公司申请调取现代钢铁公司、红嘴集团 2012 年至 2015 年开户银行账号交易记录明细及对三年的财务收支明细进行审计，拟证明红嘴集团滥用公司法人人格损害债权人利益、虚假出资或抽逃出资以及其与现代钢铁公司存在关联交易，一审法院对其申请未予准许并无不当。其一，银行账号交易情况及财务收支情况是涉及公司财产利益和商业秘密的交易信息，除特定情形以外公司无对外披露义务。人民法院应当尊重和维护商事主体的财产信息，人民法院不是侦查机关，不可能对没有任何证据指向的问题随意依职权调取证据。其二，本案一审中，现代钢铁公司已进入破产清算程序，该公司的破产管理人依职责应调查债务人的财产状况，制作财产状况报告，亿达信公司申请调取的上述信息能够通过破产审计予以明确，故本案无需另行调取及审计。其三，亿达信公司对现代钢铁公司的债权并不享有别除权，该公司不能单独受偿。据此，一审法院对亿达信公司调取证据和审计鉴定的申请不予准许并无不当，亿达信公司的该项上诉主张不成立，本院不予支持。

综上所述，亿达信公司的上诉请求不能成立，应予驳回；一审判决认定事实清楚，适用法律正确，应予维持。本院依照《民事诉讼法》第 170 条第 1 款第 1 项的规定，判决如下：

驳回上诉，维持原判。

二审案件受理费 377 255 元，由亿达信煤焦化能源有限公司负担。

本判决为终审判决。

审 判 长　潘　杰

审 判 员　李桂顺

审 判 员　武建华

二〇一七年五月十五日

法官助理　汪传海

书 记 员　张　崇

（二）分析

公司法案件相对复杂，相对合同来讲，公司法案件涉及的当事人普遍更多。公司法案件经常涉及调取证据和审计、司法鉴定问题，本案对此作出了回应。法院不是侦查机关，如果当事人要申请调取证据，应有基础性的指向，并有基础事实能证明该类申请需要法院进行相应操作，否则法院可能会驳回该申请。

在法院采取不予置理行为时，法院其实也面临风险，因为法院要查明事实，在当事人提出申请时，如果法院未被动或主动查明事实，则法院可能会有一定的过失。这种过失对法官来讲可能构成法律风险。因此，在没有进一步法律规定的情况下，法官比较稳妥的办法是调取相应证据，或对当事人有理有据地给予回应。查明事实和侦查是两个不同的概念。侦查是刑事案件公安机关的职权，查明事实是法院的职权所在。

本案还涉及案由问题。其实，案由的确定和审理并无必然关系，因此对这一问题的论述可能没有太大的必要性。

揭开法人面纱是一个争议非常大的领域。毕竟投资人设立公司就是为了享受有限责任的保护，因此揭开法人面纱适用必须特别谨慎。实际业务中，机构混同、财务混同、人员混同、工具说等都可能引发揭开法人面纱。然而，即便如此，揭开法人面纱的程度仍需要考量，并非必然承担全部的连带责任。而可能是有限度的连带责任，这里的有限度和有限投资是两个不同的概念。实践中，不揭开法人面纱的可能性更大。

《九民纪要》对揭开法人面纱作了如下规定："10.【人格混同】认定公司人格与股东人格是否存在混同，最根本的判断标准是公司是否具有独立意思和独立财产，最主要的表现是公司的财产与股东的财产是否混同且无法区分。在认定是否构成人格混同时，应当综合考虑以下因素：（1）股东无偿使用公司资金或者财产，不作财务记载的；（2）股东用公司的资金偿还股东的债务，或者将公司的资金供关联公司无偿使用，不作财务记载的；（3）公司账簿与股东账簿不分，致使公司财产与股东财产无法区分的；（4）股东自身收益与公司盈利不加区分，致使双方利益不清的；（5）公司的财产记载于股东名下，由股东占有、使用的；（6）人格混同的其他情形。在出现人格混同的情况下，往往同时出现以下混同：公司业务和股东业务混同；公司员工与股东员工混同，特别是财务人员混同；公司住所与股东住所混同。人民法院在审理案件时，关键要审查是否构成人格混同，而不要求同时具备其他方面的混同，其他方面的混同往往只是人格混同的补强。11.【过度支配与控制】公司控制股东对公司过度支配与控制，操纵公司的决策过程，使公司完全丧失独立性，沦为控制股东的工具或躯壳，严重损害公司债权人利益，应当否认公司人格，由滥用控制权的股东对公司债务承担连带责任。实践中常见的情形包括：（1）母子公司之间或者子公司之间进行利益输送的；（2）母子公司或者子公司之间进行交易，收益归一方，损失却由另一方承担的；（3）先从原公司抽走资金，然后再成立经营目的相同或者类似的公司，逃避原公司债务的；（4）先解散公司，再以原公司场所、设备、人员及相同或者相似的经营目的另设公司，逃避原公司债务的；（5）过度支配与控制的其他情形。控制股东或实际控制人控制多个子公司或者关联公司，滥用控制权使多个子公司或者关联公司财产边界不清、财务混同，利益相互输送，丧失人格独立性，沦为控制股东逃避债务、非法经营，甚至违法犯罪工具的，可以综合案件事实，否认子公司或者关联公司法人人格，判令承担连带责任。12.【资本显著不足】资本显著不足指的是，公司设立后在经营过程中，股东实际投入公司的资本数额与公司经营所隐含的风险相比明显不匹配。股东利用较少资本从事力所不及的经营，表明其没有从事公司经营的诚意，实质是恶意利用公司独立人格和股东有限责任把投资风险转嫁给债权人。由于资本显著不足的判断标准有很大的模糊性，特别是要与公司采取'以小博大'的正常经营方式相区分，因此在适用时要十分谨慎，应当与其他因素结合起来综合判断。"

在揭开法人面纱案件中，举证责任的划分对案件的影响非常大，对此，我们应区分举证能力，做科学划分。上述《九民纪要》在这个方面存在规定上的不完善之处。《九民纪要》的第 10 条和第 11 条针对举证责任应加强论述，法院应在这方面作出探索，律师代理案件也应关注这方面的论述。

十六、揭开法人面纱案——案例二

(一) 案例

冯某俊以公司人格混同为由诉淮安盛港公司、

淮安淮港公司委托合同纠纷案

江苏省淮安市中级人民法院民事判决书

[2012] 淮中商终字第 0038 号

原告：冯某俊，男，55 岁，住所地淮安市清河区承德北路丹桂苑。

被告：淮安市盛港起重机械有限公司，住所地淮安市港口路×号。

被告：淮安市淮港起重机械有限公司，住所地淮安市漕运西路×号。

原告冯某俊与被告淮安市盛港起重机械有限公司（以下简称"盛港公司"）委托代理合同纠纷一案，淮安市清浦区人民法院于 2009 年 3 月 20 日立案受理，于 2010 年 9 月 19 日作出 [2009] 浦民二初字第 121 号判决，盛港公司不服向淮安市中级人民法院提起上诉，因判决认定事实不清被淮安市中级人民法院发回重审。淮安市清浦区人民法院于 2011 年 6 月 22 日重新立案受理，原告冯某俊于 2011 年 7 月 2 日申请追加淮安市淮港起重机械有限公司（以下简称"淮港公司"）为本案共同被告，淮安市清浦区人民法院依法于 2011 年 7 月 11 日通知淮港公司作为被告参加诉讼。

原告冯某俊诉称：2001 年 9 月 28 日原告与被告签订了一份委托代理销售协议书，约定被告委托原告销售其公司产品，同时约定了销售费用的提取比例和方式。协议签订后，原告依约为被告销售产品。前几年，被告基本上能按协议约定给付销售费用，但近年来，被告开始拖欠原告的销售费用，现共欠原告销售费用 114.9 万元，扣减原告从被告处的借款等费用，被告尚欠原告销售费用 101.4 万元，原告多次索要无果。请求法院判令两被告立即连带给付代理费 101.4 万元，并承担本案诉讼费用。

被告盛港公司辩称：①原告与盛港公司不存在委托代理合同关系，淮港公司与盛港公司是两个独立的法人，淮港公司和原告的合同对盛港公司没有约束力。淮港公司与盛港公司的企业性质也是完全不一样的。淮港公司目前被吊销营业执照，处于清算阶段，而盛港公司仍处于正常的生产阶段，盛港公司与原告从未签订过任何委托代理协议。②盛港公司不是本案的适格被告。盛港公司与原告相互之间没有任何合同关系，不是诉讼法律关系上的利害关系人。从原告的申请追加被告情况来看，也可以证明盛港公司不应该作为本案的被告。综上所述，应当驳回原告对盛港公司的诉讼请求。

被告淮港公司辩称：①淮港公司与盛港公司是两个独立的法人，淮港公司不是本案的适格被告，淮港公司与原告之间的纠纷应当另案诉讼解决，淮港公司不是本案的共同被告。②淮港公司在 2007 年 12 月 14 日被吊销营业执照后，已经终止营业，原告和淮港公司之间的销售代理合同已经终止。③淮港公司已经进入了清算程序，相关债权债务应当申报，因此原告主张的债权应当通过补申报程序申报，故应当驳回原告对淮港公司的诉讼请求。

淮安市清浦区人民法院经审理查明：

2001 年 9 月 28 日，淮港机械厂（甲方）与冯某俊（乙方）签订协议一份，约定：甲方委托乙方从事产品、配件销售，双方协议如下：甲方同意乙方使用甲方的合同、名片、技术资料、财务账号，乙方须对以上文件的保管和合法使用负责；甲方以出厂价向乙方提供产品（具体价格见附表），乙方按 2.5% 计提销售费用，超厂价部分甲方提取税收及管理费计 25%，其余 75% 归乙方，甲方不负责乙方的其他任何费用；甲方负责产品的安装及售后服务，有关费用甲方自理；乙方销售甲方的产品时，必须有 30% 的预付款，余款（按出厂价）计算，提货时一次性付清，货款结算必须用支票结算。2006 年 6 月 18 日，淮港机械厂名称变更为"淮安市淮港起重机械有限公司"。淮港公司为法人独资的有限公司，发起人为淮安市港务有限公司，法定代表人为孙某东，住所地为淮安市港口路×号，经营范围为 10 吨及以下吨位固定式起重机、带式输送机械、抓斗、人力三轮车制造、本公司产品售后服务。2007 年 12 月 14 日，淮港公司被淮安工商行政管理局吊销营业执照。2011 年 3 月 15 日，淮安市港务有限公司作出注销淮港公司的决定并成立了清算组，同日，淮安工商行政管理局对清算组成员作了备案，同年 3 月 23 日淮港公司在《扬子晚报》发出申报债权的公告。

盛港公司设立于 2006 年 11 月 30 日，法定代表人为孙某东，股东为魏某胜、王某宁、孙某东，住所地为淮安市港口路×号，经营范围为港口起重机、抓斗、皮带机、人力三轮车制造（经环保验收后方可运营）、安装、维修、销售。在盛港公司工商局档案中有港务公司于 2006 年 11 月 12 日出具的证明 1 份，载明："本公司位于淮安市港口路 5 号的厂房、办公用房及土地无偿提供给淮安市盛港起重机械有限公司使用。"2008 年 8 月 28 日，盛港公司出具变更证明 1 份，写明："原淮港公司于 2007 年 12 月 1 日更名为盛港公司，特此证明。"该证明上盖有淮港公司和盛港公司的公章。盛港公司的网页简介上也写明："盛港公司前身为淮安市淮港起重机械厂，创建于 1987 年。"

再查明：2004 年 4 月 23 日，淮港机械厂与淮安榴园公司签订买卖合同 1 份，约定："淮安榴园公司购买淮港机械厂 11 吨带载全程变幅固定式吊机 4 台（每台 53 万元），3m³ 电动抓斗 4 台（每台 3 万元），吊钢电子秤 4 台（每台 2.5 万元），预埋件 2 套（每套 0.8 万元），运费安装费 2 万元，检测费 6 万元。"合同签订后，淮安榴园公司向淮港机械厂支付了预付款 103.08 万元，后因榴园公司原因，合同未履行完毕。2008 年 4 月 19 日，淮港公司出具委托书，委托盛港公司全权处理上述未履行完合同的善后事宜。2008 年 5 月 7 日，山东榴园新型水泥发展有限公司（以下简称"山东榴园公司"）与盛港公司签订关于淮安榴园吊机合同商谈纪要 1 份，内容为："……双方同意终止原合同……供货商同意原合同已付预付款 103.08 万元，扣除供货商实际损失 65.6 万元，余款 37.48 万元作为新合同定金的一部分；双方同意签署新合同时，在付款方式等方面给供货商以优惠条件；双方同意本纪要作为新合同的附件，在签署新合同的同时，原合同终止。"2008 年 8 月 1 日，双方又签订了《关于淮安榴园吊机合同商谈纪要》修改意见，对《关于淮安榴园吊机合同商谈纪要》作了部分修改。2008 年 8 月 18 日，盛港公司与淮安榴园公司签订买卖合同 1 份，约定："淮安榴园公司购买 10 吨带载全程变幅吊机 6 台（每台 67.5 万元），3m³ 电动抓斗 6 台（每台 4.5 万元），吊钩电子秤 6 台（每台 1.5 万元），运费安装费 5 万元，检测费 12 万元；预付 50%（含已付款 41.68 万元），2 台套交付后再付 30%，提后 4 台套时付 15%，余 5% 质保金在按照检验合格后 12 个月内一次付清；《关于淮安榴园吊机合同商谈纪要》《商谈纪要修改意见》附后。"淮安榴园公司在买受人栏盖章，盛港公司在出卖人一栏盖章，法定代表人一栏有孙某东签字，委托代理人栏有冯某俊签字。2006 年 8 月 23 日，淮港公司（出卖人）与阜宁港物流公司（买受人）签订买卖合同一份，约定："标的：8T 抓斗起重机（型号 GQ8，含 2.3 m³ 双索煤炭抓斗 1 只）1 台，单价 23.5 万元，10 月 8 日交货；出卖人送货；运输方式及到达站

（港）和费用由出卖人负责……"合同出卖人栏盖有淮港公司公章，同时有冯某俊和孙某东的签字。2006年10月12日，淮港公司（出卖人）与联发港务公司（买受人）签订买卖合同1份，约定："标的：8T支承式起重机（型号GQ8）1台，单价20万元，通知生产后3个月交货；出卖人送货；运输方式及到达站（港）和费用由出卖人负责……"合同出卖人栏盖有淮港公司公章，同时有冯某俊和孙某东的签字。2007年10月21日，盛港公司与阜宁港物流公司签订买卖合同1份，约定："阜宁港物流公司购买8T抓斗式起重机3台，单价24.96万元，总价74.88万元（含税价格），2007年12月10日交1台，2008年元月底交2台；运输方式及到达站（港）和费用由出卖人负责……"合同出卖人栏有冯某俊和孙某东的签字。2008年7月1日，阜宁港物流公司向盛港公司支付货款6万元，由冯某俊代收，但冯某俊并未将该6万元计入盛港公司的账中。

另查明：2004年淮港机械厂产品厂核价：10T带载变幅吊机50万元；1.5m³~2.5m³电动抓斗2.2万元、3m³~5m³电动抓斗2.8万元、8T回转支承式吊机（高机房）16万元。在本院［2009］浦民二初字第121号案件审理过程中，被告盛港公司申请对2008年8月18日买卖合同的起重机成本进行审核，本院委托淮安禧联华会计师事务所进行了审计。2010年3月15日，该所出具了淮禧会鉴字［2010］第1号鉴证报告，主要内容为：2008年8月18日盛港公司与淮安榴园公司买卖合同的起重机出厂价格为557 014.79元（单台不含税成本）。后该所又出具了有关补充说明，将2008年8月18日盛港公司与淮安榴园公司买卖合同的起重机出厂价格调整为503 970.87元（单台不含税成本）。原告冯某俊于2007年至2008年3月份从被告盛港公司每月领取工资，并曾报销过差旅费。2007年6月30日，冯某俊取得江苏省特种设备管理协会发放的起重机械质检员资质证书，证明上载明的工作单位为盛港公司。原告冯某俊曾从盛港公司借款7.5万元。

淮安市清浦区人民法院经审理认为：

原告冯某俊与淮港机械厂于2001年9月28日签订的协议，不违反法律、行政法规的禁止性规定，应受法律保护。后淮港机械厂名称变更为"淮安市淮港起重机械有限公司"，上述协议对淮港公司及变更后的公司均具有约束力，其应当按照协议约定向原告支付提成费用。

本案的争议焦点在于2001年9月28日的委托协议对盛港公司是否具有同

样法律约束力，被告盛港公司是否应当按照 2001 年 9 月 28 日的协议向原告支付提成费用。

从法律形式上看，淮港公司和盛港公司是两家独立的公司，一般而言，根据公司人格独立性和合同的相对性，原告与淮港公司之间订立的委托协议对盛港公司没有法律约束力。但是从盛港公司的工商档案可以看出，淮港公司的股东港务公司在盛港公司登记设立时，把原淮港公司的厂房、办公用房及土地均无偿提供给盛港公司使用，淮港公司则被吊销营业执照，停止生产经营，其对外业务被盛港公司承继，淮港公司的法定代表人同时也是盛港公司的法定代表人兼股东，盛港公司在经营活动中，产品生产是使用原淮港公司的设备，办公用房、土地均为原淮港公司的住所地，对外网页简介也自称其前身是淮港机械厂即淮港公司，已足以造成与公司交易的对象无法判断自己的交易伙伴是淮港公司还是盛港公司。所以淮港公司与盛港公司虽然在法律形式上相互独立，但两公司已构成了人格混同，故原淮港公司的债权债务盛港公司也应当承担。

关于提成费用的数额。按照协议约定，原告的提成费用包括两部分，出厂价范围内提成按 2.5% 计算，超出出厂价范围的提成按照 75% 计算。按照协议约定，原告销售产品时，必须有 30% 的预付款，余款提货时一次性付清。从公平原则出发，原告提取的费用应在实际收回的货款中计算，对未收回的货款不能计算提成，但是可以在被告收回余款后再另行主张。至于质保金，属于与产品相关的保证金，不属于未收回的货款，故对质保金仍应计算提成。针对产品的出厂价，原告提供的主要依据是淮港机械厂 2004 年 12 月 6 日的核价表，被告盛港公司也提供了 5 份核价表，除了 2004 年 12 月 6 日的核价表以外，其余 4 份核价表被告自认是起诉后为了开庭打印出来，原告对其不予认可，称其从未收到除 2004 年以外的 4 份核价表，盛港公司并无证据证明其已向原告送达了上述 4 份核价表，故本院不予采信；在本院 ［2009］浦民二初字第 121 号案件审理过程中，被告盛港公司申请对 2008 年 8 月 18 日买卖合同的起重机成本进行了审核，从审核报告看，起重机 2008 年出厂价格与 2004 年报价单上的价格相差不大，在本案审理过程中，两被告明确表示对其余合同产品出厂价不再申请评估，因此在被告没有其他证据证明产品出厂价的情况下，本院参照双方均提供的 2004 年 12 月 6 日的核价表作为确定产品出厂价的依据。

2004 年至 2008 年，原告冯某俊共为淮港公司和盛港公司完成 4 笔业务。第一笔业务是 2008 年 8 月 18 日盛港公司与淮安榴园公司签订的买卖合同，该合同已履行完毕，淮安榴园公司已支付了大部分货款，余款 229 000 元因系质保金尚未给付盛港公司。2008 年 8 月 18 日合同是 2004 年合同的延续，且冯某俊也参与了盛港公司与淮安榴园公司之间的商谈，盛港公司理应按照委托协议的约定，向冯某俊支付提成费用。按照鉴证结论，起重机出厂价格为 503 970.87 元，按照协议约定，原告此笔业务提成费用应为 925 927 元。第二笔业务系 2006 年 8 月 23 日淮港公司与阜宁港物流公司的买卖合同，该合同履行完毕，阜宁港物流公司支付货款 23 万元，有 5000 元作为质保金未收回，原告自认运费为 2000 元。原告提成费用应为 42 800 元。第三笔业务系 2006 年 10 月 12 日淮港公司与联发港务公司的买卖合同，原告自认运费是 3000 元。该合同有 5 万元未收回，其中有 2 万元系质保金。原告提成费用为 9250 元。第四笔业务系 2007 年 10 月 21 日盛港公司与阜宁港物流公司的买卖合同，该合同有 3 万元货款作为质保金，8800 元货款未收回。原告自认每台运费是 2000 元，每台设备调试费是 1 万元。原告提成费用应为 132 150 元。

综上，被告淮港公司应向原告支付提成费用 52 050 元；盛港公司应向原告支付提成费用 1 058 077 元，扣除原告从阜宁港物流公司拿回的货款 6 万元及原告向盛港公司的借款 7.5 万元，盛港公司应向原告支付 923 077 元。由于被告淮港公司与被告盛港公司已构成了人格混同，故两被告应连带向原告支付提成费用 975 127 元。所以，本院对原告诉讼请求中的 975 127 元予以支持，其余部分不予支持。

综上，淮安市清浦区人民法院依照《合同法》第 8 条、第 107 条、第 405 条及《民事诉讼法》第 128 条之规定，于 2011 年 12 月 19 日作出［2011］浦商初字第 0414 号民事判决书：

（1）被告淮港公司于本判决生效后 10 日内向原告冯某俊一次性支付提成费用 52 050 元。

（2）被告盛港公司于本判决生效后 10 日内向原告冯某俊一次性支付提成费用 923 077 元。

（3）两被告对上述债务互负连带责任。

（4）驳回原告其他诉讼请求。

一审判决后，被告盛港公司、淮港公司不服一审判决，向淮安市中级人民法院提起上诉。

盛港公司的上诉理由是：① 2007 年 7 月，被上诉人在盛港公司从事销售业务员工作，盛港公司给被上诉人发放工资并报销差旅费，被上诉人对此予以认可，因此盛港公司与被上诉人间应属于劳动纠纷。②一审判决认定盛港公司与淮港公司人格混同，并判决两公司互负连带偿还责任无事实及法律依据。盛港公司与淮港公司是两个独立法人，公司经营权、资产互不牵连。我国也没有法律对"人格混同"进行明文规定。③盛港公司与被上诉人间不存在委托代理合同。被上诉人与淮港公司间的协议书仅适用于该协议的双方，被上诉人并没有与盛港公司签订任何关于继续履行其与淮港公司协议书的约定，被上诉人亦未提供盛港公司继续履行其与淮港公司协议的证据。④一审法院判决计算费用错误。被上诉人与盛港公司形成事实劳动关系，被上诉人应按照公司业务提成办法规定提成；按照被上诉人与淮港公司协议约定，出厂价应以公司出厂价为准。而近几年企业生产成本逐年提高，出厂价也逐年递增，所以每年的出厂价并不一样；鉴定报告的结论是单台不含税价格，而税款由国家依法征收，因而出厂价必须包含的税款部分应予以扣除。

淮港公司的上诉理由是：①一审判决认定两上诉人人格混同无事实及法律依据。②淮港公司已于 2007 年 12 月 14 日被吊销营业执照，之后进入清算程序，上诉人与被上诉人间的协议已经终止。③一审判决计算提成费用错误。根据公司 2006 年的出厂价，2006 年 8 月淮港公司与阜宁公司的合同给被上诉人的提成应为 5750 元，2006 年 12 月其与联发公司的合同给被上诉人的提成应为 3750 元。

被上诉人冯某俊答辩称：一审认定事实清楚，证据确实充分，适用法律正确，请求依法驳回两上诉人的上诉请求，维持一审判决。

淮安市中级人民法院经审理，确认了一审查明的事实。

淮安市中级人民法院经审理认为：关于 2001 年 9 月 28 日的委托协议是否对盛港公司具有法律约束力。从形式上虽然两上诉人是两个独立的法人公司，但两公司住所地相同、经营范围、法定代表人相同，对外签订合同的业务员相同；业务上，盛港公司不仅接收了淮港公司的业务，而且以其自己的名义继续履行该业务；对外宣传上，盛港公司也向其业务单位出具盛港公司是由淮港公司更名而来的证明，从客观上亦追求两公司系一家公司的事实效果。综上，两公司虽形式上相互独立，但构成人格混同。因盛港公司在承继了淮港公司的业务后，未与被上诉人变更委托协议，故2001年9月28日的委托协议对盛港公司具有法律约束力。上诉人盛港公司上诉称，被上诉人与其构成劳动关系。但盛港公司并无充分证据证明其与被上诉人是劳动关系。退一步说，即使双方之间存在劳动关系，在协议没有变更的情况下，也不影响盛港公司与被上诉人之间存在委托销售关系。故上诉人盛港公司的该点上诉理由，不能成立。

关于两上诉人应按照协议约定支付给被上诉人提成费用的数额。二审中，因两上诉人共同的法定代表人孙某东陈述2004年后两公司并未向被上诉人出具新的核价表，故两上诉人主张按照公司每年新发布的出厂价作为计算依据，本院不予支持。根据2001年9月28日的委托协议，淮港公司就其公司的两笔业务应支付给被上诉人的提成费用为52 050元，盛港公司就其与阜宁港物流公司的买卖合同应支付给被上诉人提成费用为132 150元。而盛港公司与淮安榴园公司的买卖合同，根据淮禧会鉴字［2010］第1号鉴证报告补充说明中载明，该买卖合同的起重机出厂价格为503 970.87元，但同时注明该价格是单台不含税成本。而根据交易习惯，进项税一般由卖方缴纳，故该合同中的带载全程变幅吊机的出厂价应为含税销售额568 867.02元，该笔业务被上诉人的提成费用应为643 628元。扣减被上诉人从阜宁港物流公司拿回的货款60 000元及其向盛港公司的借款75 000元，盛港公司应向被上诉人支付640 778元。因两上诉人构成人格混同，故应相互对对方的债务承担连带偿还责任。淮港公司上诉称，其于2007年12月14日被吊销营业执照，不应对此后盛港公司发生的债务承担连带偿还责任。经查，淮港公司虽然于2007年12月14日被吊销营业执照，但该公司却是于2011年3月15日成立清算组，故淮港公司应对盛港公司的涉案债务负连带偿还责任。

综上，一审判决认定事实基本清楚，适用法律正确，但在二审中上诉人盛港公司提出新证据，致使一审法院计算2008年8月18日盛港公司与淮安榴园公司买卖合同的提成费用中，将不含税单价成本作为出厂价依据认定不当，应予以纠正。据此，淮安市中级人民法院根据《民事诉讼法》第153条第1款第3项之规定，于2012年3月20日作出［2012］淮中商终字第0038号民事判决：

（1）维持淮安市清浦区人民法院［2011］浦商初字第0414号民事判决书主文第1、3、4项；

（2）变更上述判决书主文第 2 项为：上诉人盛港公司向被上诉人冯某俊于本判决生效之日起 10 日内一次性支付提成费用 640 778 元。

二审合议庭成员：蒋其文、刘弘、邹艳萍

（二）分析

本案还是涉及揭开法人面纱问题，法院的判决基于财产混同的事实。可以说，在揭开法人面纱方面，财务混同往往是揭开法人面纱的通论，其他混同情况等起到了证明的辅助作用。

前面提到揭开法人面纱的适当性问题，这个适当性可以从债权人角度和股东本身行为角度来理解。从债权人角度看，要看债权人是否提出了揭开法人面纱，在提出的情况下才能适用，不提出则法院不应主动适用。还要看债权人提出的法律依据，是依据的合同法还是公司法，如果法律依据包含了合同法，则在合同法范畴内能解决的问题不必考量公司法；如果债权人只提出了公司法揭开法人面纱的依据，则法院不应主动考虑合同法的补救。法院在适用揭开法人面纱方面，重点是看人格混同，所谓业务混同、人员混同、住所混同等其实都只是证据补强。也就是说，人格混同最为关键。从股东角度看，股东过度支配和控制关联公司、资本显著不足等也可成为揭开法人面纱的证据。法院在综合考量各种因素情形后，才能把握人格混同实质，并实施较为有效的救济。

债权人会面临揭开法人面纱条件严格和合同法方面救济的双重选择。从救济角度看，债权人更为可行的方法是同时选择揭开法人面纱和合同法救济手段。

本案件的财产混同判断相对并不复杂，在有些案件中，有可能出现孙公司、重孙公司、兄弟公司、姐妹公司等财产混合情况，且外部人难以取证，导致债权人难以索赔。当前，法院在审理揭开法人面纱案件时，对举证责任的理解尚不成熟。实际上，举证能力和举证责任的分配在揭开法人面纱案件中特别重要，最高人民法院或高校、培训机构应组织法官对此进行学习。

十七、对赌条款案

（一）案例

苏州工业园区海富投资有限公司与甘肃世恒有色资源

再利用有限公司等补偿款纠纷再审案

中华人民共和国最高人民法院民事判决书

[2012] 民提字第 11 号

申请再审人（一审被告、二审被上诉人）：甘肃世恒有色资源再利用有限公司。住所地：甘肃省定西市安定区凤翔镇友谊村。

法定代表人：陆某，该公司总经理。

委托代理人：孙某，甘肃德合律师事务所律师。

申请再审人（一审被告、二审被上诉人）：香港迪亚有限公司。住所地：香港特别行政区尖沙咀九龙广东道×号新电信中心×室。

法定代表人：陆某，该公司总经理。

委托代理人：孙某，甘肃德合律师事务所律师。

被申请人（一审原告、二审上诉人）：苏州工业园区海富投资有限公司。住所地：江苏省苏州工业园区唯亭镇星澄路×号青剑湖商业广场×号。

法定代表人：张某斌，该公司执行董事。

委托代理人：计某怡，北京市法大律师事务所律师。

委托代理人：涂某涛，北京市法大律师事务所律师。

一审被告、二审被上诉人：陆某，女，汉族，1963 年 1 月 24 日出生，住上海市杨浦区仁德路×弄×号×室，现住甘肃省定西市安定区凤翔镇友谊村。

委托代理人：孙某，甘肃德合律师事务所律师。

申请再审人甘肃世恒有色资源再利用有限公司（以下简称"世恒公司"）、香港迪亚有限公司（以下简称"迪亚公司"）为与被申请人苏州工业园区海富投资有限公司（以下简称"海富公司"）、陆某增资纠纷一案，不服甘肃省高级人民法院 [2011] 甘民二终字第 96 号民事判决，向本院申请再审。本院以 [2011] 民申字第 1522 号民事裁定书决定提审本案，并依法组成合议庭于 2012 年 4 月 10 日公开开庭进行了审理。世恒公司、迪亚公司、陆某的委托代理人孙某，海富公司的委托代理人计某怡到庭参加了诉讼，本案现已审理终结。

2009 年 12 月 30 日，海富公司诉至兰州市中级人民法院，请求判令世恒公司、迪亚公司和陆某向其支付协议补偿款 1998.2095 万元并承担本案诉讼费及其他费用。

甘肃省兰州市中级人民法院一审查明：2007 年 11 月 1 日前，甘肃众星铸业有限公司（以下简称"众星公司"）、海富公司、迪亚公司、陆某共同签订一份《甘肃众星绊业有限公司增资协议书》（以下简称《增资协议书》），约定：众星公司的注册资本为 384 万美元，迪亚公司占投资的 100%。各方同意海富公司以现金 2000 万元人民币对众星公司进行增资，占众星公司增资后注册资本的 3.85%，迪亚公司为 96.15%。依据协议内容，迪亚公司与海富公司签订合营企业合同及修订公司章程，并于合营企业合同及修订后的章程批准之日起 10 日内一次性将认缴的增资款汇入众星公司指定的账户。合营企业合同及修订后的章程，在报经政府主管部门批准后生效。海富公司在履行出资义务时，陆某承诺于 2007 年 12 月 31 日之前将四川省峨边县五渡牛岗铅锋矿过户至众星公司名下。募集的资金主要用于以下项目：①收购甘肃省境内的一个年产能大于 1.5 万吨的特冶炼厂；②开发四川省峨边县牛岗矿山；③投入 500 万元用于循环冶炼技术研究。第 7 条特别约定第一项：本协议签订后，众星公司应尽快成立"公司改制上市工作小组"；着手筹备安排公司改制上市的前期准备工作，工作小组成员由股东代表和主要经营管理人员组成。协议各方应在条件具备时将公司改组成规范的股份有限公司，并争取在境内证券交易所发行上市。第二项业绩目标约定：众星公司 2008 年净利润不低于 3000 万元人民币。如果众星公司 2008 年实际净利润完不成 3000 万元，海富公司有权要求众星公司予以补偿，如果众星公司未能履行补偿义务，海富公司有权要求迪亚公司履行补偿义务。补偿金额 =（1-2008 年实际净利润/3000 万元）×本次投资金额。第四项股权回购约定：如果至 2010 年 10 月 20 日，由于众星公司的原因造成无法完成上市，则海富公司有权在任一时刻要求迪亚公司回购届时海富公司持有之众星公司的全部股权，迪亚公司应自收到海富公司书面通知之日起 180 日内按以下约定回购金额向海富公司一次性支付全部价款。若自 2008 年 1 月 1 日起，众星公司的净资产年化收益率超过 10%，则迪亚公司回购金额为海富公司所持众星公司股份对应的所有者权益账面价值；若自 2008 年 1 月 1 日起，众星公司的净资产年化收益率低于 10%，则迪亚公司回购金额为（海富公司的原始投资金额－补偿金额）×（1＋10%×投资天数/360）。此外，还规定了信息披露约定、违约责任等，约定该协议自各方授权代表签字并加盖公章，于协议文首注明之签署日期生效。协议未作规定或约定不详之事直，应参照经修改后的众星公司章程及股东间的投资合同（若有）办理。

2007 年 11 月 1 日，海富公司、迪亚公司签订《中外合资经营甘肃众星锌业有限公司合同》（以下简称《合资经营合同》），有关约定为：众星公司增资扩股将注册资本增加至 399.38 万美元，海富公司决定受让部分股权，将众星公司由外资企业变更为中外合资经营企业。在合资公司的设立部分约定，合资各方以其各自认缴的合资公司注册资本出资额或者提供的合资条件为限对合资公司承担责任。海富公司出资 15.38 万美元，占注册资本的 3.85%；迪亚公司出资 384 万美元，占注册资本的 96.15%。海富公司应于本合同生效后 10 日内一次性向合资公司缴付人民币 2000 万元，超过其认缴的合资公司注册资本的部分，计入合资公司资本公积金。在第 68 条、第 69 条关于合资公司利润分配部分约定：合资公司依法缴纳所得税和提取各项基金后的利润，按合资方各持股比例进行分配。合资公司上一个会计年度亏损未弥补前不得分配利润。上一个会计年度未分配的利润，可并入本会计年度利润分配。合同还规定了合资公司合资期限、解散和清算事宜。并特别约定：合资公司完成变更后，应尽快成立"公司改制上市工作小组"，着手筹备安排公司改制上市的前期准备工作，工作小组成员由股东代表和主要经营管理人员组成。合资公司应在条件具备时改组成立为股份有限公司，并争取在境内证券交易所发行上市。如果至 2010 年 10 月 20 日，由于合资公司自身的原因造成无法完成上市，则海富公司有权在任一时刻要求迪亚公司回购届时海富公司持有的合资公司的全部股权。合同于审批机关扯准之日起生效。《中外合资经营甘肃众星锌业有限公司章程》（以下简称《公司章程》）第 62、63 条与《合资经营合同》第 68、69 条内容相同。之后，海富公司依约于 2007 年 11 月 2 日缴存众星公司银行账户人民币 2000 万元，其中新增注册资本 114.7717 万元，资本公积金 1885.2283 万元。2008 年 2 月 29 日，甘肃省商务厅甘商外资字［2008］79 号文件《关于甘肃众星锌业有限公司增资及股权变更的批复》同意增资及股权变更，并批准"投资双方于 2007 年 11 月 1 日签订的增资协议、合资企业合营合同和章程从即日起生效"。随后，众星公司依据该批复办理了相应的工商变更登记。2009 年 6 月，众星公司依据该批复办理了相应的工商变更登记。2009 年 6 月，众星公司经甘肃省商务厅批准，到工商部门办理了名称及经营范围变更登记手续，名称变更为甘肃世恒有色资源再利用有限公司。另据工商年检报告登记记载，众星公司 2008 年度生产经营利润总额 26 858.13 元，净利润 26 858.13 元。

一审法院认为，根据双方的诉辩意见，案件的争议焦点为：①《增资协议书》第 7 条第 2 项内容是否具有法律效力；②如果有效，世恒公司、迪亚公司、陆某应否承担补偿责任。

经审查，《增资协议书》系双方真实意思表示，但第 7 条第 2 项内容即世恒公司 2008 年实际净利润完不成 3000 万元，海富公司有权要求世恒公司补偿的约定，不符合《中外合资经营企业法》第 8 条关于企业利润根据合营各方注册资本的比例进行分配的规定。同时，该条规定与《公司章程》的有关条款不一致，也损害了公司利益及公司债权人的利益，不符合《公司法》第 20 条第 1 款的规定。因此，根据《合同法》第 52 条第 5 项的规定，该条由世恒公司对海富公司承担补偿责任的约定违反了法律、行政法规的强制性规定，该约定无效，故海富公司依据该条款要求世恒公司承担补偿责任的诉请，依法不能支持。由于海富公司要求世恒公司承担补偿责任的约定无效，因此，海富公司要求世恒公司承担补偿责任失去了前提依据。同时，《增资协议书》第 7 条第 2 项内容与《合资经营合同》中的相关约定内容不一致，依据《中外合资经营企业法实施条例》第 10 条第 2 款的规定，应以《合资经营合同》内容为准，故海富公司要求迪亚公司承担补偿责任的依据不足，依法不予支持。陆某虽是世恒公司的法定代表人，但其在世恒公司的行为代表的是公司行为利益，并且《增资协议书》第 7 条第 2 项内容中，并没有关于由陆某个人承担补偿义务的约定，故海富公司要求陆某个人承担补偿责任的诉请无合同及法律依据，依法应予驳回。至于陆某未按照承诺在 2007 年 12 月 31 日之前将四川省峨边县五渡牛岗铅锌矿过户至世恒公司名下，涉及对世恒公司及其股东的违约问题，不能成为本案陆某承担补偿责任的理由。

综上，一审法院认为海富公司的诉请依法不能支持，世恒公司、迪亚公司、陆某不承担补偿责任的抗辩理由成立。依照《合同法》第 52 条第 5 项，

《公司法》第6条第2款、第20条第1款，《中外合资经营企业法》第2条第1款、第2款、第3条，《中外合资经营企业法实施条例》第10条第2款之规定，该院于2010年12月31日作出〔2010〕兰法民三初字第71号民事判决，驳回海富公司的全部诉讼请求。

海富公司不服一审判决，向甘肃省高级人民法院提起上诉。

二审查明的事实与一审一致。

二审法院认为：当事人争议的焦点为《增资协议书》第7条第2项是否具有法律效力。本案中，海富公司与世恒公司、迪亚公司、陆某四方签订的协议书虽名为《增资协议书》，但纵观该协议书全部内容，海富公司支付2000万元的目的并非仅享有世恒公司3.85%的股权（计15.38万美元，折合人民币114.771万元），期望世恒公司经股份制改造并成功上市后，获取增值的股权价值才是其缔结协议书并出资的核心目的。基于上述投资目的，海富公司等四方当事人在《增资协议书》第7条第2项就业绩目标进行了约定，即"世恒公司2008年净利润不低于3000万元，海富公司有权要求世恒公司予以补偿，如果世恒公司未能履行补偿义务，海富公司有权要求迪亚公司履行补偿义务。补偿金额＝（1－2008年实际净利润/3000万元）×本次投资金额"。四方当事人就世恒公司2008年净利润不低于3000万元人民币的约定，仅是对目标企业盈利能力提出要求，并未涉及具体分配事宜；且约定利润如实现，世恒公司及其股东均能依据《公司法》《合资经营合同》《公司章程》等相关规定获得各自相应的收益，也有助于债权人利益的实现，故并不违反法律规定。而四方当事人就世恒公司2008年实际净利润完不成3000万元，海富公司有权要求世恒公司及迪亚公司以一定方式予以补偿的约定，则违反了投资领域风险共担的原则，使得海富公司作为投资者不论世恒公司经营业绩如何，均能取得约定收益而不承担任何风险。参照《最高人民法院关于审理联营合同纠纷案件若干问题的解答》第4条第2项关于"企业法人、事业法人作为联营一方向联营体投资，但不参加共同经营，也不承担联营的风险责任，不论盈亏均按期收回本息，或者按期收取固定利润的，是明为联营，实为借贷，违反了有关金融法规，应当确认合同无效"之规定，《增资协议书》第7条第2项部分该约定内容，因违反《合同法》第52条第5项之规定应认定无效。海富公司除已计入世恒公司注册资本的114.771万元外，其余1885.2283万元资金性质应属名为投资，实为借贷。虽然世恒公司与迪亚公司的补偿承诺亦归于无效，但海富公司基于对其承诺的合理依赖而缔约，故世恒公司、迪亚公司对无效的法律后果应负主要过错责任。根据《合同法》第58 条之规定，世恒公司与迪亚公司应共同返还海富公司 1885.2283 万元及占用期间的利息，因海富公司对于无效的法律后果亦有一定过错，如按同期银行贷款利率支付利息不能体现其应承担的过错责任，故世恒公司与迪亚公司应按同期银行定期存款利率计付利息。

因陆某个人并未就《增资协议书》第 7 条第 2 项所涉补偿问题向海富公司作出过承诺，且其是否于 2007 年 12 月 31 日之前将四川省峨边县五渡牛岗铅锋矿过户至世恒公司名下与本案不属同一法律关系，故海富公司要求陆某承担补偿责任的诉请无事实及法律依据，依法不予支持。

关于世恒公司、迪亚公司、陆某在答辩中称《增资协议书》已被之后由海富公司与迪亚公司签订的《合资经营合同》取代，《增资协议书》第 7 条第2 项对各方已不具有法律约束力的主张。因《增资协议书》与《合资经营合同》的缔约主体不同，各自约定的权利义务也不一致，且 2008 年 2 月 29 日，甘肃省商务厅甘商外资字［2008］79 号《关于甘肃众星锌业有限公司增资及股权变更的批复》第 2 条明确载明"投资双方 2001 年 11 月 1 日签订的增资协议、合资企业合营合同和章程从即日起生效"。故其抗辩主张不予支持。该院认为一审判决认定部分事实不清，导致部分适用法律不当，应予纠正。依照《民事诉讼法》第 153 条第 2 项、第 3 项，第 158 条之规定，该院判决：①撤销兰州市中级人民法院［2010］兰法民三初字第 71 号民事判决；②世恒公司、迪亚公司于判决生效后 30 日内共同返还海富公司 1885.2283 万元及利息（自 2007 年 11 月 3 日起至付清之日止按照中国人民银行同期银行定期存款利率计算）。

世恒公司、迪亚公司不服甘肃省高级人民法院［2011］甘民二终字第 96号民事判决，向本院申请再审，请求裁定再审，撤销二审判决，维持一审判决。理由是：①海富公司的诉讼请求是要求世恒公司、迪亚公司和陆某支付利润补偿款 19 982 095 元，没有请求将计入合资公司资本金的 18 852 283 元及利息返还。因此，二审判决判令世恒公司、迪亚公司共同返还 18 852 283元及利息超出了海富公司诉讼请求和上诉请求，程序违法。同时，18 852 283元及利息已超过 2200 万元，明显超出诉讼标的。②二审判决将海富公司缴付并计入合资公司资本公积金的 18 852 283 元认定为"名为投资实为借贷"，没有证据证明，也违反法律规定。③二审判决参照《最高人民法院关于审理联营合同纠纷案件若干问题的解答》，适用法律错误。海富公司与迪亚公司、世恒公司之间不存在联营关系。④《合资经营合同》第97条约定，该合同取代双方就上述交易事宜作出的任何口头或书面的协议、合同、陈述和谅解。所以，《增资协议书》对各方已不具有约束力。迪亚公司并未依照《增资协议书》第7.2条或《合资经营合同》取得任何款项，判令迪亚公司承担共同返还本息的责任没有事实根据。

海富公司答辩称：①《增资协议书》是四方当事人为达到上市目的而签订的融资及股份制改造一揽子协议书，不是《合资经营合同》所能容纳得了的。②二审法院判令世恒公司和迪亚公司返还的是股本金之外的有特别用途的溢价款，不涉及抽逃出资问题。③陆某在《增资协议书》中只代表其个人，是合同当事人的个人行为，因其违反《增资协议书》的约定应承担补偿责任。④陆某的行为涉嫌刑事犯罪，其采取虚报注册资本的手段诱使海富公司误信其公司的经济实力，骗取海富公司资金。请求调取证据查证事实或将此案移交公安机关侦查。

本院审查查明的事实与一、二审查明的事实一致。

本院认为：2009年12月，海富公司向一审法院提起诉讼时的诉讼请求是请求判令世恒公司、迪亚公司、陆某向其支付协议补偿款19 982 095元并承担本案诉讼费用及其他费用，没有请求返还投资款。因此，二审判决判令世恒公司、迪亚公司共同返还投资款及利息超出了海富公司的诉讼请求，是错误的。

海富公司作为企业法人，向世恒公司投资后与迪亚公司合资经营，故世恒公司为合资企业。世恒公司、海富公司、迪亚公司、陆某在《增资协议书》中约定，如果世恒公司实际净利润低于3000万元，则海富公司有权从世恒公司处获得补偿，并约定了计算公式。这一约定使得海富公司的投资可以取得相对固定的收益，该收益脱离了世恒公司的经营业绩，损害了公司利益和公司债权人利益，一审法院、二审法院根据《公司法》第20条和《中外合资经营企业法》第8条的规定认定《增资协议书》中的这部分条款无效是正确的。但二审法院认定海富公司18 852 283元的投资名为联营实为借贷，并判决世恒公司和迪亚公司向海富公司返还该笔投资款，没有法律依据，本院予以纠正。

《增资协议书》中并无由陆某对海富公司进行补偿的约定，海富公司请求陆某进行补偿，没有合同依据。此外，海富公司称陆某涉嫌犯罪，没有证据证明，本院对该主张亦不予支持。

但是，在《增资协议书》中，迪亚公司对于海富公司的补偿承诺并不损害公司及公司债权人的利益，不违反法律法规的禁止性规定，是当事人的真实意思表示，是有效的。迪亚公司对海富公司承诺了众星公司2008年的净利润目标并约定了补偿金额的计算方法。在众星公司2008年的利润未达到约定目标的情况下，迪亚公司应当依约应海富公司的请求对其进行补偿。迪亚公司对海富公司请求的补偿金额及计算方法没有提出异议，本院予以确认。

根据海富公司的诉讼请求及本案《增资协议书》中部分条款无效的事实，本院依照《合同法》第60条、《民事诉讼法》第153条第1款第2项、第186条的规定，判决如下：

(1) 撤销甘肃省高级人民法院［2011］甘民二终字第96号民事判决；

(2) 本判决生效后30日内，迪亚公司向海富公司支付协议补偿款19 982 095元。如未按本判决指定的期间履行给付义务，则按《民事诉讼法》第229条的规定，加倍支付延迟履行期间的债务利息；

(3) 驳回海富公司的其他诉讼请求。

一审案件受理费155 612.3元、财产保全费5000元、法院邮寄费700元、二审案件受理费155 612.3元，合计316 924.6元，均由迪亚公司负担。

本判决为终审判决。

审　判　长　陆效龙

审　判　员　杨兴业

代理审判员　杨弘磊

二〇一二年十一月七日

书　记　员　许英林

(二) 分析

本案在对赌条款适用方面是典型案例，可以说是对赌条款方面的里程碑式案例。但这并不意味着这个典型案例能终止学界和实务界对对赌条款的研究。本案确立的规则是股东和风险投资商对赌有效，公司和风险投资商对赌无效。在很多人的日常观念中，公司和风险投资商对赌似乎确实无效，事实上，最高人民法院在本案中认可了一审和二审法院对这一问题的论述。在后续的其他案例中，从对对赌的理解来看，公司和风险投资商对赌是可行的，只是规则不同，因为一旦公司对赌失败，向风险投资商支付对价，必然会涉及公司减资。在公司法上，公司减资会涉及股东（大）会表决，这种表决能否预先安排将成为未来执行的关键。另外，由于公司在对赌失败后，公司财产可能已所剩无几，公司也未必能承受这样的执行。实践中，风险投资商多和股东对赌，和公司对赌往往仅仅是附带的。《九民纪要》对对赌条款进行了完善的规定，认为风险投资商和公司对赌并非必然无效，只是需要做事先安排，否则即便有效也难以执行。其中主要的问题在于回购股权引发的公司减资的表决安排。当然，如果是由目标公司进行资金补偿，则问题体现在是否有利润上，如果无利润则要考量是否要驳回风险投资方的诉求问题。这里面的特殊之处实际是股权回购在公司法上会引发目标公司的减资问题，而无利润补偿则涉及抽逃出资和利润分配的强制性否定评价。

公司减资还涉及债权人利益保护，债权人有权要求公司提前清偿债务或提供相应的担保。就对赌条款而言，很难安排债权人事先同意公司减资，因此，减资能否成功还是未知数。可见，风险投资商和公司对赌的阻力不仅来自于股东，还来自于债权人。好的对赌安排要考量多方当事人利益，在减资安排上做平稳过渡。要考量回购股权和资金补偿两种情况。

其实，对赌条款还涉及公司本身，因为风险投资商投资后，他将成为公司股东，他获得的补偿只能从利润中获得。当然，风险投资商可能会设计其他的资金回流途径，比如约定公司对赌失败的补偿款交付给第三方，这将显著提高对赌条款的复杂程度。并且，从实质上看，对赌补偿支付给第三方的条款未必一定有效，可能还是需要识别这是股权补偿款还是债权补偿款的问题。这种条款的设计颇费琢磨。

总的来说，在对对赌条款的研究方面，最高人民法院的态度愈发务实且理论研究愈发深入。

十八、外观判断规则案

（一）案例

江西宏安房地产开发有限责任公司与南昌县兆丰小额

贷款股份有限公司等借款合同纠纷再审案

——挂靠经营者无权以挂靠单位名义为他人担保

中华人民共和国最高人民法院民事判决书

［2017］最高法民再 209 号

再审申请人（一审被告、二审上诉人）：江西宏安房地产开发有限责任公司。

法定代表人：叶某街。

委托诉讼代理人：童某华。

委托诉讼代理人：魏某华。

被申请人（一审原告、二审被上诉人）：南昌县兆丰小额贷款股份有限公司。

法定代表人：胡某文。

委托诉讼代理人：冯某。

委托诉讼代理人：邹某。

被申请人（一审被告、二审被上诉人）：罗某福。

被申请人（一审被告、二审被上诉人）：侯某英。

被申请人（一审被告、二审被上诉人）：张某生。

被申请人（一审被告、二审被上诉人）：叶某莲。

被申请人（一审被告、二审被上诉人）：雷某云。

被申请人（一审被告、二审被上诉人）：宋某兰。

被申请人（一审被告、二审被上诉人）：横峰县万嘉国际酒店有限公司。

法定代表人：罗某福。

被申请人（一审被告、二审被上诉人）：辽宁赣通置业有限公司。

法定代表人：张某生。

被申请人（一审被告、二审被上诉人）：弋阳县赣宏房屋建筑工程有限公司。

法定代表人：张某生。

被申请人（一审被告、二审被上诉人）：江西宏盛建业集团有限公司。

法定代表人：周某富，该公司经理。

委托诉讼代理人：毛某华。

委托诉讼代理人：程某明。

再审申请人江西宏安房地产开发有限责任公司（以下简称"宏安公司"）因与被申请人南昌县兆丰小额贷款股份有限公司（以下简称"兆丰公司"）、罗某福、侯某英、张某生、叶某莲、雷某云、宋某兰、横峰县万嘉国际酒店有限公司（以下简称"万嘉公司"）、辽宁赣通置业有限公司（以下简称"赣通公司"）、弋阳县赣宏房屋建筑工程有限公司（以下简称"赣宏公司"）、江西宏盛建业集团有限公司（以下简称"宏盛公司"）借款合同纠纷一案，不服江西省高级人民法院［2016］赣民终321号民事判决，向本院申请再审。本院于2017年4月28日作出［2017］最高法民申462号民事裁定，提审本案。本院依法组成由审判员周伦军担任审判长、审判员王展飞、汪军参加的合议庭公开开庭审理了本案。法官助理由李洁担任，书记员王薇佳担任法庭记录。再审申请人宏安公司的委托诉讼代理人童某华，被申请人兆丰公司的委托诉讼代理人冯某、邹某、宏盛公司的委托诉讼代理人毛某华到庭参加诉讼。被申请人罗某福、侯某英、张某生、叶某莲、雷某云、宋某兰、万嘉公司、赣通公司、赣宏公司经本院合法传唤，无正当理由拒不到庭，本院依法缺席审理。本案现已审理终结。

宏安公司申请再审称：①原审判决认定的基本事实缺乏证据证明。宏安公司和罗某福从不相识，也从没有与罗某福发生过业务往来，根本不知道罗某福向兆丰公司借款的事实，也没有为该借款提供担保。2015年2月17日张某生在江西省上饶市弋阳县公安局的讯问笔录证实，张某生为了骗取贷款，以罗某福名义向兆丰公司借款（实际该款项为张某生所使用），在兆丰公司提出需要有实力的公司担保才能发放贷款时，就私自雕刻了一枚"江西宏安房地产有限责任公司"的假印章加盖在保证合同上。一审中经江西神州司法鉴定中心鉴定，该枚印章不是宏安公司的真实印章和法定备案的印章。张某生涉嫌伪造公司印章罪，于2015年3月4日被立案侦查，并刑事拘留。公安机关在侦查过程当中，委托江西省上饶市公安司法鉴定中心对案涉印章再次进行鉴定，鉴定意见与江西神州司法鉴定中心一致。以上两份鉴定意见和张某生的讯问笔录相互印证，充分证明张某生为了骗取贷款，私刻宏安公司印章的犯罪事实，张某生也因此被判刑。另外，同一天张某生还向兆丰公司申请400万元贷款，并用这枚假公章加盖在担保文件中，并在江西省上饶市弋阳县房管局用该枚假印章骗取了宏安公司名下商品房（产权登记人是宏安公司，但实际是张某生开发的）的他项权证，用于抵押担保。本案在一审庭审时，宏安公司考虑到张某生伪造印章骗取的用于抵押的商品房确系张某生个人开发（登记在宏安公司名下，实际产权人是张某生），如确需处置该房产用于归还借款，宏安公司表示可以配合法院的执行，但不等于宏安公司已经认可了该枚公章与其在公安备案的公章具有同等效力。②原审法院适用法律错误。其一，基于一样的事实，作出两个截然不同的判决。[2013]洪民二初字第138号案件（以下简称"138号案件"）中一审法院判决宏盛公司对张某生的借款承担连带清偿责任，而在本案中，却判决宏盛公司不承担连带清偿责任。其二，不依法中止审理，枉法裁判。张某生因涉嫌伪造印章罪被上饶市弋阳县公安局立案侦查，张某生也被刑事拘留。本案审理期间，宏安公司向审理法院提交了侦查部门对张某生所作的讯问笔录和立案侦查的决定书，要求按照《最高人民法院关于审理民事纠纷案件中涉及刑事犯罪若干程序问题的处理意见》的规定，将本案移送江西省上饶市弋阳县公安局处理，但是原审法院拒不移送。③原审法院推定宏安公司知晓张某生使用伪造的印章，认为兆丰公司"合理信赖利益应该得到保护"缺乏事实和法律依据。首先，申请人张某生伪造宏安公司印章的目的是骗取兆丰公司贷款，事先不可能、事实上也没有告知宏安公司。宏安公司直到江西省南昌市中级人民法院前来执行才得知张某生伪造印章的事实。其次，张某生伪造印章后，只是出于骗取兆丰公司贷款的目的，在担保文书及在江西省上饶市弋阳县房管局骗取他项权证时使用过，没有证据证明张某生多次使用该枚印章。再次，弋阳县的房管部门办理他项权证时，只是形式审查，办理了他项权证不能等同于房管部门认可该枚伪造的印章。最后，兆丰公司和张某生有恶意串通、故意损害宏安公司权益之嫌。兆丰公司为了发放贷款牟取利益，明知张某生不具有偿还能力，授意张某生让宏安公司出面担保。张某生明知宏安公司不会为其担保，但为了骗取贷款伪造印章。而兆丰公司在两次为张某生办理贷款手续时，没有一次向宏安公司进行过基本核实（电话核实、函件询问均没有）。因此，宏安公司有理由怀疑兆丰公司与张某生恶意串通，即使不构成恶意串通，也属于重大过失。④兆丰公司没有理由相信张某生的行为构成表见代理，并非善意第三人。张某生 2017 年 3 月 3 日最新讯问笔录证实，兆丰公司办理两笔贷款时并没有对宏安公司的状况进行基本了解，没有搜集基本的信息资料，也未要求张某生提供。兆丰公司在张某生加盖伪造的印章后，也未要求张某生提交宏安公司的股东会决议，也没有看到张某生所称虚假的股东会决议。原审卷宗里宏安公司的营业执照、房管部门的资料等，并不是兆丰公司在发放贷款前的调查资料，而是在诉讼过程中通过代理律师依法调取的。⑤兆丰公司超地域范围经营贷款业务。兆丰公司的经营范围是在南昌市××及其市内周边县开展小贷业务，本案中借款人罗某福不是南昌市、南昌县及周边县的人，而是上饶市人，因此兆丰公司对罗某福发放贷款明显违背《江西省小额贷款公司监督管理办法（试行）》第 17 条第 7 项的规定和《江西省人民政府办公厅关于印发小额贷款公司试点工作实施意见和暂行管理办法的通知》第 26 条的规定，属于超地域、跨经营范围发放贷款。综上，兆丰公司对罗某福发放贷款时，没有进行基本的贷前调查工作，违反了《贷款通则》第 27 条的规定，未达到合理信赖的程度，诉讼阶段取得的证据不足以证明其在贷前有合理信赖。请求撤销原审判决，依法改判宏安公司不承担担保责任。

兆丰公司答辩称：①张某生的行为构成表见代理，有权代表宏安公司与兆丰公司签订担保合同。本案借款人罗某福及与本案关联的 138 号案件的借款人张某生都是由兆丰公司业务员的同乡雷某云推荐给兆丰公司的。据张某生本人陈述，其妻子名叫叶某莲，宏安公司的法定代表人叶某街是其妻子的弟弟，与他是姐夫与小舅子的关系，宏安公司只是登记在小舅子名下进行经营，实际控制人是其本人。当时，张某生还向兆丰公司提供了宏安公司章程、宏安公司的贷款卡、宏安公司股东出资信息、宏安公司的组织机构代码证、营业执照，并持有宏安公司的印章。138 号案件及本案的借款合同签订前，兆丰公司派贷款业务员前往弋阳县当地了解情况，并查看用以抵押贷款的商铺。贷款业务员查看了房屋所有权人为江西宏安房地产开发有限责任公司证号为 S200900070、S200900091、S200900075 的房屋产权证，并且实地对房屋产权证上记载的房产进行了核查。并询问了当时使用上述房屋从事经营活动的承租人，这些承租人都向兆丰公司的业务员介绍这些房产都是张某生的，因为宏安公司就是张某生的公司，在弋阳县当地张某生就等于宏安公司。本案的借款合同、保证合同与 138 号案件的借款合同、抵押合同、保证合同为同一时间签订（2012 年 4 月 17 日）。张某生使用宏安公司印章在弋阳县房管局办理了兆丰公司为他项权利人，宏安公司为抵押人的弋房他证弋阳县字第其他2012-088号他项权证。根据兆丰公司贷款业务员的描述，当时前往弋阳县房管局办理他项权证的时候，已经是接近房管局下班的时间了，张某生一个电话就让所有与办理他项权证有关的工作人员都留在房管局等着张某生带着兆丰公司的人员去办证。而且，短短的一个小时就毫无障碍地办到了他项权证，极其效率。这正好印证了张某生之前对兆丰公司的说法，他在弋阳县当地是有影响力的人，他就是宏安公司的实际控制人。兆丰公司正是出于他项权证的顺利办理、弋阳县房管局对张某生的态度，以及对弋阳县房管局这一公权力部门的信任，才发放的贷款。同时相信张某生确实能够代表宏安公司为罗某福的借款向兆丰公司提供担保，而本案中兆丰公司也是基于宏安公司以及张某生的担保才同意罗某福的借款请求的。②张某生犯伪造公司、企业印章罪并不影响担保合同的效力。其一，张某生使用该枚印章在弋阳县房管局办理了兆丰公司为他项权利人的弋房他证弋阳县字第其他2012-088号他项权证，兆丰公司已经就该枚印章与宏安公司签订的《保证/最高额保证合同》中使用的印章进行一致性鉴定，鉴定结果证明张某生在弋阳县房管局办理他项权证时所用的印章与签订本案《保证/最高额保证合同》时所使用的印章系同一枚印章。也就是说，该枚印章已经被相关政府职能部门确认。而根据最高人民法院的相关判例（最高人民法院［2016］最高法民申425号）私刻的印章已为相关政府职能部门确认的该公司应当对外承担相应的民事责任。其二，在办理上述他项权证的过程中，张某生还代表宏安公司作了房屋抵押登记询问笔录，并加盖了宏安公司的印章，在此过程中弋阳县房管局未表示出任何异议，基于对公权力部门的信赖，宏安公司更加肯定地认为张某生有权代表宏安公司，其使用的印章是真实有效的。其三，宏安公司的代理人在一审、二审过程中都认可张某生使用该枚印章在房管局办理他项权证的行为，承认张某生办理的抵押权是有效的。宏安公司在明确知晓张某生办理他项权证以及签订抵押合同所使用的均系伪造的印章的情况下，已经认可该枚印章在办理他项权证上的效力，就不能选择性地认为本案所涉担保合同上的印章无效。对于此种情况，最高人民法院在［2013］民提字第248号民事判决书中明确确认了"对于使用或者认可使用非备案公章效力的企业，无权对其非备案公章的使用效力作出选择性认可"。结合本案的情况，宏安公司既然认可了张某生私刻的印章在弋阳县房管局使用的效力，等同于认可了本案所涉保证合同上印章的效力。③兆丰公司签订担保合同时已经尽到了审慎的注意义务。《公司法》第 16 条规定："公司为他人提供担保的，依照公司章程的规定，由董事会或者股东会、股东大会决议。"兆丰公司在与宏安公司签订担保合同时，已经就公司对外担保问题要求张某生提供宏安公司的股东会决议，但是张某生告知兆丰公司其能完全代理宏安公司签订合同，没有必要提交股东会决议。而且，兆丰公司在查看张某生提交的宏安公司章程后，并未要求公司对外担保须经股东会或董事会同意，再加上兆丰公司业务员实地考察的信息反馈，以及张某生向兆丰公司提供了内部一般工作人员都无法取得的宏安公司贷款卡原件，使得兆丰公司有充分的理由相信张某生无需经股东会决议就能够代表宏安公司对外提供担保，而且兆丰公司已经尽到了足够的审查义务。所以，本案所涉的宏安公司与兆丰公司签订的合同合法有效。④宏安公司长期默认张某生以宏安公司的名义对外进行民事活动。其一，138 号案件执行过程中，弋阳县弋江镇杭南长高速铁路客运专线协调领导小组于 2014 年 7 月 9 日向一审法院出具的证明中明确写明："江西宏安房地产开发有限责任公司位于弋阳××××北街居委会城北汽车站的房屋及土地因高铁建设被征用，拆迁征地补偿款合计 16 940 865.12 元。此款项分四次付清，最后一次付款时间是 2012 年 4 月 24 日。江西宏安房地产开发有限责任公司拆迁补偿款领款人是张某生，付款方式为银行转账。"该笔拆迁款分多次领取，本案的借款合同于 2012 年 4 月 17 日签订，最后一笔拆迁款是在借款合同签订后一周支付的，也就是说，在本案所涉借款发生前及借款发生后，弋阳县当地政府部门都认可张某生就是代表宏安公司，正好从另一个方面印证了兆丰公司信任宏安公司及张某生是正常而合理的。其二，根据房地产企业通常的运作方式，为方便接揽工程公司各股东基本人手一枚备用章，宏安公司在庭审中也承认其与张某生是挂靠关系，在城北停车场项目中，是宏安公司提供土地，张某生投资进行建设，建成后房屋所有权全部都在宏安公司名下。项目建设从报批、建设、验收、预售、办理所有权证等过程中，张某生有大量需要使用宏安公司公章的情况，在这种情况下，张某生单独掌握一套宏安公司的备用章是合情合理的，相反张某生长期持有宏安公司在公安备案的公章或者每一次签订合同都到宏安公司去盖章才是不符合常理的。其三，在本案再审过程中，案外人廖某华向一审法院就本案的查封标的提起了执行异议之诉，在庭审过程中案外人廖某华提交了其与宏安公司签订并且已经办理备案登记的《商品房买卖合同》，宏安公司又再次否认了合同上加盖的宏安公司的印章及法人章的真实性。商品房的销售才是房企进行项目建设的最终目的，没有印章根本不可能完成商品房销售的过程，更不可能完成从售楼到办证的一切手续，张某生使用宏安公司非备案的印章签订商品房买卖合同正好印证了兆丰公司的上述观点，即宏安公司不但知晓而且默许张某生使用非备案公章。同时，在执行异议之诉庭审过程中，宏安公司还提出廖某华提交的收款收据上加盖的"江西宏安房地产开发有限责任公司弋阳县城北停车场项目部"印章也是伪造的，但是张某生正是使用这枚公章在弋阳县房管局办理了房屋产权证，而房产所有人为宏安公司，宏安公司对此从未提出过异议。也就是说，至少在城北停车场项目销售及办理产权证的过程中，张某生是大量使用了这枚非备案印章的，而在这么长的时间内，宏安公司对张某生使用印章的行为不闻不问，实际上就是默认了张某生以其名义对外从事民事活动，在此种情况下，他人认为张某生代表宏安公司合情合理。其四，本案诉讼过程中，兆丰公司向法院申请了财产保全，宏安公司除了异议保全物超标的外，亦从未对公章的真实性提出异议。⑤关于兆丰公司发放贷款超地域经营问题。首先，没有法律规定超地域发放贷款应认定合同无效，作为小贷公司，政府的监管条例只是规定小贷公司应该在所在地域中经营业务，并不是说贷款只能发放给在此地域内的自然人或者公司，本案罗某福在兆丰公司所在地有业务发生，并没有违反政策或者相关规定。综上所述，兆丰公司有足够的理由相信张某生能够代表宏安公司与兆丰公司签订担保合同，而且无论是签订担保合同还是发放贷款兆丰公司都尽到了足够的审查义务。虽然上饶市中级人民法院的刑事判决书最终认定张某生私刻宏安公司的印章，但是鉴于该枚印章在公权力部门使用过，并且宏安公司也认可张某生在弋阳县房管局使用这枚公章的效力，则一、二审认定张某生代表宏安公司与兆丰公司签订的担保合同对宏安公司产生拘束力并无不当，并且宏安公司的章程中也并未规定公司对外担保要经过股东会或董事会决议。请求驳回宏安公司的再审请求。

宏盛公司答辩称：①关于宏安公司认为一审法院在138号案件中判决宏盛公司承担连带责任，而本案中未判决宏盛公司承担连带责任存在矛盾的问题。由于另案中张某生伪造宏盛公司公章以及授权委托书，代表宏盛公司出庭，领取起诉状副本、传票、判决书等所有法律文书，导致宏盛公司一直未能出庭维护自己的权利，直至一审法院冻结我公司723万元资金时才知情，并立即向上饶市公安局报案，现该案正在南昌市人民检察院再审抗诉审查中；同时审理张某生伪造印章罪的弋阳县人民法院也已向一审法院发函建议暂不予执行。而在本案中由于宏盛公司已知情，并与一审法院取得联系，因而所有法律文书均由宏盛公司签收，也积极出庭对事实予以澄清并申请印章鉴定。至于宏安公司被判决承担责任系因涉案印章虽与其备案印章不一致，但其存在对外公开使用涉案印章的行为，与宏盛公司情形完全不同，因此最终法院在认定事实的基础上依法判决宏盛公司不承担责任是完全合法的。②一审法院对《保证/最高额保证合同》上宏盛公司的印章并非宏盛公司使用的印章这一事实的认定，是在一审法院委托的具有资质的司法鉴定机构出具的鉴定意见的基础上认定的，具有充分依据。上述鉴定活动的主体、鉴定依据、鉴定程序等均合法，不存在违法或导致鉴定意见不能作为证据的情形，能够证明待证事实。③上饶市公安局委托的司法鉴定机构出具的鉴定意见为涉案《保证/最高额保证合同》上的印章与我公司的备案印章不一致，张某生本人也亲口供述伪造宏盛公司印章以及用以对外担保的事实，与宏盛公司没有任何关系。宏盛公司没有授权其刻制印章以及以公司名义对外担保。④张某生伪造的宏盛公司公章一直在其自己手中，宏盛公司从不知情这枚印章的存在，更加没有公开使用过，后这枚印章被弋阳县纪委收走。⑤张某生伪造宏盛公司公章的行为涉及刑事犯罪，且已经被法院生效判决认定构成伪造公司、企业印章罪。⑥宏盛公司并不认识张某生，其不是宏盛公司员工，宏盛公司没有授权张某生以宏盛公司名义对外借款或对外担保等，其行为系违法犯罪行为，与宏盛公司没有任何关联。张某生对外担保的这笔借款，是由兆丰公司直接发放给罗某福的，宏盛公司没有收到任何款项。综上，原审驳回兆丰公司对宏盛公司的诉讼请求，具有充分的事实和法律依据。

被申请人罗某福、侯某英、张某生、叶某莲、雷某云、宋某兰、万嘉公司、赣通公司、赣宏公司未到庭参加诉讼，亦未提交书面的答辩意见。

2014年2月19日，兆丰公司向一审法院起诉请求：①罗某福向兆丰公司归还借款人民币300万元，并支付自实际借款之日起至实际还款日止的借款利息、逾期利息（其中借款利息从2012年9月29日起至2012年12月28日止按月利率2%计算；逾期罚息自2012年12月29日起暂计至2014年2月17日为止按银行同期贷款利率的4倍计算，所欠利息和逾期利息总计人民币120.5万元）。②侯某英、张某生、叶某莲、雷某云、宋某兰、万嘉公司、赣通公司、赣宏公司、宏盛公司、宏安公司对上述借款及利息、逾期罚息向兆丰公司承担连带还款责任。③兆丰公司对各担保人提供的担保物有优先受偿权。④全部案件诉讼费、保全费等由罗某福、侯某英、张某生、叶某莲、雷某云、宋某兰、万嘉公司、赣通公司、赣宏公司、宏盛公司、宏安公司承担。

江西省南昌市中级人民法院一审查明：2012年4月17日，兆丰公司与罗某福签订编号为2012借字第003号的《借款合同》，兆丰公司向罗某福提供金额为人民币300万元的借款，借款期限为3个月，自2012年4月17日起至2012年7月16日止，合同项下借款自贷款发放之日起按日计息，利率为2%（月率），结息日为每月15日，结息日为非法定工作日的，则顺延至下一个工作日，借款到期，利随本清。该合同第8条第3、4款约定：借款到期，罗某福未按约偿还的，自逾期之日起在原利率基础上加收100%的利息。2012年4月17日，罗某福、侯某英、张某生、叶某莲分别向兆丰公司出具《股东/董事或个人连带责任保证担保承诺书》，对上述借款本金加利息，罗某福、侯某英、张某生、叶某莲承诺承担连带偿还责任。

2012年4月17日，罗某福与兆丰公司签订编号为2012年抵字第003-1号的《抵押/最高额抵押合同》，2012年4月17日，兆丰公司与万嘉公司签订编号为2012年抵字第003-3号《抵押/最高额抵押合同》，2012年4月17日，赣通公司与兆丰公司签订编号为2012年抵字第003-2号的《抵押/最高额抵押合同》，上述三份合同均约定：担保的主债权为自2012年4月17日至2012年7月16日，在人民币300万元的最高余额内，兆丰公司依据主合同发放的所有贷款而享有对主债务人的债权，不论该债权在上述期间届满时已经到期或尚未到期。担保的范围包括主合同项下的全部债务本金、利息、逾期利息、复利、违约金、赔偿金、实现抵押权的费用和所有其他应付费用。但合同约定的担保物均未办理抵押登记。

2012年4月17日，兆丰公司与罗某福、侯某英签订编号为2012年保字第003-1号的《保证/最高额保证合同》，为保证兆丰公司债权的实现，罗某福、侯某英自愿向兆丰公司提供保证担保。2012年4月17日，兆丰公司与张某生、叶某莲签订编号为2012年保字第003-3号的《保证/最高额保证合同》，为保证兆丰公司债权的实现，张某生、叶某莲自愿向兆丰公司提供保证担保。2012年4月17日，兆丰公司与雷某云签订编号为2012年保字第003-8号的《保证/最高额保证合同》，为保证兆丰公司债权的实现，雷某云自愿向

兆丰公司提供保证担保。2012 年 4 月 17 日，兆丰公司与万嘉公司签订编号为
2012 年保字第 003-2 号的《保证/最高额保证合同》，为保证兆丰公司债权的
实现，万嘉公司自愿向兆丰公司提供保证担保。2012 年 4 月 17 日，兆丰公司
与赣通公司签订编号为 2012 年保字第 003-4 号的《保证/最高额保证合同》，
为保证兆丰公司债权的实现，赣通公司自愿向兆丰公司提供保证担保。2012
年 4 月 17 日，兆丰公司与赣宏公司签订编号为 2012 年保字第 003-5 号的
《保证/最高额保证合同》，为保证兆丰公司债权的实现，赣宏公司自愿向兆丰
公司提供保证担保。2012 年 4 月 17 日，兆丰公司与宏安公司签订编号为 2012
年保字第 003-7 号的《保证/最高额保证合同》，为保证兆丰公司债权的实现，
宏安公司自愿向兆丰公司提供保证担保。上述 7 份合同均约定：担保的主债
权为自 2012 年 4 月 17 日至 2012 年 7 月 16 日，在人民币 300 万元的最高余额
内，兆丰公司依据主合同发放的所有贷款而享有对主债务人的债权。保证方
式为连带责任保证，保证范围包括主合同项下的债务本金、利息、逾期利息、
复利、违约金、赔偿金、实现债权的费用和所有其他应付费用。保证期间为
自主合同项下的借款期限届满之次日起 2 年，兆丰公司根据主合同之约定宣
布借款提前到期的，则保证期间为自兆丰公司向借款人通知的还款日之次日
起 2 年。

2012 年 9 月 29 日，兆丰公司通过胡珍娥向罗某福分两笔分别转款 100 万
元、200 万元。

江西省南昌市中级人民法院一审认为：兆丰公司与罗某福签订的《借款
合同》，罗某福、侯某英、张某生、叶某莲分别向兆丰公司出具的《股东/董
事或个人连带责任保证担保承诺书》，兆丰公司与罗某福签订的《抵押/最高
额抵押合同》，兆丰公司与万嘉公司签订的《抵押/最高额抵押合同》，兆丰公
司与赣通公司签订的《抵押/最高额抵押合同》，兆丰公司与罗某福、侯某英
签订的《保证/最高额保证合同》，兆丰公司与张某生、叶某莲签订的《保证/
最高额保证合同》，兆丰公司与雷某云签订的《保证/最高额保证合同》，兆丰
公司与万嘉公司签订的《保证/最高额保证合同》，兆丰公司与赣通公司签订
的《保证/最高额保证合同》，兆丰公司与赣宏公司签订的《保证/最高额保证
合同》，兆丰公司与宏安公司签订的《保证/最高额保证合同》，均系各方当事
人的真实意思表示，内容并不违反法律、行政法规的强制性规定，应认定为
合法有效。兆丰公司在合同签订后，依约向罗某福转款 300 万元，罗某福在

借款到期后未按约归还本息，已构成违约，对兆丰公司请求判令罗某福向兆丰公司偿还借款本金 300 万元的诉请，予以支持。对借款利息，双方签订的《借款合同》约定借款利率为月利率 2%，借款到期，罗某福未按约偿还的，自逾期之日起在原利率基础上加收 100% 的利息。对此，一审法院认为，双方当事人在借款合同中对借款利率的约定，已超过中国人民银行同期贷款利率的四倍，因此，对借款内的利率，应以 300 万元为基数按中国人民银行同期贷款利率的 4 倍计算（自 2012 年 9 月 29 日至 2012 年 12 月 28 日对应的同期同类贷款年利率为 5.6%，4 倍即 22.4%），对逾期后的利率，应以 300 万元为基数按中国人民银行同期同类贷款利率的 4 倍计算（自 2012 年 12 月 29 日起至今对应的同期同类银行贷款年利率为 6.15%，4 倍即 24.6%）。

对担保责任，罗某福、侯某英、张某生、叶某莲经一审法院合法传唤未到庭参加诉讼，亦未对《股东/董事或个人连带责任保证担保承诺书》提出异议，罗某福、侯某英、张某生、叶某莲、雷某云、万嘉公司、赣通公司、赣宏公司经一审法院合法传唤未到庭参加诉讼，亦未对《保证/最高额保证合同》提出异议，依据《担保法》第 18 条"当事人在保证合同中约定保证人与债务人对债务承担连带责任的，为连带责任保证。连带责任保证的债务人在主合同规定的债务履行期届满没有履行债务的，债权人可以要求债务人履行债务，也可以要求保证人在其保证范围内承担保证责任"的规定，对兆丰公司要求侯某英、张某生、叶某莲、雷某云、万嘉公司、赣通公司、赣宏公司对罗某福的上述借款本金及利息承担连带清偿责任的诉讼请求，予以支持。对兆丰公司要求宋某兰承担连带清偿责任的诉请，因兆丰公司与雷某云签订的《保证/最高额保证合同》，宋某兰并未在该合同上签名，其签名系雷某云代签，兆丰公司未提交证据证明雷某云与宋某兰之间的关系，也未提交证据证明雷某云的代签行为系受宋某兰的委托，该保证系出于宋某兰本人的真实意思表示，对兆丰公司的该项诉请，不予支持。对兆丰公司诉请的要求宏盛公司对上述借款本息承担连带清偿责任的诉请，因经司法鉴定，兆丰公司与宏盛公司签订的《保证/最高额保证合同》上宏盛公司的印章并非宏盛公司使用的印章，对兆丰公司的该项诉请，不予支持。对兆丰公司要求宏安公司对上述借款本息承担连带清偿责任的诉请，经兆丰公司与宏安公司提起的鉴定显示，该合同上所盖的印章虽与宏安公司登记备案的印章非同一枚印章，但宏安公司用该枚印章在公权力部门进行了使用，该印章仍为宏安公司公开使用的印章，对兆丰公司的该项诉请，予以支持。兆丰公司虽分别与罗某福、万嘉公司、赣通公司签订的《抵押/最高额抵押合同》，但上述抵押合同约定的抵押物并未办理抵押登记。《物权法》第 187 条规定："以本法第一百八十条第一款第一项至第三项规定的财产或者第五项规定的正在建造的建筑物抵押的，应当办理抵押登记。抵押权自登记时设立。"因本案用于抵押的财产并未办理抵押登记，对兆丰公司诉请的要求罗某福、万嘉公司、赣通公司提供的担保物优先受偿的请求不予支持。

据此，该院依照《合同法》第 196 条、第 207 条，《担保法》第 18 条，《物权法》第 187 条，《最高人民法院关于人民法院审理借贷案件的若干意见》第 6 条，《民事诉讼法》第 144 条之规定，于 2015 年 11 月 16 日作出［2014］洪民二初字第 146 号民事判决：①罗某福在判决生效后 10 日内一次性向兆丰公司归还借款本金 300 万元及其利息（自 2012 年 9 月 29 日至 2012 年 12 月 28 日以 300 万元为基数按年利率 22.4% 计算，自 2012 年 12 月 29 日起至付清之日止以 300 万元为基数按年利率 24.6% 计算）。②侯某英、张某生、叶某莲、雷某云、万嘉公司、赣通公司、赣宏公司、宏安公司对上述借款本息承担连带清偿责任。③侯某英、张某生、叶某莲、雷某云、万嘉公司、赣通公司、赣宏公司、宏安公司承担责任后，有权向罗某福追偿。④驳回兆丰公司的其他诉讼请求。如果未按本判决指定的期间履行给付金钱义务，应当依照《民事诉讼法》第 253 条之规定，加倍支付迟延履行期间的债务利息。案件受理费 40 440 元，保全费 5000 元，共计 45 440 元，由罗某福、侯某英、张某生、叶某莲、雷某云、万嘉公司、赣通公司、赣宏公司、宏安公司共同承担。

宏安公司不服一审判决，向江西省高级人民法院提起上诉，请求：撤销一审判决书第二项，改判宏安公司对罗某福向兆丰公司的借款本息不承担连带责任或依法中止审理，移送公安机关处理。事实与理由：①一审法院完全是在捏造事实。首先，宏安公司在一审庭审时郑重地向一审法官作了说明，即宏安公司和本案借款人罗某福从不相识，宏安公司自成立至今，也从未与罗某福发生过任何业务往来。自始至终，宏安公司根本就不知道罗某福向兆丰公司借款，更不存在一审法院认定的 2012 年 4 月 17 日，兆丰公司与宏安公司签订了 2012 年保字第 003-7 号的《保证/最高额保证合同》。本案的真实情况是：宏安公司自始至终没有为罗某福向兆丰公司的借款提供过任何形式的担保。宏安公司在一审期间向一审法院提供的弋阳县公安局经侦大队办案人员在 2015 年 2 月 17 日对本案张某生做的讯问笔录证实，为了骗取借款，张某生私自雕刻了一枚"江西宏安房地产有限责任公司"的假印章，在兆丰公司为罗某福贷款所需要的担保文书即 2012 年保字第 003-7 号《保证/最高额保证合同》及其他手续上加盖了伪造的印章。本案在审理期间，一审法院对 2012 年保字第 003-7 号的《保证/最高额保证合同》上面加盖的印章的真实性进行了司法鉴定。江西神州司法鉴定中心出具的鉴定意见，明确了这份保证合同中的印章不是宏安公司的真实印章和法定备案的印章。这一鉴定意见和张某生的讯问笔录相互印证，充分证明了是本案的张某生等人为了骗取贷款，私刻印章。另外，还有一个事实也需要说明：张某生为了骗取贷款，曾经用这枚假印章在另一起骗取兆丰公司 400 万元贷款的第 138 号案件当中，虚构宏安公司的意思表示，在弋阳县房管局骗取了几套商品房的他项权证。但一审法院认定是"宏安公司公开使用该枚印章（张某生私刻的假印章）在公权力部门进行了使用"。②一审法院完全是枉法裁判。表现一：基于一样的事实，竟然作出截然不同的两个判决。表现二：不依法中止审理，枉法裁判。

兆丰公司二审辩称：①张某生的行为构成表见代理。张某生代理宏安公司与答辩人订立担保合同及最高额抵押合同时，提供了《江西宏安房地产开发有限责任公司章程》、宏安公司的贷款卡、《江西宏安房地产开发有限责任公司股东出资信息》《中华人民共和国组织机构代码证》《企业法人营业执照》及宏安公司的公章，在此种情况下，兆丰公司有理由相信张某生就是宏安公司的代表人，有权代理宏安公司签订相关的担保及抵押合同。②关于印章的问题。张某生所使用的那枚宏安公司的公章虽然与宏安公司在公安机关备案的公章不一致，但是这两枚公章在实质上具有关联性，张某生所使用的这枚公章应该为宏安公司的备用章。首先，张某生多次使用宏安公司所称的"伪造印章"在弋阳县房管局等公共行政部门办理相关手续。张某生使用该枚公章在弋阳县房管局办理了兆丰公司为他项权利人的弋房他证弋阳县字第其他 2012-088 号他项权证，兆丰公司已经就该枚公章与宏安公司签订的《抵押/最高额抵押合同》中使用的公章进行过一致性鉴定，鉴定结果表明张某生在弋阳县房管局办理他项权证时所用的公章与签订《抵押/最高额抵押合同》时所使用的公章系同一枚公章。其次，张某生多次使用此枚公章在弋阳县房管局办理产权证及他项权证，宏安公司作为公章的所有人未对此表示异议，可以证明宏安公司承认张某生对此枚公章的使用权，允许张某生以宏安公司的名义对外进行民事活动。最后，宏安公司的代理人在一审质证过程中也承认，宏安公司认可张某生使用该枚公章在房管局办理他项权证的行为，承认张某生办理的抵押权是有效的，那么就证明宏安公司已经在事实上认可了该枚公章与其在公安备案的公章具有同等效力。所以，该枚公章虽然与宏安公司在公安留底的公章虽然不一致，但是应该属于宏安公司的备用公章，具有与备案公章同等的法律效力。③据了解在弋阳县当地张某生就代表了宏安公司。弋阳县弋江镇杭南长高速铁路客运专线协调领导小组出具的证明中明确了"江西宏安房地产开发有限责任公司位于弋阳××××北街居委会城北汽车站的房屋及土地因高铁建设被征用，拆迁征地补偿款合计 16 940 865.12 元。江西宏安房地产开发有限责任公司拆迁补偿款领款人是张某生，付款方式为银行转账。"宏安公司的拆迁补偿款都是张某生代领的，由此足以证明在弋阳县当地就认为张某生代表的是宏安公司。宏安公司在张某生随意使用其名义从事民事活动时未予以制止，在长达数年的时间里明知张某生使用其公章在弋阳县房管局办理了大量的他项权证而不闻不问，甚至认可张某生办理他项权证的行为，现在又以张某生所使用的公章与其在公安机关备案的公章不一致为由拒绝承担担保责任，明显是故意推托以损害债权人利益。请求驳回上诉，维持原判。

宏盛公司二审辩称：①在 138 号案件中，张某生伪造宏盛公司公章以及授权委托书，代表宏盛公司出庭，领取起诉状副本、传票、判决书等所有法律文书，导致宏盛公司一直未能出庭维护自己的权利，宏盛公司直到一审判决生效南昌市中级人民法院冻结 723 万元资金时才知情，并立即向上饶市公安局报案，现该案正在南昌市人民检察院再审抗诉审查中；同时审理张某生伪造印章罪的弋阳县人民法院也已向南昌市中级人民法院发函建议暂不予执行。而在本案中，由于宏盛公司已知情，并与一审法院取得联系，因而所有法律文书均由宏盛公司签收，并且积极出庭对事实予以澄清并申请印章鉴定，至于宏安公司被判决承担责任系因涉案印章虽与其备案印章不一致，但其存在对外公开使用涉案印章的行为，与我公司情形完全不同，因此最终法院在认定事实的基础上依法判决宏盛公司不承担责任是完全合法的。②一审法院对《保证/最高额保证合同》上宏盛公司的印章并非宏盛公司使用的印章这一事实的认定，是在一审法院委托的具有资质的司法鉴定机构出具的鉴定意见的基础上认定的，具有充分依据。③上饶市公安局委托的司法鉴定机构出具的鉴定意见为涉案《保证/最高额保证合同》上的印章与宏盛公司的备案印章不一致，张某生本人也亲口供述伪造我公司印章以及用以对外担保的事实。宏盛公司知晓张某生有伪造公章进行诈骗活动的行为后，第一时间向上饶市公安局报案，经申请上饶市公安局委托江西警察学院物证鉴定所对《保证/最高额保证合同》第7页加盖的"江西宏盛建业集团有限公司"印章与宏盛公司在工商局备案的印章进行鉴定，鉴定意见为"检材印章与样本印文不是同一印章所盖"。后因管辖问题将该案移送至江西省弋阳县公安局，2015年8月11日，上饶市公安局办案人员赴张某生羁押的弋阳县看守所依法对其进行讯问，并制作了讯问笔录。讯问中，张某生明确供述《保证/最高额保证合同》第7页加盖的"江西宏盛建业集团有限公司"字样的印章系其个人伪造，并供述其与宏盛公司没有任何关系，宏盛公司没有授权其刻制印章以及以公司名义对外担保。④张某生伪造的宏盛公司公章一直在他自己手中，宏盛公司从不知情这枚印章的存在，更加没有公开使用过。上饶市公安局对张某生依法讯问过程中，其供述这枚印章是其个人伪造，之后一直在他自己手中，宏盛公司一直不知情，也没有接触过，后这枚印章被弋阳县纪委收走。⑤张某生伪造宏盛公司公章的行为已经涉嫌构成伪造公司印章罪，且犯罪事实清楚，证据确实充分，弋阳县人民检察院已经就该犯罪行为向弋阳县人民法院依法追加起诉。因138号案件存在事实认定不清，证据不足以及程序违法等情况，为防止宏盛公司的合法权益受到损失，弋阳县人民法院了解情况后特向南昌市中级人民法院发出公函，建议南昌市中级人民法院对兆丰公司诉张某生等借款合同纠纷一案暂予中止执行，待刑事案件审结后再行处理。⑥宏盛公司并不认识张某生，没有授权张某生以宏盛公司名义对外借款或对外担保等，其行为系违法犯罪行为，与宏盛公司没有任何关联。其次，张某生对外担保的这笔借款，是由兆丰公司直接发放给罗某福的，宏盛公司没有收到任何款项。事实上宏盛公司与兆丰公司、罗某福以及张某生在内的全部当事人均不认识，也没有任何经济往来和业务往来，没有为该笔借款提供担保的任何真实意思表示，完全是张某生的诈骗行为。综上，本案《保证/最高额保证合同》中的印章系张某生伪造，并非宏盛公司公开使用的印章，一审法院认定事实并无不当，其依法驳回兆丰公司对宏盛公司的诉讼请求具有充分的事实和法律依据。请求法院依法判决驳回宏安公司的全部上诉请求，维持原判。

罗某福、侯某英、张某生、叶某莲、雷某云、宋某兰、万嘉公司、赣通公司、赣宏公司二审未作答辩。

二审期间各方当事人均未提交新证据。对一审法院查明的事实,二审法院予以确认。

江西省高级人民法院认为,本案二审的争议焦点为:①宏安公司应否对兆丰公司的借款承担连带清偿责任;②本案应否中止审理。

宏安公司应否对兆丰公司的借款承担连带清偿责任,关键在于 2012 年保字第 003-7 号《保证/最高额保证合同》上宏安公司的公章对外是否具有公示效力,是否能够使兆丰公司对该印章形成合理信赖。根据一、二审查明事实,在弋阳××××北街居委会城北汽车站的土地开发过程中,张某生与宏安公司存在挂靠合作关系,张某生系以挂靠宏安公司的名义开发上述土地,并长期多次使用宏安公司印章从事经营活动及在弋阳县房管局等行政部门办理他项权证等。张某生在弋阳县房管局等行政部门办理他项权证等相关手续所使用的宏安公司印章与 2012 年保字第 003-7 号《保证/最高额保证合同》上宏安公司的印章一致。虽然宏安公司的该枚印章弋阳县公安机关认定为伪造,但张某生多次使用该枚公章从事经营活动,且该枚公章已为相关政府职能部门确认。因此,张某生挂靠宏安公司并使用该公司公章的行为对外具有公示效力,应推定宏安公司对于张某生使用该枚公章对外从事民事活动是知晓的,兆丰公司基于对该枚公章的合理信赖而与罗某福签订《借款合同》,并与宏安公司签订《保证/最高额保证合同》,兆丰公司的合理信赖利益应当得到保护。一审判决认定宏安公司承担连带清偿责任并无不当,应予维持。同理,基于合理信赖利益保护原则,张某生涉嫌伪造公司印章等罪,与宏安公司是否要承担连带保证责任并无关联,本案应适用"民刑分离"的原则,不应中止审理,宏安公司要求对本案中止审理没有事实与法律依据,不予支持。综上所述,宏安公司的上诉请求不成立,该院不予支持,依照《民事诉讼法》第 170 条第 1款第 1 项之规定,该院于 2016 年 7 月 15 日作出〔2016〕赣民终 321 号民事判决:驳回上诉,维持原判。

本院审理本案期间,责成兆丰公司限期向本院提交案涉贷款的内部审贷程序的相关文件及公司相应的规章制度。在本院指定的期限内,兆丰公司向本院提交了署名为雷某云、时间为 2017 年 10 月 10 日的《罗某福 300 万元贷款的调查过程》的情况说明一份。经交由宏安公司质证,宏安公司对该份说明的真实性和合法性均不予认可。本院认为,兆丰公司提交的该份证据,并不符合本院的要求，本院对该份证据不予采信，兆丰公司应当承担举证不能的相应法律后果。

再审期间，各方当事人均未提供新的证据。

本院再审查明：自 2012 年 1 月起，兆丰公司与张某生之间即存在口头的借款合同关系，张某生共向兆丰公司借款 6000 万元。其中，2012 年 1 月 6 日，兆丰公司通过胡某娥在中国建设银行的个人账户转款 1200 万元给张某生的个人账户；2012 年 1 月 9 日，兆丰公司通过胡某娥在中国建设银行的个人账户转款 4800 万元给张某生的个人账户。张某生分 22 笔向胡某英归还了兆丰公司的借款本息 4195.5512 万元，分别为：2012 年 1 月 7 日归还了 270 万元、2 月 3 日归还了 120 万元、3 月 9 日归还了 50 万元、3 月 12 日归还了 70 万元、4 月 5 日归还了 585 万元、4 月 11 日归还了 235 万元、4 月 13 日归还了 940 万元、4 月 14 日归还了 30 万元、4 月 17 日归还了 348.4612 万元、5 月 7 日归还了 122 万元、5 月 9 日归还了 150 万元、5 月 23 日归还了 5.09 万元、6 月 18 日归还了 80 万元、8 月 3 日归还了 80 万元、8 月 21 日归还了 80 万元、2013 年 3 月 1 日归还了 300 万元、3 月 26 日归还了 150 万元、4 月 1 日归还了 100 万元、4 月 18 日归还了 150 万元、4 月 19 日归还了 50 万元、5 月 15 日归还了 150 万元。2012 年 4 月 17 日，兆丰公司与张某生签订一份书面的《借款合同》，约定张某生向兆丰公司借款 4000 万元，借款期限为 4 个月，月利率为 2%。为保障上述债权的实现，叶某莲向兆丰公司出具了《股东/董事或个人连带责任保证担保承诺书》，承诺为张某生向兆丰公司所借 4000 万元借款本息承担连带保证责任。同日，赣通公司向兆丰公司出具了《赣通公司股东/董事会决议（借款）》和《赣通公司股东/董事会决议（担保）》，张某生和叶某莲作为股东/董事在前述决议上签字，同意由赣通公司为张某生向兆丰公司所借 4000 万元借款本息承担连带保证责任。同日，赣通公司与兆丰公司签署了《保证/最高额保证合同》《抵押/最高额抵押合同》，承诺为张某生向兆丰公司的 4000 万元借款及利息、罚息承担连带保证责任，并以赣通公司名下位于辽宁省的土地使用权作为抵押。2012 年 5 月 30 日，兆丰公司取得了抵押土地的他项权证。因张某生未依约归还借款，2013 年 5 月 27 日，兆丰公司以张某生、叶某莲、赣通公司为被告，向一审法院提起诉讼。2014 年 4 月 30 日，一审法院作出［2013］洪民二初字第 137 号民事判决，判令张某生向兆丰公司归还借款本金 3056.0243 万元及利息，叶某莲、赣通公司承担连带清偿责任，兆丰公司有权就赣通公司提供的抵押物折价或者以拍卖、变卖后的价款优先受偿。

在前述借款之外，2012 年 4 月 17 日，兆丰公司与张某生另行签订一份《借款合同》，约定张某生向兆丰公司借款 400 万元，借款期限 3 个月，月利率为 2%。同日，叶某莲、雷某云、宋某兰、赣宏公司共同签署《保证/最高额保证合同》，承诺为张某生所欠兆丰公司 400 万元借款本息承担连带保证责任。2012 年 4 月 17 日，宏盛公司、宏安公司、赣通公司共同向兆丰公司出具《股东/董事会决议（担保）》，张某生和叶某莲作为股东/董事在前述决议上签字，承诺为张某生所欠兆丰公司的 400 万元借款本金、利息及罚息承担连带保证责任，担保期限自借款之日起至还清款项为止。同日，宏安公司与兆丰公司签订《保证/最高额保证合同》，约定宏安公司为张某生所欠兆丰公司 400 万元借款及利息、罚息承担连带保证责任，并另行签署《抵押/最高额抵押合同》，约定宏安公司将其名下的 3 套房产（弋房权证弋阳县字第××号、弋房权证弋阳县字第××号、弋房权证弋阳县字第××号）为上述借款本息提供抵押，并于 2012 年 9 月 28 日办理了抵押登记手续，他项权证号为弋房他证弋阳县字第其他 2012-088 号。2012 年 9 月 29 日，兆丰公司委托胡某娥将 400 万元借款汇入张某生在中国建设银行的账户。因张某生未及时归还借款本息，2013 年 5 月 27 日，兆丰公司以张某生、叶某莲、雷某云、宋某兰、赣宏公司、赣通公司、宏盛公司、宏安公司为被告，向一审法院提起诉讼。2014 年 3 月 11 日，一审法院作出［2013］洪民二初字第 138 号民事判决，判令张某生向兆丰公司归还借款本金 400 万元及利息，叶某莲、雷某云、宋某兰、赣宏公司、赣通公司、宏盛公司、宏安公司就上述债务承担连带清偿责任，兆丰公司有权就宏安公司、赣通公司提供的抵押物折价或以拍卖、变卖后的价款优先受偿。

2014 年 10 月 8 日，张某生因涉嫌伪造印章罪被江西省玉山县公安局刑事拘留，2014 年 10 月 10 日变更为取保候审，后因涉嫌非法吸收公众存款罪于 2014 年 12 月 26 日被江西省弋阳县公安局刑事拘留，2015 年 1 月 30 日经弋阳县人民检察院批准并由弋阳县公安局执行逮捕。2015 年 12 月 21 日，弋阳县人民检察院以张某生犯非法吸收公众存款罪向弋阳县人民法院提起公诉，期间以贷款诈骗罪、伪造公司、企业印章罪追加起诉。2017 年 1 月 17 日，江西省弋阳县人民法院作出［2015］弋刑初字第 146 号刑事判决：张某生犯非法吸收公众存款罪、伪造公司、企业印章罪、骗取贷款罪，决定执行有期徒刑11年，并处罚金80万元，依法追缴违法所得17 758.085万元并返还给受害人，随案移送的赃物依法予以处理。其中，关于伪造公司、企业印章罪的犯罪事实为：2012年2月，张某生为了在兆丰公司办理贷款，在明知自己不是宏安公司股东的情况下，伪造了宏安公司印章，使用伪造的该公司印章在弋阳县房管局办理了房屋的他项权证抵押，并在抵押人处签了自己的名字，以宏安公司的名义担保在兆丰公司贷了两笔共计700万元的贷款，后因无钱归还贷款，致使法院查封了宏安公司的房产。此外，张某生为了达到向兆丰公司办理贷款或者释放抵押于上饶市农业银行信江支行、玉山县农村信用合作社的房产证的目的，分别伪造了宏盛公司、中国农业银行股份有限公司上饶信江支行、玉山县农村信用合作社印章各一枚。2017年3月31日，江西省上饶市中级人民法院作出［2017］赣11刑终53号刑事判决，维持了弋阳县人民法院关于张某生犯非法吸收公众存款罪、伪造公司、企业印章罪、骗取贷款罪，决定执行有期徒刑11年，并处罚金80万元的判决主文。

另查明：2007年1月9日，叶某街、高某福、洪某根、全某忠、宣某、余某福、董某明共同制定宏安公司《章程》，规定公司注册资本2000万元，其中叶某街认缴840万元，占比42%；高某福、董某明、洪某根、全某忠分别出资240万元，占比各为12%；宣忠出资200万元，占比10%。公司不设董事会，设执行董事一人，行使召集和主持股东会议、决定公司的经营计划和投资方案、代表公司签署有关文件等职权。2007年1月10日，弋阳县工商局核发了宏安公司的《企业法人营业执照》，法定代表人为叶某街。

在一审法院审理本案期间，弋阳县弋江镇杭南长高速铁路客运专线协调领导小组于2014年7月9日向一审法院出具《证明》：宏安公司位于弋阳××××北街居委会城北汽车站的房屋及土地因高铁建设被征用，拆迁征地补偿款合计16 940 865.12元。此款项分4次付清，最后一次付款时间是2012年4月24日。宏安公司拆迁补偿款领款人是张某生，付款方式为银行转账。

除上述事实外，原审判决认定事实属实，本院予以确认。

再审中，各方当事人争议的焦点问题为：张某生的行为是否构成表见代理，案涉保证合同对宏安公司是否发生效力。

本院认为，兆丰公司与罗某福签订《借款合同》，约定兆丰公司向罗某福提供300万元贷款，该《借款合同》是各当事人的真实意思表示，因《借款合同》中关于月利率为2%的内容超过了《最高人民法院关于人民法院审理借贷案件的若干意见》规定的上限，故原审判决在认定该《借款合同》有效的同时，将利率依法调整为中国人民银行同期贷款利率的四倍，符合法律规定，本院予以确认。就侯某英、张某生、叶某莲、雷某云、宋某兰、万嘉公司、赣通公司、赣宏公司等担保人的责任问题，因前述各该担保人均未对原审判决的相关内容提出异议，本院对此不再予以理涉，直接维持原审判决的相关认定。申请人宏安公司虽对原审判决关于宏盛公司不承担担保责任的认定提出异议，但其诉讼理由主要是针对原审判决就宏安公司、宏盛公司所提供的担保均系张某生伪造印章而为这一相似的事实作出了不同的责任认定，其核心诉求并非是要求宏盛公司承担担保责任，本院对原审判决关于宏盛公司不承担担保责任的认定部分，一并予以维持。就当事人争议的焦点问题，评判如下：

　　本案中，张某生挂靠在宏安公司名下，从事弋阳××××北街居委会城北汽车站的土地开发项目，但就案涉担保事宜，宏安公司不仅没有授权张某生为罗某福的借款向兆丰公司提供担保，且事先并未获悉此节事实，故依法应当认定张某生以宏安公司的名义与兆丰公司签订案涉《保证/最高额保证合同》的行为系无权代理。《合同法》第48条第1款规定："行为人没有代理权、超越代理权或者代理权终止后以被代理人名义订立的合同，未经被代理人追认，对被代理人不发生效力，由行为人承担责任。"第49条规定："行为人没有代理权、超越代理权或者代理权终止后以被代理人名义订立合同，相对人有理由相信行为人有代理权的，该代理行为有效。"根据前述规定，在宏安公司拒绝追认案涉《保证/最高额保证合同》的情况下，只有张某生的行为构成表见代理，该保证合同的效果才能够归属于宏安公司并由其承担相应的法律责任。表见代理行为的本质是无权代理，认定无权代理人的行为构成表见代理则意味着本人必须承受其意思以外的他人决定的约束，有违当事人自主决定的民法基本原则，故立法将相对人的信赖利益保护限定在其善意无过失的场合。据此，在判断兆丰公司是否有理由相信张某生有代理权这一问题时，本院将从张某生是否具有表征代理权存在的外观、兆丰公司对相关的权利外观的信赖是否合理、宏安公司作为被代理人对该权利外观的存在是否具有可归责性及其程度这三个方面进行综合考量。

　　关于张某生是否具有以宏安公司名义为他人提供担保的代理权外观的问题。《公司法》第16条规定，公司为他人提供担保，依照公司章程的规定，由董事会或者股东会、股东大会决议；公司章程对担保的数额有限额规定的，不得超过规定的限额。公司为公司股东或者实际控制人提供担保的，必须经股东会或者股东大会决议。前款规定的股东或者受前款规定的实际控制人支配的股东，不得参加前款规定事项的表决。该项表决由出席会议的其他股东所持表决权的过半数通过。由此可见，在公司为他人提供担保这一可能影响股东利益的场合，立法规定了公司机关决议前置程序以限制法定代表人的代表权限。在公司内部，为他人提供担保的事项并非法定代表人所能单独决定，其决定权限交由公司章程自治：或由公司股东决定，或是委诸商业判断原则由董事会集体讨论决定；在为公司股东或实际控制人提供担保的场合，则必须交由公司其他股东决定。这种以决议前置的方式限制法定代表人担保权限的立法安排，其规范意旨在于确保该担保行为符合公司的意思，不损害公司、股东的利益。据此，能够证明张某生享有以宏安公司名义为他人提供担保的代理权外观的证据，只能限于宏安公司的股东会决议或者执行董事的授权，或者是能够证明案涉担保行为确系宏安公司真实意思的其他相关证据。而在本案中，无论是张某生与宏安公司之间的挂靠关系，还是张某生因此而持有相关印章、文件的事实，均不足以表彰其代理权限的存在。首先，张某生挂靠宏安公司开发城北汽车站地产项目的事实，使得张某生享有以宏安公司名义对外开展与该房地产开发有关的通常经营业务的代理权外观，但该代理权外观并不能延展至为他人提供担保这一特别事项方面。本院注意到，弋阳县弋江镇杭南长高速铁路客运专线协调领导小组于2014年7月9日所出具的证明，是在一审法院审理本案期间发生，并非兆丰公司在签订保证合同时获知的事实。若以该节事后获知的事实来反推兆丰公司在签约时对张某生代理权限的判断，并不能令人信服。其次，兆丰公司称张某生签约时向其提供了宏安公司的章程、贷款卡、股东出资信息、组织机构代码证等相关材料，并持有宏安公司印章，张某生持有上述资料的确能够证明张某生与宏安公司存在某种关联。但考虑到本案中兆丰公司作为专业的放贷机构，其在接受赣通公司、赣宏公司、宏盛公司所提供的担保时，均要求张某生提供了相关的公司决议，说明其已经知道《公司法》第16条存在公司为他人提供担保的限制性规定。故兆丰公司在获得了宏安公司的章程、股东出资信息、组织机构代码证等证据材料后，已经实际知道张某生既非宏安公司的股东，也非宏安公司的法定代表人，仅凭借张某生持有印章、贷款卡及自称为宏安公司法定代表人的姐夫的口头说明，并不足以证明张某生享有相应的代理权外观。

关于兆丰公司对张某生代理权的信赖是否合理的问题。首先，从兆丰公司与张某生之间的交易历史来看，兆丰公司在签订担保合同时存在着要求提供公司相关决议文件的做法。在［2013］洪民二初字第 137 号案件中，兆丰公司在年初向张某生发放 6000 万元贷款后，因张某生未能全额归还，于 2012 年 4 月 17 日补签书面的借款合同并由张某生担任法定代表人的赣通公司提供担保，兆丰公司要求张某生和其妻叶某莲出具《赣通公司股东/董事会决议（借款）》《赣通公司股东/董事会决议（担保）》两份书面文件，同意由赣通公司为张某生向兆丰公司所借 4000 万元借款本息承担保证责任。在［2013］洪民二初字第 138 号案件中，兆丰公司要求张某生提供了宏盛公司、宏安公司、赣通公司共同出具的《股东/董事会决议（担保）》。由此可见，兆丰公司在开展贷款业务时，已经认识到提供担保的行为须经公司机关决议，并非公司法定代表人所能单独决定。而在本案中，2015 年 2 月 17 日张某生在公安机关的讯问笔录中供述称其曾经应兆丰公司的要求，向兆丰公司出具了他和其妻子叶某莲的股东会决议，并加盖了宏安公司的印章。但兆丰公司否认该决议的存在，并称其虽然曾经要求张某生提供宏安公司的股东会决议，但张某生告知其能够代表宏安公司签订合同，且宏安公司章程也未要求公司对外担保须经股东会或董事会同意，因此兆丰公司最终并未要求其提供决议。本院认为，因本案与［2013］洪民二初字第 137 号、［2013］洪民二初字第 138 号案件中的借款和担保合同均签订于 2012 年 4 月 17 日，兆丰公司关于其并未就本案借款要求张某生提供宏安公司决议的相关陈述，与其在 138 号案件中将宏安公司的决议作为证据提交的事实相互矛盾，本院不予采信。其次，张某生虽然持有宏安公司的印章，但兆丰公司作为实际知道法律对公司为他人提供担保存在须经公司机关决议的法定要求的专业贷款经营机构，应当知道公章不能等同于公司决议。在张某生所提交的材料既不能证明其系宏安公司的股东，又不能证明其系宏安公司的实际控制人的情况下，在 2012 年 4 月 17 日签订合同至 2012 年 9 月 29 日实际发放贷款这一长达 5 个多月的时间内，既未向宏安公司核实张某生的代理权限，亦未要求张某生出示委托书、公司决议等能够证明代理权限存在的证据，兆丰公司的行为既与其公司经营业务特性不符，也未尽通常情形下的注意义务。本案中，只要兆丰公司向宏安公司做一核实了解，就可以获悉张某生的行为系无权代理，由此可以认定，兆丰公司对张某生的无权代理行为至少属于因重大过失而不知。最后，关于138号案件中张某生利用私刻的宏安公司的公章办理抵押登记的事实能否用以证明本案中兆丰公司的合理信赖问题。本案借款、担保合同与138号案件中的借款和担保合同系于2012年4月27日同时签订，而弋阳县房管局办理抵押登记的时间是2012年9月28日。兆丰公司关于其基于对公权力部门的信任而相信张某生确实能够代表宏安公司提供担保的诉讼理由，理据不足，本院不予采信。原审判决以张某生使用的该枚印章已为相关政府职能部门确认，兆丰公司基于对该枚公章的合理信赖利益应当得到保护的认定，未能根据法律规定正确审查、认定公司为他人提供担保的代表和代理权限，仅以印章的真伪作为宏安公司是否应当承担责任的判断依据，对法律的理解并不正确，本院予以纠正。

关于宏安公司作为被代理人对张某生的行为是否具有可归责性的问题。本案中，宏安公司虽与张某生存在挂靠开发的关系，客观上使得张某生存在职务代理的授权外观，但第三人对该外观的合理信赖应当限于与工程开发相关的事务为宜。在与挂靠开发有关的事项范围内，张某生以宏安公司名义对外从事的法律行为，应当由宏安公司承受相应的法律后果。根据生效刑事判决认定的事实，张某生私刻宏安公司的印章系为用于其与兆丰公司之间的贷款担保事宜，本案中并无证据表明宏安公司同意张某生另行刻制印章或者对张某生私刻其印章对外开展民事活动存在放任不管的情形。故原审判决关于张某生挂靠宏安公司并使用该公司公章的行为对外具有公示效力，应推定宏安公司对于张某生使用该枚公章对外从事民事活动是知晓的认定不当，本院予以纠正。虽然宏安公司在获悉对138号案件的判决后对该案中的抵押担保予以追认，该追认行为系其作为被代理人依法行使权利，不能由此延伸到对本案300万元贷款的担保，更不能以宏安公司另案执行程序中的事后追认行为得出本案贷款担保系有权代理的结论。兆丰公司关于宏安公司在已经认可该枚印章在抵押合同上的效力就不能选择性地主张本案担保合同上的印章无效的诉讼理由，并无相应的事实和法律依据，本院不予支持。

综上所述，本院认为，兆丰公司关于其有理由相信张某生有权代理宏安公司为他人作保的诉讼理由不能成立，本院不予支持。张某生的行为不构成表见代理，案涉保证合同对宏安公司不生效力。申请人宏安公司的申请理由成立，本院予以支持。原审判决认定事实和适用法律均有不当之处，本院予以纠正。依照《合同法》第48条第1款、第49条、第196条、第207条，

《担保法》第 18 条,《物权法》第 187 条,《公司法》第 16 条第 1 款,《最高人民法院关于人民法院审理借贷案件的若干意见》第 6 条,《民事诉讼法》第207 条第 1 款、第 170 条第 1 款第 2 项之规定, 判决如下:

(1) 撤销江西省高级人民法院 [2016] 赣民终 321 号民事判决;

(2) 维持江西省南昌市中级人民法院 [2014] 洪民二初字第 146 号民事判决第 1 项、第 4 项;

(3) 变更江西省南昌市中级人民法院 [2014] 洪民二初字第 146 号民事判决第 2 项为: 侯某英、张某生、叶某莲、雷某云、横峰县万嘉国际酒店有限公司、辽宁赣通置业有限公司、弋阳县赣宏房屋建筑工程有限公司对上述借款本息承担连带清偿责任;

(4) 变更江西省南昌市中级人民法院 [2014] 洪民二初字第 146 号民事判决第 3 项为: 侯某英、张某生、叶某莲、雷某云、横峰县万嘉国际酒店有限公司、辽宁赣通置业有限公司、弋阳县赣宏房屋建筑工程有限公司承担责任后, 有权向罗某福追偿。

一审案件受理费 40 440 元, 保全费 5000 元, 共计 45 440 元, 由罗某福、侯某英、张某生、叶某莲、雷某云、横峰县万嘉国际酒店有限公司、辽宁赣通置业有限公司、弋阳县赣宏房屋建筑工程有限公司共同负担。二审案件受理费 40 440 元, 由南昌县兆丰小额贷款股份有限公司负担。

本判决为终审判决。

审 判 长　周伦军

审 判 员　王展飞

审 判 员　汪 军

二○一七年十二月八日

法官助理　李 洁

书 记 员　王薇佳

(二) 分析

本案涉及担保和公司法相关问题, 也涉及印章伪造和代理关系认定问题。近年来, 印章伪造、法定代表人签字等类似事项层出不穷, 相应章、人究竟是否能代表公司, 需要从代理和代表角度进行深入分析。本案中, 法官的思考点是小贷公司的审查义务要强于普通人，公司章程对担保的约定要给予特别关注。基于这个要点，法院作出了判决。

识别代理和代表关系需要基于特定的事实和主体。首先要关注主体，主体之间的关系是识别关键。即便是主体真实签字，比如法定代表人签字，但法定代表人是否就能真正代表公司仍是问题。法定代表人在普通事务上可以代表公司，但如担保等情形则为例外，章程仍是小贷公司审查的要点。在这种情况下，要在考量主体的前提下再考量事件。既然法定代表人的代表都不一定成立，那么作为其他代理人的授权便更应被严格审查。其次，分析事件，和本案不相关的看似有关联的案件并不能成为本案的有效证据，事件和本案之间的逻辑关系和证据关系才是案件的关键。

《九民纪要》对公章、法定代表人签字等问题做了更为科学的阐释，遵循了提高债权人审查义务，限缩法定代表人、公章指代能力的基本思路，按照《九民纪要》的规定，本案也应据此判决。为方便学生理解，此处将相关内容列出："17.【违反《公司法》第16条构成越权代表】为防止法定代表人随意代表公司为他人提供担保给公司造成损失，损害中小股东利益，《公司法》第16条对法定代表人的代表权进行了限制。根据该条规定，担保行为不是法定代表人所能单独决定的事项，而必须以公司股东（大）会、董事会等公司机关的决议作为授权的基础和来源。法定代表人未经授权擅自为他人提供担保的，构成越权代表，人民法院应当根据《合同法》第50条关于法定代表人越权代表的规定，区分订立合同时债权人是否善意分别认定合同效力：债权人善意的，合同有效；反之，合同无效。18.【善意的认定】前条所称的善意，是指债权人不知道或者不应当知道法定代表人超越权限订立担保合同。《公司法》第16条对关联担保和非关联担保的决议机关作出了区别规定，相应地，在善意的判断标准上也应当有所区别。一种情形是，为公司股东或者实际控制人提供关联担保，《公司法》第16条明确规定必须由股东（大）会决议，未经股东（大）会决议，构成越权代表。在此情况下，债权人主张担保合同有效，应当提供证据证明其在订立合同时对股东（大）会决议进行了审查，决议的表决程序符合《公司法》第16条的规定，即在排除被担保股东表决权的情况下，该项表决由出席会议的其他股东所持表决权的过半数通过，签字人员也符合公司章程的规定。另一种情形是，公司为公司股东或者实际控制人以外的人提供非关联担保，根据《公司法》第16条的规定，此时由公司章程规定是由董事会决议还是股东（大）会决议。无论章程是否对决议机关作出规定，也无论章程规定决议机关为董事会还是股东（大）会，根据《民法总则》第 61 条第 3 款关于'法人章程或者法人权力机构对法定代表人代表权的限制，不得对抗善意相对人'的规定，只要债权人能够证明其在订立担保合同时对董事会决议或者股东（大）会决议进行了审查，同意决议的人数及签字人员符合公司章程的规定，就应当认定其构成善意，但公司能够证明债权人明知公司章程对决议机关有明确规定的除外。债权人对公司机关决议内容的审查一般限于形式审查，只要求尽到必要的注意义务即可，标准不宜太过严苛。公司以机关决议系法定代表人伪造或者变造、决议程序违法、签章（名）不实、担保金额超过法定限额等事由抗辩债权人非善意的，人民法院一般不予支持。但是，公司有证据证明债权人明知决议系伪造或者变造的除外。"

学习法律的人要关注《九民纪要》的相关规定，理清公司担保效力问题。

十九、派生诉讼案

（一）案例

王某棉诉杭州萧山广宇建筑工程有限公司等股东代表诉讼纠纷案

江苏省徐州市中级人民法院民事裁定书

[2015] 徐商终字第 0235 号

上诉人（原审原告）：王某棉。

被上诉人（原审被告）：杭州萧山广宇建筑工程有限公司。

法定代表人：周某飞，该公司总经理。

委托代理人：丁某红，该公司法务人员。

原审被告：王某军。

上诉人王某棉因与被上诉人杭州萧山广宇建筑工程有限公司（以下简称"广宇公司"）、原审被告王某军股东代表诉讼纠纷一案，不服江苏省徐州市云龙区人民法院 [2014] 云商初字第 0984 号民事裁定，向本院提起上诉。本院立案受理后，依法组成合议庭进行了审理。本案现已审理终结。

王某棉原审诉称：自己系徐州海博物资贸易有限公司（以下简称"海博公司"）的大股东，持股60%。海博公司（甲方）与广宇公司（乙方）于2010年3月17日、4月7日、5月17日签订三份钢材购销合同，约定甲方按照乙方的需要和三份商定的价格，向乙方分批供应钢材。凭乙方工程负责人王某荣或俞某庆开具的结算单或收货人出具的收货凭证作为结算凭据。乙方以电汇、现金、转账支票（承兑汇票按同期银行利息贴息）形式付款。甲方为乙方垫资200万元钢材款。此后，钢材款每月付款一次，每次在月底付清当月供货的全部货款（2010年6月3日改为付当月供货款的70%）。待工程主体封顶后1个月内（最迟日期为2010年10月30日）付清垫资款的70%，剩余的30%货款在2011年1月15日以前全部付清。如果乙方违约，甲方有权按未付货款的30%向乙方收取违约金。海博公司始终认真履行合同，从2010年3月15日到2010年11月16日，向广宇公司供应钢材1754.603吨，货款合计8 698 384元。被告广宇公司严重违约，从2010年4月第一次应付款时就开始违约，在28个月中，平均违约欠海博公司货款342万元，尚不包括200万元垫资款，给海博公司造成直接损失100多万元。到2012年3月2日，尚欠货款2 228 384元。

2012年5月3日，海博公司向徐州市中级人民法院起诉广宇公司。法院7月3日进行诉前调解，双方达成共识。法庭打印出《调解协议书》，双方诉讼代理人各持一份，带回公司签字盖章。7月4日，广宇公司派人把该公司签字盖章后的《调解协议书》送交给王某军，让王某军签字盖章后一并交给法院。当天广宇公司有人传话，不要将《调解协议书》交给法院，算双方庭外自行和解，广宇公司就不用向法院交纳案件受理费。王某军没有表示反对。后广宇公司没有完全按照调解协议的内容履行义务。

2012年9月，王某棉向王某军提出，调解协议既不是法院调解的证据，也不是双方庭外自行和解的证据，广宇公司仍要按照双方签订的三份合同的约定继续履行义务。王某军不同意，认为王某棉不守诚信。2012年9月19日，王某棉以海博公司的名义，打印一份起诉状，向王某军提出起诉广宇公司，王某军拒绝在起诉状上加盖公章，又拒绝提供与本案有关的证据原件，竭力阻止起诉。王某军的这种态度始终没有改变。现，王某棉依据《公司法》第150条、第152条的规定，以海博公司股东的身份，代表公司提起诉讼，请求判令：①广宇公司偿还海博公司货款384元，违约金287 559元、承兑汇票贴息 146 915 元，合计 434 858 元。②王某军在第一项诉讼请求不能实现的情况下，赔偿海博公司遭受的损失。

广宇公司原审辩称：①我公司与海博公司间的买卖合同已履行完毕，钱货两清，不存在海博公司所诉的情况。双方之间的钢材结账总吨位为 1754.603 吨，结算总价为 8 698 384 元。我公司已经按照调解协议支付给海博公司材料款 8 698 000 元，贴息金额 382 000 元，合计支付 9 080 000 元。而海博公司在王某棉起诉前乃至起诉后并未向我公司提出口头或书面异议，且海博公司法定代表人向我公司出具了由其签字的收条收据。据此可知，我公司与海博公司已经钱货两清，不存在尚欠货款、贴息及违约的情形。②双方已经按照调解协议的内容实际履行完毕，根据《合同法》第 36 条、第 37 条的规定，一方当事人已经实际履行主要义务，对方接受的，该合同成立。因此，我公司于 2012 年 7 月 3 日与海博公司签订的调解协议是双方真实的意思表示，是合法有效的。海博公司诉状上称是为了不缴纳案件受理费而未向法院交回调解协议是虚构的，实际上我公司已经将盖章的协议书交给了海博公司的法定代表人王某军，王某军也是赞同调解协议的意见的。法定代表人是代表法人行使民事权利，履行民事义务的负责人，具有公信作用，所以，我公司有理由相信，该份调解协议真实有效。③王某棉主体不适格。根据《公司法》第 152 条的规定，股东提起股东代表诉讼的前置条件是股东向监事提出书面的起诉意见或者情况紧急，不立即诉讼会使公司利益受到难以弥补的损害。即穷尽内部救济制度后，才可以提出股东代表诉讼。而从王某棉的诉状以及其提交的证据可见，王某棉并未向该公司的监事常某提出书面意见，尚未穷尽公司内部救济制度。且我公司并没有少支付海博公司费用，相应的违约金也已支付，不存在我公司迟延支付货款而影响海博公司正常运营的情形。因此，王某棉没有诉讼主体资格。综上，请求人民法院查明案件事实，依法驳回王某棉的诉讼请求。

王某军未到庭亦未提交书面答辩意见。

原审法院经审理查明：2010 年 3 月 17 日、2010 年 4 月 7 日、2010 年 5 月 17 日，海博公司与广宇公司签订三份《钢材购销合同》，约定广宇公司购买海博公司的钢材用于广宇公司在开元四季三期工程的建设。截至 2010 年 1 月 16 日，海博公司共向广宇公司供应钢材 1754.603 吨，价款合计 8 698 384 元。

2012 年 5 月 3 日，海博公司以广宇公司拖欠货款 430 480.83 元为由起诉至徐州市中级人民法院。在法院诉前调解阶段，双方达成调解协议，内容如下：①广宇公司共欠海博公司货款 2 228 384 元，违约金 35 万元，2012 年 7 月 4 日广宇公司给付海博公司现金 228 384 元，余款 235 万元，于 2012 年 7 月 31 日前支付现金 100 万元，2012 年 8 月 31 日前支付现金 135 万元。上述款项通过转账或者现金支付。上述款项如不按期支付，双倍支付违约金 70 万元。②案件受理费 27 424 元减半收取 13 712 元，由广宇公司负担。③本协议经双方当事人签字后即发生法律效力。广宇公司在该调解协议上加盖该公司徐州开元四季项目部三期三标项目部印章并由项目部负责人签字。广宇公司于 2012 年 7 月 5 日给付海博公司货款 228 000 元；于 2012 年 7 月 31 日给付海博公司货款 100 万元、贴息款 32 000 元；于 2012 年 8 月 31 日给付海博公司货款 100 万元、利息款 35 万元。

2014 年 7 月 1 日，王某棉以诉称理由向原审法院起诉，遂成本案诉讼。

原审法院另查明，海博公司成立于 2007 年 11 月 2 日，注册资本为 200 万元，法定代表人为王某军，王某棉持有该公司 120 万元股份，公司监事为常某。王某棉在一审庭审中陈述，常某已于 2009 年 8 月 21 日离开海博公司，海博公司的监事现为空缺状态。

原审法院审理后认为：王某棉作为海博公司的股东，有权代表公司提起诉讼。但我国《公司法》规定了股东提起代表诉讼必须履行一定的前置程序，主要是要向公司监事会、监事提出主张权利的请求，只有被拒绝后，股东才有权利代替公司向侵权者提起诉讼。王某棉并未向海博公司的监事常某提出主张权利的请求。从海博公司的工商信息查询登记来看，常某仍为该公司的监事。王某棉提供的常某离开公司时账目交接手续系复印件，真实性无法核实，即使该账目交接手续是真实的，也仅能证明常某作为公司的会计离职，不能证明常某辞去公司监事一职。根据我国《公司法》的规定，监事任期届满未及时改选，或者监事在任期内辞职导致监事会成员低于法定人数的，在改选出的监事就任前，原监事仍应当依照法律、行政法规和公司章程的规定，履行监事职务。综上所述，王某棉在代表公司提起诉讼之前，并未穷尽公司内部救济手续，其主体不适格。根据《公司法》第 53 条第 2 款、第 152 条，《民事诉讼法》第 119 条之规定，裁定如下：驳回原告王某棉的起诉。

王某棉不服原审裁定，向本院提起上诉称：①一审法院未对证据进行全面客观审查，未对是否采纳进行阐述，属违法采纳。②一审法院认定事实错误。海博公司与广宇公司达成的调解协议不具备生效条件，是无效协议，不能作为定案依据。③常某虽然是海博公司的监事，但已于2009年8月21日离职，不再是公司监事，只是工商登记未予变更。④上诉人以股东身份起诉，符合公司法规定的法定身份、法定程序、法定条件。⑤原审法院未认真审查案情，未准确适用《公司法》第151条。请求撤销一审法院的错误裁定，将本案发回重审。

二审查明的事实与原审裁定认定的事实一致，本院予以确认。

本院认为：上诉人王某棉在本案诉前并未用尽公司内部救济程序，即提起本案股东代表诉讼，起诉条件尚不具备。理由如下：《公司法》第152条规定了股东代表诉讼法律制度，所谓股东代表诉讼，系指公司的利益受到公司机关成员的损害而公司不能或怠于起诉追究其责任时，具备法定资格的股东为了使公司的利益不受侵害，依据法定程序代表公司提起的诉讼。股东代表诉讼程序应具备以下条件：第一，股东作为原告必须符合法律规定的条件；第二，代表诉讼股东必须在诉前"用尽公司内部救济"，意即股东在公司遭受违法行为的损害后，不能马上直接提起诉讼，而必须先向公司的监督机关（监事会、监事）提出由公司出面进行诉讼的请求，只有在请求已经落空或注定落空、救济已经失败或注定失败时，股东才可以代表公司提起诉讼。而本案中，上诉人王某棉虽然主张常某已离开公司，常某不再是海博公司的监事，但从海博公司的工商信息查询登记来看，常某仍为该公司的监事。即使王某棉一、二审期间提交的账目交接手续（复印件）及证人书面证词属实，也仅能证明常某作为公司的会计离职，不能证明常某辞去公司监事一职。而我国《公司法》规定，监事任期届满未及时改选，或者监事在任期内辞职导致监事会成员低于法定人数的，在改选出的监事就任前，原监事仍应当依照法律、行政法规和公司章程的规定，履行监事职务。因此，虽然上诉人王某棉作为海博公司的股东具备提起代表诉讼的股东资格，但是其并未向海博公司的监事常某提出由公司出面进行诉讼的主张，未在起诉前"用尽公司内部救济"。王某棉作为公司股东代表公司提起诉讼，起诉条件尚不具备，原审法院裁定驳回其起诉，有事实以及法律依据，并无不当。

综上，上诉人王某棉的上诉请求无事实和法律依据，本院依法不予采信。原审裁定认定事实清楚，适用法律正确，依法应予维持。依照《民事诉讼法》第169条第1款、第170条第1款第1项之规定，裁定如下：

驳回上诉，维持原裁定。

本案不收取案件受理费。上诉人王某棉已缴纳的二审案件受理费 7820 元，由本院退还。

本裁定为终审裁定。

审　判　长　郭　宏

代理审判员　杜　林

代理审判员　汪佩建

二〇一五年四月十六日

书　记　员　董硕园

（二）分析

这个案例是一个相对简单的派生诉讼案例。所谓派生诉讼，也可被称为间接诉讼。在公司各主体中，公司是和所有主体都直接相关的主体，公司可以诉股东、董事、监事、总经理，股东、董事、监事、总经理可以诉公司，这种都是直接的诉讼关系。与此相对，股东诉董事、监事、总经理，或者董事诉监事，公司则是受益人，这种情况下的诉讼其实就是派生诉讼。派生诉讼的被告并不限于这里提到的几类。派生诉讼的利益归属于公司，最终会让所有股东受益。

派生诉讼需要满足一定的条件和程序，比如股东需要满足一定条件，提起诉讼需要满足一定条件（如前置程序），派生诉讼还可以有范围限制。可见，派生诉讼的情况相比于直接诉讼略显复杂。在正常情况下，股东提起派生诉讼可能会让其他股东"搭便车"，这种诉讼往往难以启动。因此，在派生诉讼中，要关注能够引发派生诉讼的动机和动力制度。

在有限责任公司中，由于股东人数一般较少，启动派生诉讼相对简单。在股份有限公司中情况则可能会更加复杂。派生诉讼和直接诉讼的根本区别是非公司直接作为原告，而公司享受利益。

本案中，上诉人之所以被裁定驳回上诉，原因就在于未满足派生诉讼的提起条件。如果本案起诉前王某棉向监事发起了问询，则案件可能会被受理。可见，程序上的缺失容易导致派生诉讼败诉。另外，本案也提示我们，及时变更工商登记非常重要。

二十、改制遗留问题案

（一）案例

中国药科大学与南京金盛田集团有限公司控股股东、
高级管理人员损害公司利益纠纷上诉案
江苏省南京市中级人民法院民事判决书

[2012] 宁商终字第 140 号

上诉人（原审被告）：中国药科大学。

法定代表人：吴某明，中国药科大学校长。

委托代理人：韦某。

委托代理人：游某根，江苏永琰律师事务所律师。

被上诉人（原审原告）：南京金盛田集团有限公司。

法定代表人：金某洲，南京金盛田集团有限公司董事长。

委托代理人：申某金，北京大成律师事务所南京分所律师。

原审被告：蔡某利。

委托代理人：权某，江苏当代国安律师事务所律师。

原审第三人：中国药科大学制药有限公司。

法定代表人：王某江，中国药科大学制药有限公司董事长。

委托代理人：徐某，江苏致邦律师事务所律师。

上诉人中国医科大学（以下简称"药科大学"）因与被上诉人南京金盛田集团有限公司（以下简称"金盛田公司"）、原审被告蔡某利、原审第三人中国药科大学制药有限公司（以下简称"制药公司"）控股股东、高级管理人员损害公司利益纠纷一案，不服南京市鼓楼区人民法院 [2011] 鼓商初字第 327 号民事判决，向本院提起上诉。本院受理后，依法组成合议庭，并于 2012 年 3 月 2 日公开开庭进行审理。上诉人药科大学的委托代理人韦某、游某根，被上诉人金盛田公司的委托代理人申某金，原审被告蔡某利的委托代理人权某，原审第三人制药公司的委托代理人徐某到庭参加诉讼。本案现已审理终结。金盛田公司在原审中诉称，第三人制药公司设立于 1994 年 12

月。药科大学系制药公司的控制股东，持有制药公司 51% 的股权。金盛田公司于 2010 年 3 月经拍卖取得制药公司 49% 的股权，成为制药公司的另一股东。金盛田公司参与制药公司经营管理后，注意到药科大学利用其控制制药公司的地位，违反制药公司章程和财务制度规定，以发放所谓退休金等名义向自己转移支付巨额款项累计达 4 146 843.12 元，遂立即要求制药公司予以纠正，并再三强调在制药公司股东会、董事会未取得一致意见的情况下，不得继续有损害公司利益的行为发生。2011 年 1 月，药科大学和蔡某利在股东会和董事会没有作出相关决议的情况下，违反公司章程和公司财务制度规定，径自决定继续向药科大学转移支付款项累计 2 648 983.43 元，严重损害了公司利益。金盛田公司多次交涉均未果。2011 年 1 月 24 日，金盛田公司致函制药公司监事会，要求制药公司必须于收函后 30 日内就药科大学和总经理蔡某利损害公司利益一事立即起诉。现期限已满，制药公司未起诉。为维护公司及其股东的合法权益，依法请求判令药科大学停止侵害制药公司利益、返还制药公司财产 6 795 826.55 元，蔡某利承担连带赔偿责任。

药科大学在原审中辩称：①根据《公司法》第 152 条的规定，股东应书面请求监事会提起诉讼，而不是要求公司提起诉讼。本案中，金盛田公司系发函要求制药公司提起诉讼，故本案不具备受理条件，应驳回起诉。②本案的核心问题之一是 151 人是否是制药公司的员工。本案应当裁定中止，由金盛田公司对制药公司提起另案诉讼，要求确认 151 人是否是制药公司的员工，并追加药科大学为第三人。③《公司法》第 150 条规定的是赔偿责任，属于债权之诉；而金盛田公司诉讼请求属于物权请求权。金盛田公司的主张显然与法律不符，应当驳回。④本案的另一个核心问题是蔡某利有无违反《公司法》第 150 条之规定，如果没有，就根本牵扯不到药科大学。所以，药科大学不具备被告主体资格，至多是一个无独立请求权的第三人而已。⑤151 人名为药科大学的事业编制员工，实为制药公司的企业员工。制药公司的前身是药科大学的药厂，151 名事业编制员工都是在 1995 年以前参加工作的。制药公司过去没有招工权，当时只能通过作为主管部门的药科大学代为招聘；制药公司在工商登记资料中亦确认这 151 人系其公司员工；且这 151 人的劳动成果不属于药科大学，他们退休前在制药公司领取工资，退休后也是在制药公司领取工资。⑥制药公司原为药科大学的独资企业（药厂），成立于 1938 年。工商资料表明药厂于 1958 年 9 月创立，经江苏省卫生厅批准于 1962 年 8

月开业。后药科大学以药厂的全部人、财、物出资与国投高科技投资有限公司（以下简称"国投公司"）共同设立了制药公司，故药厂的负债当然应由制药公司承担，这包含支付离退休人员的工资。国投公司对制药公司一直支付这些离退休人员的工资从无异议，已形成事实契约。金盛田公司在受让股权时，对相应的审计、评估结果是明知和认可的。国投公司转让的股权价值的评估结果也正是基于前述开支由制药公司支付基础上，否则金盛田公司不可能以较低的价格取得股权。⑦1996年以前，制药公司直接发放离退休人员工资，后委托药科大学代为发放。制药公司与药科大学只是委托关系，起诉药科大学不当。⑧金盛田公司起诉金额有误，其取得股权前开支应当减除，如2010年2月份的工资330 371.90元；制药公司直接经办的春节看望病号、春节福利补助、过节费、退休人员礼品共计13 907.64元，均与工资无关。其他花费，及食品费、购油费、车费共计36 968.50元，也与工资无关。蔡某利在原审中辩称，其在总经理职权范围内履行职责，未损害任何一方利益。金盛田公司对其的起诉无事实和法律依据。制药公司是药科大学的校办企业，药科大学为其代招员工，既未获利，也未收取任何费用。上述员工终身为制药公司服务，让未获任何利益的药科大学承担用工费用，属权利义务不对等。

制药公司在原审中称：①因支付离退休人员工资合理合法，故未按照金盛田公司要求起诉药科大学。离退休人员养老本是公司股东的义务，不能因身份关系推卸该责任。②因以前学校药厂直接发放离退休人员工资需要有一两个人专管，故学校成立一个离退休办公室由一人负责代转工资，提高了效率。③员工身份属历史遗留问题。校办工厂与地方企业不同，系作为事业单位纳入学校统一管理，无独立招工权，该模式延续下来就是事业单位的企业化管理模式。改制成为公司后，保留事业编制身份也属正常，如该问题处置不当，将会产生严重的后果，公司股东应协商解决。④国投公司认可支付离退休养老金。金盛田公司也应明知和认可，因在收购股权时曾评估提示过，且在受让股权时未持异议。原审法院经审理查明，原中国药科大学制药厂系全民所有制企业法人，于1994年改制为制药公司，药科大学持有51%的股份。制药公司经过数次股权变动后（药科大学持有的股份比例一直未变动），于2005年再次变更股权登记。变更后，注册资本为1633万元，药科大学持有51%的股份，国投公司持有49%的股份。制药公司的董事长、总经理均系药科大学委派，蔡某利现任总经理。2010年初，经资产评估后，国投公司将其持有的制药公司 49% 的股份以及对制药公司的债权 728.7458 万元通过上海联合产权交易所上市挂牌，采用拍卖的方式，确定受让人和转让价格。3 月 2 日，金盛田公司与国投公司订立产权交易合同，成为受让人，转让价格为 3670 万元，其中，股权转让价格为 2941.2542 万元。5 月，制药公司变更工商登记，药科大学、金盛田公司分别持有制药公司 51% 和 49% 的股份。本案所涉离退休人员共计 151 人，其中，制药公司设立前已办理离退休手续的人员计 68 人，均系药科大学事业编制人员，在原中国药科大学制药厂或者制药公司工作直至离休或者退休。制药公司成立后，上述人员的离退休工资、福利等费用均由制药公司开支（1996 年以后，由制药公司向药科大学"离退办"派驻工作人员并将相应的款项支付给药科大学，由药科大学发放）。金盛田公司成为股东后，对制药公司支付上述离退休人员的工资、福利等款项持有异议。2010 年 9 月，制药公司第五届董事会第一次会议作出纪要，其第 3 条记载：对公司 2010 年财务预算中的退休人员费用，如何处理另行商议，尽快拿出适合的实施方案，妥善解决好这一历史遗留问题。此后，双方协商未果，在金盛田公司委派的财务总监反对的情况下，蔡某利签字同意继续将离退休人员的工资等费用支付给药科大学。2011 年 1 月 24 日，金盛田公司致函制药公司监事会（药科大学在庭审中陈述，制药公司确已收函，但该函接收人处所载为制药公司董事会、监事会），要求在 30 日内对药科大学、蔡某利提起诉讼。30 日期限届满后，制药公司未起诉，故金盛田公司诉至原审法院。

　　另查明：①庭审中，药科大学确认其自 2010 年 3 月至 2011 年 1 月共收到制药公司 6 781 918.91 元；并认为 2010 年 3 月 22 日收到的 330 371.9 元所支付的是 2010 年 2 月份的工资，另有 36 968.5 元是制药公司派驻药科大学"离退办"人员的成本开支，扣除该两项，认可收到 6 414 578.51 元。②药科大学认为，金盛田公司在受让股权时，对制药公司的离退休人员工资等费用的发放情况是明知的；对此，药科大学举证了评估报告书，金盛田公司亦举证了"同仁和评报字〔2009〕第 045 号"资产评估报告书（系国投公司出让股权的资产评估报告）；但上述证据只字未提离退休人员工资等费用的发放情况。③《国家教委、国家科委、国家体改委关于高等学校发展科技产业的若干意见》（教技 7 号）规定：高校企业要普遍建立产权清晰、权责分明、校企分开、管理科学的现代企业制度；高校的教学、科研工作按事业方式运行管理，科技企业按企业方式经营管理；高等学校科技企业应按照市场经济的要求，逐步建立规范化的现代企业制度；高校可以根据实际需要与可能，采取固定和流动编制相结合的办法确定适度编制额；考虑到目前实际情况，允许科技企业在一定时期内保留少量事业编制和校内流动编制，以促进高校科技人才分流；具备条件的科技企业可根据国家有关规定逐步改造为有限责任公司或者股份有限公司。《教育部关于积极发展、规范管理高校科技产业的指导意见》（教技发〔2005〕2号）规定：全面推进高校全资企业的改革，加快高校企业的社会化进程，各高校要在2006年底前完成除高校资产公司以外的所有全资企业的公司制改造；要通过改制实现高校企业的投资主体多元化，引进企业发展所需的资金、各类人才和先进的管理方法，提高高校企业的核心竞争力和运营质量；高校企业依照国家有关法律法规自主用人，改制过程中，高校可按照"老人老办法、新人新办法"的原则，稳妥处理高校企业的人事关系，改制中富余的事业编制人员由学校逐步消化，各高校根据实际情况，可采用校内分流、提前离岗等多种方式进行稳妥安置，确保改革平稳进行。④制药公司之公司章程规定：公司遵守国家有关劳动人事制度，职工实行聘用合同制。以上事实，由金盛田公司举证的制药公司工商登记资料、致制药公司监事会要求提起诉讼的函、财务统计表、教技发〔2005〕2号文件、产权交易合同、"同仁和评报字〔2009〕第045号"资产评估报告书，药科大学举证的离退休职工费用明细表、药科大学的"明细账查询"、药科大学支付离退休职工工资等费用的凭证、离退休职工名单、制药厂工商登记资料、药科大学招工合同、制药公司三年的审计报告、评估报告、教技7号文件、教技发〔2005〕2号文件，蔡某利举证的制药公司总经理职责、财务总监职责、董事会纪要，以及庭审笔录等证据予以证明。

原审法院认为：①《公司法》规定，有限责任公司、股份有限公司应当按照《劳动法》的规定，与职工建立劳动合同关系。制药公司之公司章程亦规定，公司遵守国家有关劳动人事制度，职工实行聘用合同制。而且，教技发〔2005〕2号文件也明确了高校企业依照国家有关法律法规自主用人，改制过程中，可按照"老人老办法、新人新办法"的原则，稳妥处理高校企业的人事关系。因此，151名离退休人员系药科大学事业编制职工，其虽然在制药厂或制药公司工作至离休或者退休，但与制药公司只是使用关系，并无劳动合同关系，制药公司也无法为其办理劳动保险。如前所述，上述离退休人员系药科大学的事业编制职工，其在制药公司工作期间，应当由制药公司负责开支工资、福利费用；在工作到正常退休年龄时，与制药公司之间的使用关系结束，按照"老人老办法、新人新办法"的原则，应当回到药科大学校本部退休，退休金则应当由药科大学开支。然而，这些人员的退休金一直由制药公司开支，显然损害了制药公司的合法权益，系药科大学利用其控制地位实施的侵害行为。根据《公司法》的原理，股东不得滥用股东权利损害公司或者其他股东的权益。公司是一个虚拟的法律主体，股东是其实质意义上的所有者。由于控股股东或控制股东具有对公司的控制权，在公司利益受到控股股东或控制股东侵害时，公司往往不能以自己的名义提出救济的要求。《公司法》第152条赋予了小股东能够代表公司对抗控股股东或控制股东侵权行为的权利，即股东代表诉讼。金盛田公司致函制药公司监事会，提出了诉讼的请求。在30日期限届满、其请求被拒绝的情况下，为了制药公司的利益，金盛田公司可以以自己的名义提起诉讼。《侵权责任法》第15条规定，承担侵权责任的方式主要有：停止侵害、排除妨碍、返还财产、恢复原状、赔偿损失等等。因此，金盛田公司要求药科大学停止侵害、返还财产的诉讼请求，应予以支持。药科大学自2010年3月至2011年1月共收到制药公司6 781 918.91元，应当予以返还。36 968.5元虽然不是发放的工资，但系制药公司为处理离退休人员的事务所开支的费用，这些费用原本应由药科大学开支，故药科大学认为应当扣除的理由，不能成立；330 371.9元所支付的虽是2010年2月份的工资，但是在3月收取的，亦不应扣除；13 907.64元是制药公司探望、慰问离退休人员的开支，与药科大学的意思表示无关，故应当予以扣除。②根据《公司法》的原理，董事、监事、高管人员对公司负有诚信义务。我国《公司法》规定的董事、监事、高管人员对公司负有的诚信义务包括忠实义务和勤勉义务，董事、监事、高管人员违反忠实义务和勤勉义务应当承担相应的民事责任。本案中，蔡某利作为总经理，按照指令将离退休人员的工资等费用支付给药科大学的行为，只是执行职务的行为，并未违反忠实义务和勤勉义务。故金盛田公司对蔡某利的诉讼请求，无法律依据，应不予支持。综上，依照《公司法》第17条第1款、第20条第1款和第2款、第152条、《侵权责任法》第15条之规定，原审判决：①药科大学立即停止以发放离退休人员工资、福利等费用的名义从制药公司提取资金的侵害行为；②药科大学返还制药公司资金6 781 918.91元，于判决生效之日起10日内一次性支付；③驳回金盛田公司其他诉讼请求。如果药科大学未按判决指定的期间履行给付金钱义务，应当依照《民事诉讼法》第229条之规定，加倍支付迟延履行期间的债务利息。案件受理费59 370元，由药科大学承担。

宣判后，药科大学不服，向本院提起上诉，请求撤销原审判决第一、二项，驳回金盛田公司全部诉讼请求，诉讼费由被上诉人金盛田公司负担。事实与理由为：①原审判决认定事实有误。其一，金盛田公司在受让制药公司49%的股权时，已明确知晓制药公司离退休人员工资等相关费用一直由制药公司承担并发放。原审判决认定双方提供的资产评估报告书只字未提离退休人员的工资发放情况是错误的。在一审中，本校不但提供了资产评估报告，还提供了近三年的审计报告作为附件。附件中无一例外记载了离退休人员的工资发放情况。该评估报告及附件是金盛田公司购买股权的最根本依据。金盛田公司举证的1996年3月5日《中国药科大学有限公司办理重新登记的自查小结》也记载了退休人员96人，系讼争离退休人员151人的一部分。金盛田公司出价近3000万元购买制药公司股权却称不知该公司费用支出情况不符合常理。原股东在考虑上述支出成本的情况下以该价格出让股权，现金盛田公司受让股权后，不愿承担该义务，有违权利义务相一致原则。其二，教技[1994]7号文第9条明确规定校办企业的职工工资应由企业自行解决。制药公司依据该文规定解决离退休人员的工资发放问题，符合政策规定。在校办企业改制中，因缺乏直接法律、法规规定，政策应是直接规范性文件。原审判决忽视前述规定，事实认定不当。其三，制药公司系未完全完成公司人事制度改革的企业，关于人员工资支付问题有其历史原因，故应由其股东共同承担相应义务，不应由药科大学一方股东承担。②原审判决适用法律错误。现行法律、法规对改制中校办企业人员工资发放无明确规定，而原审判决引用《公司法》条文，属适用法律有误。本案的处理应尊重历史，并遵循权利义务相一致的原则。药科大学基于历史原因代制药公司招工，从未收取任何费用，现却要支付高额费用善后，实不公平。涉讼151名员工终身为制药公司服务，为制药公司的壮大做出了贡献，故由制药公司负担其离退休后的费用合情合理。被上诉人金盛田公司辩称，原审判决认定事实清楚，适用法律正确，应予维持。本公司未否认知悉制药公司有离退休工资需要发放，仅认为涉讼151名员工系药科大学的事业编制人员，故应由该校发放退休工资，由制药公司发放缺乏合法依据。药科大学滥用其控股地位，不遵守《公司法》和公司章程的有关规定，损害了本公司的合法利益。原审被告蔡某利称，上诉内容未涉及本人，故不发表意见。原审第三人制药公司称，同意上诉人的上诉意见。二审中，各方当事人均未提交新的证据。上诉人药科大学对原审判决认定事实提出异议与上诉状内容一致。庭审中，上诉人还补充称：①原审判决所称的引用教技〔1994〕7号文，实际是引用了《教育部关于积极发展、规范管理高校科技产业的指导意见》（教技发2号）文的内容。本案也不存在所谓富余人员，而是离退休人员。本案涉讼员工均为1994年前进厂，系通过主管部门招聘，故不能适用2003年制药公司章程。②制药公司改制之初，由国投公司持有53.3%的股份，后通过增资，才由药科大学持有51%的股份。被上诉人金盛田公司对原审判决认定事实不持异议。原审被告蔡某利和制药公司均认可上诉人药科大学对原审判决认定事实提出的异议。对原审判决认定事实中各方当事人均无异议的部分，本院予以确认。

本院在二审中另查明：①2009年8月15日，北京同仁和资产评估有限责任公司出具《国投高科技投资有限公司拟转让所持中国药科大学制药有限公司49%股权项目评估报告书》（同仁和评报字第045号），该报告选取收益现值法作为本次评估结果的依据，即通过测算被评估资产的未来预期收益并折算成现值，以确定被评估资产价格的一种资产评估方法，其基础是经济学的预期效用理论，即对于投资者而言，企业的价值在于预期企业未来所能产生的收益。该报告第四项附件中包含被评估单位近三年的审计报告。2007年年度报告书载明本年度退休人员的工资为5 004 426.10元；2008年年度报告书载明本年度退休人员的工资为5 146 552.81元；2009年年度报告书载明本年度劳动保险费为8 855 734.06元。同名目项下载明上年度为5 146 552.81元。药科大学认为该劳动保险费即为退休人员工资。各方当事人均确认，该评估报告及附件均为国投公司向金盛田公司转让股权时的依据。金盛田公司认可在受让该股权时已阅读过，但对退休工资的发放情况未曾注意。②双方当事人均确认争讼款项为发放制药公司151名已离退休人员工资。上述人员自招工至办理离退休均在制药公司工作，但均属药科大学事业编制人员。③制药公司2004年7月8日修改后的章程第20条第4项规定，股东应承担的义务包括法律、法规及该章程规定应承担的其他义务。④根据金盛田公司提交的《中国药科大学制药有限公司办理重新登记的自查小结》记载，1996年3月5日，该公司已有退休人员96人。⑤涉讼151名离退休职工均在1994年前入职，由药科大学负责招聘，并在制药公司工作至离退休。⑥《国家教委、国家科委、国家体改委关于高等学校发展科技产业的若干意见》（教技7号）第9条规定："要与高等学校综合改革和人才分流结合，妥善地解决科技企业的企业编制和人员来源。高校可以根据实际需要与可能，采取固定和流动编制相结合办法确定适度编制额……高校科技企业的职工一般可以实行聘任制和合同制相结合的劳动用工制度，其工资、奖金和福利待遇由企业自行解决。根据国家、集体、个人三方合理负担保险费用的原则，按现代化制度的要求，逐步建立起职工养老、工伤、医疗、待业等保险制度和住房制度，以解决企业职工的后顾之忧。"⑦根据同仁和评报字［2009］第045号资产评估报告书记载，制药公司始建于1938年12月，为国立药学专科学校附设实验厂。1957年6月，随校更名为南京药科学院实验药厂。1987年3月，南京药科学院实验药厂随校更名为南京药科大学制药厂。1994年，中国药科大学与深圳原深实业有限公司（国投公司下属公司）合资组建"中国药科大学制药有限公司"，注册资本为1000万元，深圳原深实业有限公司占股30%。后国投公司接管深圳原深实业有限公司股权，并于1996年由国投公司增资500万元，占制药公司股权的53.3%。2004年，药科大学增资133万元，占制药公司股比上升至51%。上述事实，有同仁和评报字第045号评估报告及2007年至2009年报告书、《中国药科大学制药有限公司办理重新登记的自查小结》《国家教委、国家科委、国家体改委关于高等学校发展科技产业的若干意见》（教技7号）第9条、151名涉讼离退休人员名单，以及各方当事人在一、二审中的庭审笔录在案为凭，本院予以确认。

　　本院认为，我国《公司法》第150条、第152条规定公司利益在遭受不法侵害时，公司拒绝或怠于通过诉讼追究不法侵害人对公司所负的义务或者侵害责任时，具备法定资格的股东有权依据法定程序以自己的名义，为了公司利益而提起诉讼。本案中，金盛田公司认为制药公司的控股股东药科大学侵害了制药公司的利益，遂在书面致函制药公司董事会、监事会并要求制药公司提起诉讼未果的情况下以自己的名义提起诉讼。虽然该"要求制药公司"起诉与法律规定的"请求董事会、监事会"起诉有不符之处，但并不违背法律中股东代表诉讼的程序性要求。本案争议的焦点在于，制药公司通过药科大学向从该公司离退休的员工支付工资等费用是否违反法律规定，或是否违反各方当事人约定。本院认为，该行为不违反法律的禁止性规定，以及相关当事人的约定，其理由如下：①向劳动者支付报酬，是用人单位应尽的义务。

我国《劳动法》等相应劳动法律法规均规定了用人单位应向劳动者支付相应报酬。相应地，向已离退休但未办理劳动保险、不能享受离退休劳动保险待遇的劳动者支付离退休工资等费用，也应是用人单位应尽的法定义务。制药公司的现有章程对此也有相应规定，各方当事人均无异议。②现有证据证明，涉讼151名从制药公司离退休的员工均为1994年前入职，并通过药科大学办理了用工手续。因药科大学的单位性质，涉讼151名员工的身份为事业单位编制，但并不妨碍其在制药公司实际工作的事实认定。也即，因为历史原因，涉讼151名员工虽然身份属于药科大学，但实际工作单位应为制药公司，并非如金盛田公司所认为属于借用人员。另外，因该151名员工均系已离退休人员，故也不属于相关政策中所规定的高校企业在改制过程中的富余人员或需要安置的人员。③金盛田公司在原审诉状中称，其于2010年3月通过受让股权成为制药公司股东后，注意到药科大学利用其控制制药公司的地位，违反制药公司章程和财务制度，以发放所谓退休金等名义向自己转移支付巨额款项累计达4 146 843.12元，侵害制药公司权益，此节与事实不符。首先，双方当事人均已确认，涉讼款项均为支付151名员工的离退休工资，并非药科大学巧立名目，据为己有。其次，现有证据已能证明，金盛田公司在受让股权时，已通过审阅相应评估报告等文件，明知或应知药科大学每年均应有向151名离退休员工支付离退休待遇的义务。此节事实在作为涉讼评估报告书的附件2007年、2008年、2009年审计报告书中均有记载（2009年度报告书虽相应名目已改为劳动保险费，但结合该名目下上年度数字与2008年年度报告书退休人员工资数额的一致性，可以认定系同性质）。在工商部门备案的《中国药科大学有限公司办理重新登记的自查小结》也提及公司现有退休人员96人。在二审庭审中，该项费用的支出，金盛田公司不否认知情，仅称其不知道是向药科大学编制的员工支付。故金盛田公司在受让制药公司股权应知该公司退休人员工资等费用的发放情况。④如前所述，因历史原因，在金盛田公司受让制药公司股权之前，涉讼151名员工即已经在制药公司工作，领取报酬，离退休后，仍然在制药公司领取离退休工资等费用，并不存在药科大学利用其控股地位转嫁自身应负担的义务的情形。因此，金盛田公司认为药科大学利用其在制药公司的实际地位损害制药公司利益、攫取不正当利益缺乏事实根据。⑤根据前引相关政策规定，高校科技企业允许保留少量事业编制职工，工资、奖金和福利待遇由企业自行解决。高校企业改制也可按照

"老人老办法、新人新办法"的原则处理。由此,对本案涉及的事业编制离退休员工,仍然保留其身份,符合政策规定。同样,根据历史原因,仍然由制药公司支付离退休待遇,也未违背相关政策规定,与法律、法规的有关规定亦不矛盾。相应地,金盛田公司在受让制药公司股权时,评估报告作为确定预期收益的重要参考因素,亦未回避制药公司的该项涉讼开支,此费用理应影响股权转让价格,也即,股权受让、出让方在考虑股价时应将此因素考虑在内。现金盛田公司作为制药公司股东,主张将制药公司义务转移为另一方股东的单方义务,与法律规定的权利义务对等原则相违背。⑥支付涉讼 151名离退休员工的工资等费用作为制药公司的义务,系历史原因造成,且未违背法律、法规和相应政策的规定。即便制药公司的股东对此有异议,也应通过召开股东会、董事会等形式另行协商解决。本案中,金盛田公司受让股权成为制药公司的股东后,制药公司的董事会也曾于 2010 年 9 月召开第五届第一次会议。会议上,参会各方对 2009 年制药公司的决算并无异议,当然包含了对此前制药公司支付离退休员工工资等费用的认可。对 2010 年财务预算中涉及的离退休人员费用支付问题,各方均同意另行协商。未产生结论前,金盛田公司即主张药科大学侵害制药公司权益缺乏事实和法律根据。综上,药科大学的上诉意见有事实和法律根据,本院应予支持。就药科大学的责任部分,原审判决认定事实有误,适用法律不当,应予纠正。原审判决在本案中判定蔡某利不承担责任,各方当事人均无异议,应予维持。依照《公司法》第 150 条、第 152 条,《民事诉讼法》第 153 条第 1 款第 2、3 项之规定,判决如下:①撤销南京市鼓楼区人民法院 [2011] 鼓商初字第 327 号民事判决第一、二项及诉讼费承担部分;②维持南京市鼓楼区人民法院 [2011] 鼓商初字第 327 号民事判决第三项;③驳回金盛田公司要求药科大学停止侵害制药公司利益、返还制药公司财产 6 795 826.55 元的诉讼请求。本案一、二审案件受理费各 59 370 元,由金盛田公司负担。本判决为终审判决。

审　判　长　夏　雷

代理审判员　王瑞煊

代理审判员　周毓敏

二○一二年四月十三日

书　记　员　胡　戎

（二）分析

改制和并购往往会涉及人员、财产的承继，或涉及相应的分离、合并等。在处理这些事项时，有时候会出现手续的欠缺，这时候回溯事实，就要从细节上来考量问题。

本案中，签订协议的时点非常重要，此前工资由谁发放非常关键。工资发放的合法、合理性也非常关键。本案恰恰说明了事业单位改制中的问题，要有当时的文件规定，要有事实行为的配合。

改制是个广义的概念，涉及的内容很多，结构设计可能非常复杂，有些问题要通过理清交易架构设计才能得到解决，且每个设计点都需要有相应法律政策的支撑，操作和法律政策要相互对应。只有这样，未来在发生争议前，各方才会作出科学评估并避免争议。本案最重要的两个点是对价构成及后续股东会表决或董事会表决记录。对价构成决定了人员工资在收购股权时是否被考虑在内。股东会表决或董事会表决记录说明进一步的认可问题。

效率不仅体现在制作文件时，还体现在之后是否发生争议上，作为服务的律师，要有留存工作完整底稿的习惯。

二十一、解散诉讼案

（一）案例

最高人民法院民事判决书

［2011］民四终字第29

上诉人（原审被告）：富钧新型复合材料（太仓）有限公司。住所地：中华人民共和国江苏省太仓市浮桥镇沪浮璜公路88号。

法定代表人：黄某胜，该公司董事长。

委托代理人：包某华，江苏金太律师事务所律师。

被上诉人（原审原告）：仕丰科技有限公司（SHIN FENG TECHNOLOGY CO., LTD）。住所地：萨摩亚国爱匹亚境外会馆大楼217号（OFFSHORE CHAMBERS, P.O. BOX217, APIA, SAMOA）。

法定代表人：郑某，该公司董事。

委托代理人：于某斌，北京市法大律师事务所律师。

委托代理人：张某钦，男，1965年10月23日出生，台湾地区高雄市人，现住山东省济南市济北经济开发区强劲街8号。

原审第三人：永利集团有限公司（WINNING GROUP LIMITED）。住所地：萨摩亚国爱匹亚境外会馆大楼217号（OFFSHORE CHAMBERS, P. O. BOX217, APIA, SAMOA）。

法定代表人：黄某胜，该公司董事。

委托代理人：曹某南，江苏金太律师事务所律师。

上诉人富钧新型复合材料（太仓）有限公司（以下简称"富钧公司"）因与被上诉人仕丰科技有限公司（以下简称"仕丰公司"）、原审第三人永利集团有限公司（以下简称"永利公司"）公司解散纠纷一案，不服江苏省高级人民法院于2011年5月26日作出的［2007］苏民三初字第3号民事判决，向本院提起上诉。本院受理后，依法组成由审判员陈纪忠担任审判长，审判员高晓力、代理审判员沈红雨参加的合议庭，于2011年10月27日公开开庭审理了本案，书记员张伯娜担任本案记录。上诉人富钧公司的委托代理人包某华，被上诉人仕丰公司的原委托代理人朱某波、朱某，原审第三人永利公司的委托代理人曹某南，到庭参加了诉讼。2012年3月22日，本院收到仕丰公司从境外寄交并已依法办理公证认证手续的授权委托书，终止对朱某波、朱某的授权，并重新委托于某斌及张某钦担任该公司的委托代理人。本案现已审理终结。

仕丰公司向原审法院起诉称：富钧公司的注册资本为1000万美元，永利公司占40%的出资比例，仕丰公司占60%的出资比例。2004年4月28日，在仕丰公司缺席的情况下，永利公司假冒仕丰公司董事签名，伪造董事会决议，单方修改章程，确定"董事长由乙方（即永利公司）委派"，以虚假材料报批并进行了变更登记。永利公司通过欺诈手段，使得其委派的董事黄某胜"合法"地通过董事长地位控制富钧公司，将仕丰公司委派董事排挤出富钧公司，并与其关联公司恶意交易，严重损害富钧公司大股东利益。富钧公司长期不召开董事会，未向仕丰公司通报经营及财务状况，永利公司又拒绝仕丰公司关于纠正公司治理结构的合理主张，仕丰公司作为股东所享有的资产收益、参与重大决策和选择管理者的权利完全落空。仕丰公司认为，富钧公司股东间的利益冲突和矛盾，使得富钧公司的运行机制完全失灵，作为权力机构的董事会无法对富钧公司的任何事项作出决议，公司运行陷于僵局，经营管理发生严重困难，导致富钧公司及大股东合法利益受到严重侵害，符合《公司法》第 183 条规定的情形。请求判令解散富钧公司并由富钧公司承担案件受理费。

富钧公司答辩称：仕丰公司所称永利公司假冒仕丰公司董事签名，伪造董事会决议等情况均非事实。永利公司与仕丰公司合作成立富钧公司后，实际上运作均由仕丰公司委派的董事张某钦进行，黄某胜虽是董事长但不参与经营。2005 年 4 月 7 日，张某钦擅离职守，黄某胜才接手经营管理到现在。黄某胜一直要求仕丰公司委派董事张某钦回来履职，召开董事会，但其从来没有回富钧公司履行义务，不能召开董事会以及股东之间的矛盾是由仕丰公司引起的。富钧公司并未出现公司僵局，更没有出现经营管理严重困难，公司一直在正常发展，且发展势头很好。仕丰公司委派的董事张某钦在山东成立了与富钧公司经营同种产品的济南同镒节能材料有限公司（以下简称"同镒公司"）。仕丰公司提出诉讼就是为了解散富钧公司，以达到其所成立的同镒公司独占市场的目的。请求驳回仕丰公司诉讼请求。

永利公司陈述称：同意富钧公司的意见。

原审法院经审理查明：2002 年 11 月 27 日，萨摩亚 PEREZ LIMITED 有限公司发起设立外商独资企业贝克莱新型复合材料（太仓）有限公司（以下简称"贝克莱公司"），注册资本为 105 万美元。2004 年 4 月 28 日，贝克莱公司因股东资本金没有到位，通过董事会决议决定将该公司所有股份转让给永利公司，并接纳仕丰公司作为贝克莱公司投资者并追加投资；重新任命黄某胜为贝克莱公司董事长，郑某兰、张某钦为贝克莱公司董事；同时要求进行章程变更并经投资方确认通过后，报原审批部门审批登记。

贝克莱公司工商登记中 2004 年 4 月 28 日的公司章程载明：永利公司与仕丰公司共同投资贝克莱公司并追加投资。追加投资后公司注册资本为 1000 万美元，其中永利公司出资额为 400 万美元（现汇 40 万美元，机器设备折价 360 万美元），占 40% 的出资比例，仕丰公司出资额为 600 万美元（现汇 60 万美元，机器设备折价 540 万美元），占 60% 的出资比例。章程第 17 条规定公司设立董事会，董事会是公司的最高权力机构。第 21 条规定董事会由三名董事组成，仕丰公司委派两名，永利公司委派一名，董事长由永利公司委派。第 23 条规定董事会实行例行会议及临时会议制度，例行会议在年度结束以内举行，临时会议在认为必要的时候举行。第 24 条规定董事会会议由董事长召集并主持，当董事长缺席时可由其委托人主持。第 25 条规定董事会会议必须由全体董事出席。董事因故不能出席董事会会议的，可以书面委托代理人出席。第 26 条规定董事会会议每年召开一次，经 1/3 的董事提议可召开临时会议。董事会书面决议和董事会的议事记录由出席会议的董事全体签名，并由公司保存。第 27 条规定公司设经营管理机构，下设生产、技术、销售、财务、行政等部门，并设总经理一名，由仕丰公司推荐。总经理执行董事会的各项决议，行使公司日常经营管理业务。时任仕丰公司法定代表人郑某兰在章程上签字并加盖印章，永利公司法定代表人黄某胜在章程上签字。

2004 年 5 月 12 日，太仓市对外贸易经济合作局批复同意贝克莱公司股东变更、增资、董事会变更和章程变更。贝克莱公司办理了相应的工商变更登记手续，黄某胜担任贝克莱公司董事长，郑某兰、张某钦担任董事，聘请张某钦担任总经理。仕丰公司否认郑某兰在公司章程等上的签名及签章，同时称不知道公司董事会成员的组成结构。

贝克莱公司工商登记手续变更后，张某钦担任总经理并负责贝克莱公司的筹建和生产经营。2004 年 8 月 1 日，怡球金属（太仓）有限公司（以下简称"怡球公司"）与贝克莱公司签署厂房租赁合同一份，约定贝克莱公司租赁怡球公司厂房 4700 平方米，每月租金为人民币 79 900 元。同日签订的补充协议约定，贝克莱公司分 5 年每季度向怡球公司支付电力开户增容费人民币 6 万元，共计支付人民币 120 万元。2004 年 10 月，贝克莱公司正式投产运营，并经董事会决议，报太仓市对外贸易经济合作局批复同意后，于 2004 年 11 月 23 日经工商机关变更名称，贝克莱公司更名为富钧公司。

2005 年 4 月 7 日，仕丰公司和永利公司因对富钧公司治理结构、专利技术归属、关联交易等方面发生争议，总经理张某钦离开富钧公司，此后富钧公司由董事长黄某胜进行经营管理至今。富钧公司总经理张某钦离职后，为了解决富钧公司经营管理问题，仕丰公司和永利公司及富钧公司通过各自律师进行大量函件往来，沟通召开董事会事宜，最终于 2006 年 3 月 31 日召开了富钧公司第一次临时董事会，黄某胜、张某钦（同时代理郑某兰）参加会议，但董事会未形成决议。此后仕丰公司和永利公司对富钧公司的治理等问题进行书面函件交流，但未能达成一致意见，董事会也未能再次召开。

2005 年 4 月 15 日，怡球公司以富钧公司拖欠租金、水电费、电力增容费为由诉至江苏省太仓市人民法院。2005 年 5 月 9 日，江苏省太仓市人民法院以［2005］太民一初字第0745号民事判决判令富钧公司向怡球公司支付相关费用及逾期利息共计人民币399 904.73元。

2006年12月18日，经昆山公信会计师事务所有限公司验资，截至2005年3月14日，富钧公司共实收资本8 899 945美元，其中永利公司以机器设备出资360万美元，仕丰公司以机器设备出资500万美元，现汇出资299 945美元。富钧公司历年来的经营状况为：2004年10月至12月销售收入为人民币464万元，净利润为人民币-140万元，固定资产折旧人民币为102万元；2005年销售收入为人民币669万元，净利润为人民币-833万元，固定资产折旧人民币703万元；2006年销售收入为人民币909万元，净利润为人民币-792万元，固定资产折旧为人民币701万元；2007年销售收入为人民币1036万元，净利润为人民币-613万元，固定资产折旧为人民币571万元；2008年销售收入为人民币734万元，净利润为人民币-627万元，固定资产折旧为人民币556万元；2009年销售收入为人民币804万元，净利润为人民币-478万元，固定资产折旧为人民币-446万元；2010年1月至6月销售收入为人民币359万元，净利润为人民币-350万元，固定资产折旧为人民币280万元。

2004年7月28日，COMPOS国际股份有限公司成立外商独资企业同镒公司，张某钦任公司董事长兼总经理。该公司生产产品与富钧公司相同。2008年3月，富钧公司以张某钦、同镒公司为被告向山东省济南市中级人民法院提起损害公司利益赔偿纠纷案，该案尚未审结。

在审理本案过程中，原审法院以维持富钧公司存续为目标进行了多轮调解工作。首先，要求三方当事人围绕改进和重构富钧公司治理结构进行磋商，力求建立各方均能接受的公司经营管理的方式。虽然三方当事人提出了许多建设性意见，但因无法建立信任关系而未能达成共同经营管理公司的方案。其次，要求三方当事人围绕单方股东退出公司进行磋商，因股权收购的价格无法达成一致，未能实现单方股东转让股权、退出公司经营管理的目标。

原审法院审理认为：

（1）关于法律适用问题。根据《涉外民事关系法律适用法》第14条的规定，法人及其分支机构的民事权利能力、民事行为能力、组织机构、股东权利义务等事项，适用登记地法律。本案性质为公司解散纠纷，是公司股东基于行使股东权利而提起的变更之诉。被请求解散的富钧公司是外商投资企业，登记注册地在中华人民共和国，属于中国企业法人，依法应适用富钧公司登记地中华人民共和国法律作为解决纠纷的准据法。同时，各方当事人当庭明确表示选择适用中华人民共和国法律，当事人意思表示一致。因此，该院确定中华人民共和国法律作为解决本案纠纷的准据法。

（2）关于富钧公司是否符合《公司法》第 183 条规定的司法解散公司条件。第一，仕丰公司具备提起解散公司诉讼的主体资格。《公司法》第 183 条规定持有公司全部股东表决权 10% 以上的股东才具有提起解散公司诉讼的主体资格。本案中，仕丰公司占有富钧公司 60% 的股权，其单独股东表决权已经超过了全部股东表决权的 10%。

第二，富钧公司经营管理确实发生严重困难。经营管理严重困难是有限责任公司陷入僵局的第一个要件。所谓公司僵局，是指在公司内部治理过程中，公司因股东间或公司管理人员之间的利益冲突和矛盾，一切决策和管理机制均陷入瘫痪，股东大会或董事会由于对方的拒绝参加而无法召集，任何一方的提议都不被其他方接受或认可，或者即使能够举行会议，也因各方成员持有不同的见解，而无法通过任何决议的一种状态。本案中，富钧公司经营管理已经发生严重困难。一是富钧公司的最高权力机构董事会长期无法履行职能。自 2005 年 4 月 7 日富钧公司总经理张某钦离开公司之后，富钧公司仅于 2006 年 3 月 31 日召开过一次未能作出决议的临时董事会，董事会在长达六年多时间内未能履行章程规定的职能。二是公司董事冲突长期无法解决。富钧公司董事、总经理张某钦因在公司治理结构、关联交易等方面与董事长黄某胜发生争议，自行离开公司后，数年来富钧公司三个董事均通过律师进行函件往来，但并未能就解除公司经营管理的分歧达成一致，冲突始终存在。同时张某钦就任同镒公司法定代表人后，又引发富钧公司诉张某钦损害公司利益诉讼，使得各方的冲突加剧。三是公司章程规定的公司经营管理模式成为空设。富钧公司章程中规定总经理执行董事会的各项决议，行使公司的日常经营管理业务。张某钦作为富钧公司聘用的总经理长期不进行公司经营管理，公司由一方股东委派的董事长一人进行管理，使公司章程规定的公司治理结构成为空设。

第三，公司继续存续会使公司股东权益受到重大损失。一方面从富钧公司的经营状况来看，股东的投资长期未能获得回报。富钧公司自成立开始至今一直处于亏损状态，虽然在黄某胜长达 6 年的单方经营管理中，富钧公司的亏损在逐年减少，但始终未能实现扭亏为盈，已经造成股东经济利益的重大损失。另一方面从富钧公司的管理来看，现代公司治理结构未能发挥有效作用。由于双方股东的冲突始终不能得到解决，富钧公司一直由永利公司委派的董事长单方进行管理，作为公司的大股东仕丰公司却游离于公司之外，不能基于其投资享有适当的公司经营决策、管理和监督的股东权利，其股东权益受到重大损失。

第四，经过多方努力无法解决公司僵局。富钧公司股东间发生冲突后，双方股东均通过多种途径力图化解纠纷，但均未能成功。一方面股东双方自行进行沟通协调。股东双方均委托律师参与双方纠纷的处理，在长达两年多的时间里，进行了十多次往来函件的沟通，并且召开了一次临时董事会，但对分歧事项未能达成共识。另一方面在提起诉讼之后，在人民法院的主持下，三方进行了多轮的调解，从重新建立富钧公司新的公司治理结构到股东转让股权单方退出，股东各方均提出解决方案，但均未能达成意见一致的调解协议。

第五，富钧公司、永利公司的抗辩事由不能成立。①关于股东之间的矛盾是由仕丰公司引起的富钧公司不能解散的抗辩事由。有限责任公司除资合性特征之外还具有较强的人合性，股东通常既是公司的投资者又是公司的经营管理者，股东之间的信任与合作是公司正常经营的重要基础。从有限责任制度产生以来，为确保公司稳健经营，公司运行始终体现资本民主的"股份多数决"原则。当股东之间丧失了彼此间的信任发生公司僵局时，一方股东控制着公司的经营权和财产权，对其他股东存在事实上的强制和严重的不公平，事实上剥夺了其他股东基于投资股份所享有的合法经营管理权利，是公司符合司法解散的条件之一。富钧公司的僵局起始于 2005 年 4 月 7 日张某钦离开公司，原因是股东双方在公司治理结构的安排、专利权归属、公司关联交易等问题发生分歧后，股东双方之间逐步丧失了共同经营管理公司的信任基础，从而产生了公司僵局。仕丰公司认为永利公司伪造董事会决议修改公司章程从而占据公司董事长位置，理由是公司章程上的签名和签章非其法定代表人所为，但在公司章程修订后，仕丰公司委派的张某钦长期担任贝克莱公司总经理负责经营管理，并修改章程将公司名称变更为富钧公司，故仕丰公司的单方否认还不足以证明永利公司伪造董事会决议章程的事实。虽然仕丰公司对永利公司产生不信任的理由不一定成立，但公司是否能够解散取决于公司是否存在僵局，而不取决于僵局产生的原因和责任。因此，富钧公司、永利公司关于矛盾由仕丰公司引起而不能解散公司的抗辩理由缺乏法律依据，该院不予采纳。②关于仕丰公司恶意诉讼，企图独占市场，不应解散公司的抗辩事由。同镒公司是由 COMPOS 国际股份有限公司成立的外商独资企业，富钧公司、永利公司未能举证证明同镒公司与仕丰公司存在关联关系。张某钦虽然是仕丰公司委派到富钧公司的董事，但在缺乏其他证据印证的情形下，张某钦到同镒公司担任董事长并不能当然视为代表仕丰公司。因此，富钧公司、永利公司关于仕丰公司恶意诉讼、企图独占市场的抗辩主张缺乏事实依据，该院不予采信。至于张某钦作为富钧公司高管人员是否应当承担损害公司权益的责任，应当在富钧公司诉张某钦、同镒公司损害公司利益赔偿纠纷案中处理，本案对此不予理涉。即使本案依法判决富钧公司解散，也不影响其在该案中的诉讼主体资格。

综上，富钧公司经营管理发生严重困难，继续存续会使股东利益受到重大损失，且通过其他途径也无法解决，故对持有公司全部股东表决权 60% 的仕丰公司提出解散富钧公司的请求，依法予以准许。该院依照《涉外民事关系法律适用法》第 14 条，《民事诉讼法》第 128 条，《公司法》第 183 条、第 218 条，《最高人民法院关于适用〈中华人民共和国公司法〉若干问题的规定（二）》（以下简称《公司法解释（二）》）第 1 条的规定，判决解散富钧公司，一审案件受理费人民币 422 865 元由富钧公司负担。

富钧公司不服原审判决，向本院提起上诉称：①原审判决查明事实有误。其一，原审判决对仕丰公司委派董事兼总经理张某钦离开富钧公司的原因认定有误。张某钦于 2005 年 4 月 7 日离开富钧公司，真实原因是其违反公司高管忠诚禁止义务，担任同镒公司的法定代表人及执行董事，生产销售与富钧公司同类的产品，挤占富钧公司市场，损害富钧公司利益。永利公司和仕丰公司不存在公司治理结构上的争议，也未产生专利科技归属、关联交易等方面的争议。其二，富钧公司经营管理没有发生严重困难。富钧公司的产品建筑浪板是在中国大陆刚起步的环保产品，市场前景良好。富钧公司营业额逐年扩大，财务报表反映亏损，是由于机器设备估值过高，折旧金额较大所致，目前经营管理秩序良好，亏损额逐年减少，公司正向扭亏转盈的方向过渡。其三，富钧公司董事会的僵局是仕丰公司单方人为因素造成的。张某钦擅自离开富钧公司后，接到富钧公司召开董事会通知，故意不参会，制造公司僵局。仕丰公司通过司法途径解散公司的目的在于使富钧公司不复存在，从而独占市场份额。②原审判决适用法律错误。《公司法》第 183 条的立法目的是为了给公司僵局困境中的无辜者和受害者提供最后救济措施。如果允许对形成僵局的过错股东通过诉讼解散公司，将对无辜股东形成二次损害，与该条的立法目的相悖。仕丰公司可以选择重新指派董事、委派总经理继续合资经营事宜，也可以协商股权转让，启动退出机制，或通过竞价确定公司归属，但其只选择公司解散，将造成富钧公司股东权益受损、设备搁置、员工失业，不利于资源效用和社会稳定。仕丰公司滥用权利、恶意诉讼的行为，不应得到支持。请求判令：撤销原审判决，改判驳回仕丰公司的诉讼请求。

仕丰公司答辩称：①原审判决查明事实清楚。富钧公司自 2005 年 4 月至今，董事长期冲突，逾 6 年无法召开股东会及董事会，无法形成有效的股东会或董事会决议，公司经营发生严重困难。富钧公司自 2005 年永利公司完全独立实际控制公司后，经营状况每况愈下，亏损严重，股东利益持续遭受重大损失。②原审判决适用法律正确。纷争发生后，富钧公司股东通过双方委派的董事以及律师探讨一方退出的解决方法，原审法院也组织了多轮多层面的调解，但因股东间的成见及分歧无法达成一致。原审法院判决解散公司是慎重的。公司解散后可能导致职工的辞退及再就业等，依照公司法、劳动法等法律存在依法救济的空间，不能成为维持公司现状的理由。综上，请求驳回上诉，维持原判。

永利公司陈述称：同意富钧公司的意见。

二审期间，富钧公司提交了山东省济南市中级人民法院［2008］济民四初字第 19 号民事判决和山东省高级人民法院［2011］鲁民四终字第 181 号民事判决，各方当事人对上述判决的真实性没有异议，本院予以确认。

原审查明事实属实，本院予以确认。

本院另查明：山东省济南市中级人民法院于 2011 年 7 月 6 日对富钧公司诉张某钦、同镒公司损害公司权益纠纷一案作出［2008］济民四初字第 19 号民事判决，认定同镒公司与富钧公司主要产品相同，属同类经营，张某钦系富钧公司高级管理人员，其担任同镒公司执行董事、法定代表人和总经理职务，构成对富钧公司竞业禁止义务的违反，富钧公司有权行使公司归入权，判决：①张某钦、同镒公司于判决生效之日起两个月内到工商管理机关办理张某钦不再担任同镒公司执行董事、法定代表人、总经理职务的工商登记变更手续；②张某钦于判决生效之日起十日内赔偿富钧公司经济损失人民币 10

万元；③驳回富钧公司其他诉讼请求。张某钦不服上述判决，向山东省高级人民法院提起上诉，山东省高级人民法院于 2012 年 2 月 24 日作出［2011］鲁民四终字第 181 号民事判决，驳回上诉，维持原判。

又查：永利公司和仕丰公司未签订合营合同，但签订了富钧公司章程。富钧公司章程第 18 条规定："董事会决定公司的一切重大事宜，其职权主要如下：①公司章程的修正；②公司的中止、解散或与其他经济组织合并；③公司注册资本金的增加或减少，公司资产全部或部分转让，股权增加和转让及公司其他重大决议，应由永利公司和仕丰公司双方同意，方可变更；④决定年度生产计划、销售计划、发展计划；⑤年度的财务预算、决算、会计报告的认可；⑥年度的财务预算盈利和亏损的处理方法；⑦讨论通过公司的重要规章制度；⑧总经理的年度经营报告的审核及认可；⑨总经理提出议案的审议和决议；⑩总经理及其他经理级（含）以上高级职员的任免；⑪负责公司终止和期满的清算工作。"第 19 条规定："第十八条之各条款内容，须经全体董事同意才能生效。"

二审审理过程中，本院以维持富钧公司存续为目标进行了多轮调解工作。鉴于永利公司和仕丰公司已丧失共同经营管理公司的信任基础，调解主要围绕一方股东退出富钧公司的方案进行协商。调解过程中，富钧公司提交至 2011 年 10 月 31 日的资产负债表，显示实收资本为人民币 76 972 153.35 元，未分配利润为人民币-40 814 925.41 元，所有者权益年初数为人民币 36 157 227.94 元，所有者权益期末数为人民币 31 909 051.91 元。在富钧公司披露的资产负债表信息基础上，仕丰公司和永利公司同意由仕丰公司受让永利公司持有的 40%股权，并对股权转让价格基本达成一致意见。然而，由于该两方股东对于调解协议的具体条款包括股权收购前富钧公司是否应向仕丰公司全面公开财务和经营信息、富钧公司如存在披露的资产负债表以外的债务时永利公司是否应承担保证责任等事宜，未能协商一致，最终未达成使富钧公司存续的调解协议。

本院认为，本案系公司解散纠纷，被请求解散的富钧公司是由两名外国投资者在中华人民共和国境内以有限责任公司形式设立的外资企业，根据《公司法》第 2 条以及第 218 条的规定，在中国境内设立的公司之解散纠纷应当适用中国法律。各方当事人对本案应适用中国法律解决争议均无异议，本院予以确认。由于《外资企业法》以及《外资企业法实施细则》没有对股东请求人民法院解散公司的情形作出具体规定，根据《公司法》第 218 条"外商投资的有限责任公司和股份有限公司适用本法"的规定，本案应当根据《公司法》第 183 条以及《公司法解释（二）》的规定审查仕丰公司请求解散富钧公司的主张能否成立。

《公司法》第 183 条规定："公司经营管理发生严重困难，继续存续会使股东利益受到重大损失，通过其他途径不能解决的，持有公司全部股东表决权百分之十以上的股东，可以请求人民法院解散公司。"《公司法解释（二）》第 1 条第 1 款规定："单独或者合计持有公司全部股东表决权百分之十以上的股东，以下列事由之一提起解散公司诉讼，并符合公司法第一百八十三条规定的，人民法院应予受理：（一）公司持续两年以上无法召开股东会或者股东大会，公司经营管理发生严重困难的；（二）股东表决时无法达到法定或者公司章程规定的比例，持续两年以上不能做出有效的股东会或者股东大会决议，公司经营管理发生严重困难的；（三）公司董事长期冲突，且无法通过股东会或者股东大会解决，公司经营管理发生严重困难的；（四）经营管理发生其他严重困难，公司继续存续会使股东利益受到重大损失的情形。"上述规定既是公司解散诉讼的立案受理条件，同时也是判决公司解散的实质审查条件。

首先，关于富钧公司的经营管理是否发生严重困难。公司经营管理严重困难包括两种情况：一是公司权力运行发生严重困难，股东会、董事会等权力机构和管理机构无法正常运行，无法对公司的任何事项作出任何决议，即公司僵局情形；二是公司的业务经营发生严重困难，公司经营不善、严重亏损。如公司仅业务经营发生严重困难，不存在权力运行严重困难的，根据《公司法解释（二）》第 1 条第 2 款的规定，不符合《公司法》第 183 条的解散公司条件。

本案中，根据富钧公司章程第 17 条、第 21 条的规定，富钧公司董事会是公司最高权力机关，仕丰公司和永利公司均以委派董事的形式对富钧公司进行经营管理，即由董事会直接行使董事会和股东会的双重职能。同时，根据富钧公司章程第 19 条的规定，生产销售计划、财务预算决算方案、财务决算盈利和亏损的处理方法、经理级以上高级职员的任免等公司经营管理事项均需要全体董事同意才能生效。富钧公司治理结构由股东特别约定而实行的严格一致表决机制，使得人合性成为富钧公司最为重要的特征。自 2005 年 4 月起，永利公司和仕丰公司因富钧公司的厂房租赁交易、公司治理结构安排、专利权许可使用等问题发生了实质分歧，股东之间逐渐丧失了信任和合作基础。富钧公司董事会不仅长期处于无法召开的状态，而且在永利公司和仕丰公司各自律师的协调下召开的唯一一次临时董事会中，也因为双方股东存在重大分歧而无法按照章程规定的表决权比例要求形成董事会决议。富钧公司权力决策机制长期失灵，无法运行长达7年时间，属于《公司法解释（二）》第1款第1、2项规定的经营管理严重困难的公司僵局情形。

其次，关于公司解散是否应当考虑公司僵局产生的原因以及过错。富钧公司上诉认为，仕丰公司委派的董事张某钦擅自离职，不参加董事会会议，人为制造公司僵局，损害富钧公司利益，法院不应支持仕丰公司具有恶意目的的诉讼；仕丰公司则抗辩认为永利公司以欺诈方式取得董事长职位而导致公司僵局。本院认为，公司能否解散取决于公司是否存在僵局以及是否符合《公司法》第183条规定的实质条件，而不取决于公司僵局产生的原因和责任。《公司法》第183条没有限制过错方股东解散公司，因此即使一方股东对公司僵局的产生具有过错，其仍然有权依据该条规定，请求解散公司。本案中仕丰公司提出解散富钧公司的背景情况为，富钧公司已陷入公司僵局并由永利公司单方经营管理长达7年，仕丰公司持有60%的股份，其行使请求司法解散公司的诉权，符合《公司法》第183条的规定，不属于滥用权利、恶意诉讼的情形。至于仕丰公司委派的董事张某钦，是否存在违反董事竞业禁止义务的过错行为、应否承担赔偿富钧公司损失的民事责任，由富钧公司通过另案解决，与本案无涉。

再次，关于富钧公司继续存续是否会使股东利益受到重大损失。从富钧公司的经营情况看，富钧公司僵局形成后，公司经营即陷入非常态模式，在永利公司单方经营管理期间，富钧公司业务虽然没有停顿，但持续亏损，没有盈利年度，公司经营能力和偿债责任能力显著减弱，股东权益已大幅减损至不足实收资本的1/2。富钧公司关于其生产经营正常，亏损额正在减少，有望扭亏转盈的上诉理由没有充分证据证明，本院不予采信。另从富钧公司注册资本到位情况看，仕丰公司和永利公司至今均未足额出资，在双方股东不愿意共同经营富钧公司、冲突对立无法调和的情况下，富钧公司注册资本难以充实，无法实现预期的经营目的。综合上述情况，富钧公司不仅丧失了人合基础，权力运行严重困难，同时业务经营也处于严重困难状态，继续存续将使股东利益受到重大损失。

最后，关于替代解决途径的可行性。《公司法解释（二）》第5条第1款规定："人民法院审理解散公司诉讼案件，应当注重调解。当事人协商同意由公司或者股东收购股份，或者以减资等方式使公司存续，且不违反法律、行政法规强制性规定的，人民法院应予支持。当事人不能协商一致使公司存续的，人民法院应当及时判决。"公司僵局并不必然导致公司解散，司法应审慎介入公司事务，凡有其他途径能够维持公司存续的，不应轻易解散公司。然而本案经过一、二审法院多轮的调解，永利公司和仕丰公司始终不能就转让股权、公司回购或减资等维系富钧公司存续的解决方案达成合意。尤其是在二审调解过程中，仕丰公司愿意受让永利公司股权，使富钧公司存续，其与永利公司就股权转让价格亦基本达成一致，但由于富钧公司不愿意全面公开在永利公司单方经营期间的经营状况和对外债务，故最终未能达成调解协议。公司法没有确立解决公司僵局的其他替代性救济措施，现富钧公司的持续性僵局已经穷尽其他途径仍未能化解，如维系富钧公司，股东权益只会在僵持中逐渐耗竭。相较而言，解散富钧公司能为双方股东提供退出机制，避免股东利益受到不可挽回的重大损失。

综上所述，富钧公司经营管理发生严重困难，继续存续会使股东利益受到重大损失，通过其他途径不能解决，仕丰公司作为持有 60% 股份的股东，提出解散富钧公司的请求，符合《公司法》第 183 条的规定，应予准许。富钧公司的上诉理由不能成立，应予驳回。原审判决认定事实清楚，适用法律正确，处理结果并无不当，应予维持。本院根据《民事诉讼法》第 153 条第 1款第 1 项之规定，判决如下：

驳回上诉，维持原判。

二审案件受理费人民币 422 865 元，由富钧新型复合材料（太仓）有限公司负担。

本判决为终审判决。

审　判　长　陈纪忠

审　判　员　高晓力

代理审判员　沈红雨

二〇一二年六月七日

书　记　员　张伯娜

（二）分析

本案是公司解散纠纷，而且是涉及外商投资企业的解散纠纷，首先第一个问题就是外商投资企业解散纠纷能否适用公司法的问题，这在案件中进行了分析；其次第二个问题应考虑现在《外商投资法》颁布后，需要判断本案判决是否会改变判决结果，其实仍然改变不了；最后，在这个案件中，法院对过错与解散的关系进行了分析，过错责任可另行诉讼，解散只要满足解散条件即可。

解散诉讼的判决要求是谨慎判决，但不是不能判决解散。在法院审查后：公司经营管理发生严重困难，继续存续会使股东利益受到重大损失，通过其他途径不能解决，仕丰公司作为持有 60% 股份的股东，提出解散富钧公司的请求，符合《公司法》第 183 条的规定，应予准许。

可见，公司经营管理发生严重困难是公司解散的一个必要条件，另一个必要条件则是继续存续会引发股东利益的重大损失，其中的"重大"界定也是一个关键。达不到"重大"，法院很可能会平衡员工就业的社会利益和股东的微小损失，则解散请求未必能得到支持。

律师代理此类业务，应向当事人说明解散诉讼的难点，并尽量通过创设性的非诉讼方式来解决问题，诉讼和非诉讼从来不是截然分开，而是相辅相成的。法学学生也应知道：解决问题的途径可以从多个角度思考，不应只关注诉讼，而也应关注其他方式。

第四部分

思考题

一、请从合法和合理性两方面分析特殊的普通合伙律师事务所的成立条件。

当前，律师事务所可以成立特殊的有限合伙。《律师事务所管理办法》第10条规定："设立特殊的普通合伙律师事务所，除应当符合本办法第八条规定的条件外，还应当具备下列条件：（一）有书面合伙协议；（二）有二十名以上合伙人作为设立人；（三）设立人应当是具有三年以上执业经历并能够专职执业的律师；（四）有人民币一千万元以上的资产。"请从合法和合理性角度分析和评价本条规定。

二、中国有必要设立"S"类型公司吗？

三、中国的优先股和美国的优先股有什么区别？

四、封闭式公司可以有哪些适用场景？具体在实践中如何运用？